海外中国研究丛书
刘东 主编

[美] 韩森 著
鲁西奇 译

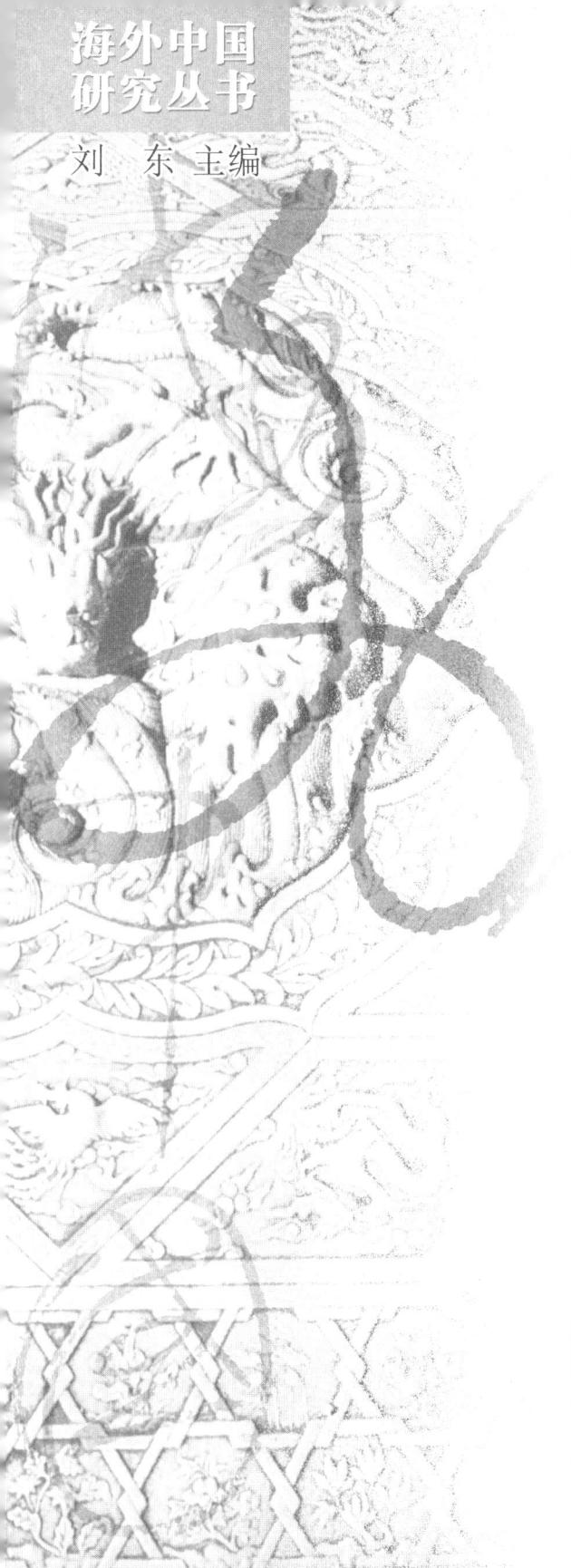

传统中国日常生活中的协商
中古契约研究

NEGOTIATING DAILY LIFE IN TRADITIONAL CHINA
How Ordinary People Used Contracts, 600–1400

江苏人民出版社

图书在版编目(CIP)数据

传统中国日常生活中的协商:中古契约研究/[美]韩森著;鲁西奇译.
—南京:江苏人民出版社,2008.5(2021.9重印)
(海外中国研究丛书/刘东主编)
书名原文:Negotiating Daily Life in Traditional China:
How Ordinary People Used Contracts,600-1400
ISBN 978-7-214-05711-2

Ⅰ.①传… Ⅱ.①韩…②鲁… Ⅲ.①社会契约-研究-中国-古代 Ⅳ.①D691.75

中国版本图书馆CIP数据核字(2008)第050893号

Negotiating Daily Life in Traditional China: How Ordinary People Used Contracts,600-1400
Copyright © 1995 by Yale University
Published by arrangement with Yale University Press
Simplified Chinese translation copyrights © 2008 by Jiangsu People's Publishing House
All rights reserved
江苏省版权局著作权合同登记号:图字10-2008-066号

书　　名	传统中国日常生活中的协商:中古契约研究
著　　者	[美]韩　森
译　　者	鲁西奇
责任编辑	王　旭　金书羽
装帧设计	陈　婕
责任监制	王　娟
出版发行	江苏人民出版社
地　　址	南京市湖南路1号A楼,邮编:210009
照　　排	江苏凤凰制版有限公司
印　　刷	江苏凤凰通达印刷有限公司
开　　本	652毫米×960毫米　1/16
印　　张	17.5　插页4
字　　数	210千字
版　　次	2008年5月第1版
印　　次	2021年9月第2次印刷
标准书号	ISBN 978-7-214-05711-2
定　　价	68.00元

(江苏人民出版社图书凡印装错误可向承印厂调换)

序"海外中国研究丛书"

中国曾经遗忘过世界,但世界却并未因此而遗忘中国。令人嗟讶的是,20世纪60年代以后,就在中国越来越闭锁的同时,世界各国的中国研究却得到了越来越富于成果的发展。而到了中国门户重开的今天,这种发展就把国内学界逼到了如此的窘境:我们不仅必须放眼海外去认识世界,还必须放眼海外来重新认识中国;不仅必须向国内读者迻译海外的西学,还必须向他们系统地介绍海外的中学。

这个系列不可避免地会加深我们150年以来一直怀有的危机感和失落感,因为单是它的学术水准也足以提醒我们,中国文明在现时代所面对的绝不再是某个粗蛮不文的、很快就将被自己同化的、马背上的战胜者,而是一个高度发展了的、必将对自己的根本价值取向大大触动的文明。可正因为这样,借别人的眼光去获得自知之明,又正是摆在我们面前的紧迫历史使命,因为只要不跳出自家的文化圈子去透过强烈的反差反观自身,中华文明就找不到进入其现代形态的入口。

当然,既是本着这样的目的,我们就不能只从各家学说中筛选那些我们可以或者乐于接受的东西,否则我们的"筛子"本身就可能使读者失去选择、挑剔和批判的广阔天地。我们的译介毕竟还只是初步的尝试,而我们所努力去做的,毕竟也只是和读者一起去反复思索这些奉献给大家的东西。

刘　东

目 录

致 谢 *1*

第一章 为什么要研究契约 *1*
    一 踏入契约研究之门 *4*
    二 研究界定 *7*
    三 契约反映了什么 *11*

第一部分 现世契约

第二章 官府勉强承认私契 *17*
    一 唐律 *17*
    二 吐鲁番文书 *19*
    三 地契 *24*
    四 放高利贷者左憧熹的墓 *32*
    五 商业契约 *39*
    六 官府干预民间纠纷 *42*

七　结语　44

第三章　官府承认契约　46

一　文学作品中的契约　50

二　吐蕃统治下的敦煌　53

三　敦煌以外的地契　56

四　遇赦不除　57

五　放妻文书　63

六　习书中的契约　64

七　契约和地方官府　65

八　契税制度　75

九　过渡中的契约　76

第四章　官府征收契税时期　78

一　官府努力征收契税　85

二　知县黄榦与谢知府家族的斗争　92

三　《名公书判清明集》　94

四　平民百姓的法律知识　96

五　有争议的婚约　99

六　离婚纠纷　101

七　推翻不正当交易所使用的契约　103

八　徽州土地契约　109

九　结语　111

第五章　元统治时期及其以后的契约　114

一　郑胜一之死　122

二　类书里的契约样式　125

三　元剧中的契约　129

四　非汉文文献中的契约　138

第二部分　冥世契约

第六章　买地券　151

　　一　最早的买地券　154

　　二　组织性道教的兴起　156

　　三　掘地之险　157

　　四　最常见的买地券　161

　　五　《地理新书》　172

　　六　随葬品　175

　　七　盗葬　177

　　八　丧葬如仪　179

第七章　阴间的法司　186

　　一　早期道教的观点　187

　　二　佛教的看法　189

　　三　其他记载　191

　　四　柏人　193

　　五　道教的《鬼律》　199

　　六　俗世的看法　202

　　七　为阴司准备的文书　206

　　八　元剧中的阴司　211

　　九　再看道教《鬼律》　214

　　十　结语　216

第八章　阴阳两界的法司　217

附录一　已知买地券　225

附录二　买地券中的卖主——神祇　234

征引文献　237

译后记　257

致 谢

本书起始于 1989 年春天。当时,我从美国国际信息局支持的美中学术交流委员会得到一笔资助,到北京图书馆查阅它所收藏的拓本。在那个特殊的春天里,北京大学中古史研究中心给我提供了一个学术的港湾,张广达、屈超立和邓小南尽力让我感觉像在自己家里一样。后来,在耶鲁大学 Morse Fellowship 的支持下,我用一年的时间撰写了本书的大部分。香港大学亚洲研究中心给我提供了便利的图书条件及非常必要的联系交流环境。其负责人 Edward Chien 及其富有才干的副手 Coonor Kripalani-Thadani 给我以很热情的招待。在那一年中,我得以通读仁井田陞有关契约的开创性论著,这在第一章将予讨论。香港大学法律系的 Alison Conner 在午餐时间的谈话富有启发性,让我了解到一个律师的观点;他给我提供的一间公寓可以俯瞰海港,美丽至极。

耶鲁的另一些资助使我有可能进行短期的学术旅行。Grsiwold Fund 资助了我的北京图书馆和京都的人文图书馆之行。Chen and Lee Fund 提供的资助,让我得以访问巴黎国家文献中心的敦煌收藏,并再一次回到北京,为本书的绘图与地图作准备。这些图书馆和其他机构的工作人员,特别是北京的季雅萍、巴黎的 Monique Cohen 以及大英博物馆的 Rose Kell,都非常周到地帮助我寻找我需要的资料。

耶鲁大学图书馆的职员,特别是 Kung Wen-k'ai,则长期以来一直给了我很多帮助。耶鲁的 Hilles Fund 慷慨地提供了一笔补助,使本书的出版成为可能。

Barend ter Haar 就初稿全文写了一篇很长的批评,在各页都作了批注。直到今天,我还在研读他的评论,我觉得我们在纽黑文与莱顿之间似乎通了一个月的长途电话。我还要特别向包伟民道谢,他校核了全部中文引文的英译。竺沙雅章、Victor Mair 和杉山正明帮助我弄清楚几种最难懂的文献。Cynthia Brokaw 读了全稿,而另一些专家则就其相关领域分别阅读了各章:第二章(Wallace Johnson,Victor Mair),第三章(Victor Mair),第四、五章(Paul Smith),他们都提出了批评意见。香港大学法律系与亚洲研究中心,Connecticut College,Wesleyan University,以及哥伦比亚大学的传统中国研讨班等研究机构主办的各种研讨会也提供了很好的意见,使我受益匪浅。第六章的初稿曾提交给 1991 年 8 月在北京举行的第二次国际宋史研讨会,并于随后以中文发表。苏贞作为我的研究助手,在考古刊物中找到了很多买地券。Donna Perry 绘制了地图,Jan Murray 和 Richard Solaski 提出了许多有助于构思的建议。Richard Barnhart,John Chaffee,Emily Honig,Thomas Lee,Liu Heping,Joseph McDermott,Jan Murray,Jonathan Spence,Ellen Widmer 及 Judith Zeitlin 等,也都提出了一些有意义的想法和意见。

作为一个有两个小女儿的母亲,在本书杀青之际,心中对那些帮助照看孩子的亲人充满着歉疚与感激。那时候,大部分时间里只有指靠 Lydia,她照看妹妹非常合格,值得信靠,从未让人失望过。其他人则是在紧急时被我临时抓差。我的公公、婆婆 Joe 与 Toni Stepanek 从遥远的 Boulder 来到香港,这样我的第一次敦煌、吐鲁番之行才能实现;也是因为他们答应将与 Lydia 和 Claire 住在一起，我才能再一次前往敦煌、吐鲁番。当然，我对丈夫 Jim 负疚至最，他对这项研究也抱有浓厚兴趣，从自己的工作上节省了大量的时间精力投入其中，迄今仍满怀着热情。

第一章　为什么要研究契约

说起契约，大多数现代读者会联想到那些远离日常生活、枯燥乏味而且连篇累牍的文书。幸运的是，传统中国的契约却是与生活息息相关的。各社会阶层的人们都使用契约，他们向起草契约的书券人支付报酬，大声朗读契约。如果委托订立契约的人识文解字，他会在上面签上大名；如果他不识字，则会画指为信，或钤上自己的印信标志。使用契约的人对法律术语相当熟悉，可以将现成的文本加以变通，以适应具体情况，并插入一些"点睛"之笔，使人对其关注的内容一目了然。

本书所讨论的大部分契约都简单明了，有的非常生动鲜活，内容大多与交易有关——买、卖或租赁房屋、土地、役畜、奴仆、妾，甚至是孩子。因为契约的使用非常普遍，从而使我们得以窥知在 600—1400 年间中国中世纪变革期的漫长岁月里，普通百姓经历了怎样的巨大变化。本书试图追踪契约法律地位逐步改变的过程。公元 600 年时，官府还不承认契约，只是使用官方登记簿书记录土地所有权；而到了 1400 年，登记簿书已废弃不用，契约乃成为所有权的唯一凭证。

在本书考察的时段之初，中央政府对乡村与城市的控制均达到了前所未有的高度，并对此感到非常满意。大部分农民自给自足，除了食盐之外，很少从当地市场购买东西。官府严格管理市场，每 10 天确定一次市场价格，并监督度量衡。书是手抄的，非常稀少；只有高门大族的子弟才能参加新设立的科举考试。在均田制（第二章将予描述）下，所有土地均属于皇帝。地方官定期检视田宅，向上司报告检视所见；每隔三年重新分配田地。官府的土地登记是合法权利的唯一根据。个人之间的契约不具法律地位。官府只承认那些登记在册的交易，而且土地买卖是非法的。755年后，随着土地登记和田赋制度的瓦解，朝廷对土地的控制逐渐削弱。朝廷不再有足够的人力进行每年一度的户口普查，也没有足够的权威强迫老百姓交出其田地。慢慢地，人们开始买卖田地；正如本书第三章将讨论的那样，契约乃成为所有权交易唯一可靠的记录。

自11世纪开始，历赵宋一代（960—1276），中国社会越来越多元化，其经济也越来越受市场的驱动，并越来越多样化。宋代经济的发展如此迅速，以致有些学者把这一进程称为"商业革命"（Elvin, 1973）。富商大贾在全国范围内经营他们的生意。许多农民面向当地市场生产商品，许多人用钱购买所需的食物。皇帝在通过科举考试不断赓续的官僚集团帮助下进行统治，有势力的地方士绅则一直控制着乡村，并抵制任何增收田赋的企图。于是，中央政府就依靠盐、酒、茶专卖而获得的间接税来增加财政收入。它也想方设法提高契约的印花税。我们在第四章中将看到，老百姓们一直在使用契约，但这些契约却未予登记，而且人们拒绝支付交割契约的契税——到宋朝末年，契税逐渐增加，几乎高达15%。

经受来自好战的北方人的几个世纪的侵扰之后，1276年，宋朝最终被蒙古人征服。在历史学家心目中，元政权以其效率低下和腐败无能而著称（李幹，1985）。元政权继续将契税与土地买卖联系起来，而在契税征收方面，它似乎远比宋朝统治者要成功得多（本书第五章）。在异族统治下，人们仍然使用契约；而且，当时有大量外国人居住在中国，他们也利用契约记录他们购买的家畜和田地。到1400年，官府不得不根据契约验证所有权。

本项研究所涉及的资料,既包括早期稀见的手抄本,也包括10世纪以后逐渐增加的雕版印刷品。早期的有限资料绝大多数反映的是居住在京城的高官们的观点。幸运的是,在中国西北发现了两处非常重要而且很不相同的原始文件的宝库,为修正官方记录提供了强有力的证据。新疆吐鲁番发现了残留下来的7—8世纪的250份契约,甘肃敦煌则留下了大约相同数量的9—10世纪的契约。来自吐鲁番与敦煌的500件契约文书给本书提供了一个非常便利的出发点;另一些来自中国内地的资料,大多是书本上的,则有助于阐释这些孤立的契约是如何使用的。

10—14世纪的400年间,现今残存的契约大约只有30件。其中大部分是有关购买土地的契约,均来自同一个地方——今安徽省的徽州。由于契约文书如此稀少,非契约资料就显得更重要了。官员们一直为征收契约印花税感到头痛,所以记下了人们试图逃避税收的情况。他们也会编纂向新任州县官提出忠告的书籍,并在笔记中记载一些有关契约的有趣的、有时是匪夷所思的故事。稀见的法律资料则提供了进一步信息;某些人提供的证词告诉我们,他们为什么书写契约,而某些地方的原始材料则表明平民百姓一直在试图改造和曲解契约,以适应他们的目的。经常演出的戏剧中,有一些围绕不同寻常的契约而展开的故事情节;还有两本为访问中国的外国人编写的中文课本,也处处充溢着有关契约的信息。

还有一种被埋在坟墓里的契约,提供了一种有益的比较。现存的墓券有200多种,来自全国各地,时间则自公元1世纪一直到20世纪(见附录一)。本书第六章将讨论这些墓券,清晰地反映出真实世界契约的影响,证明中国人普遍持有使用契约的观念。墓券各条款所涉及的许多问题,与真实世界契约所涉及的问题相同,包括取消这块墓地此前的主人拥有的权利。在第七章中,我们将辨析:因为这些契约意味着持有者(殁亡人)可以在死后拥有墓地所有权,他们将在冥府阴司出示这些契约。冥府有能力惩罚那些生前逃避惩罚的人。同时,冥府对鬼魂实施的许多惩罚也同样根据现世的法律条文,分别判定其罪行。其中有的罪行,比如凶杀,在真实世界中也是犯罪行为;而另一些罪行,比如妨碍别人的婚约,在现世就不是罪行。

本项研究的下限定在 1400 年,是因为不可能对明朝(1368—1644)和清朝(1644—1911)各省为数众多的契约给予充分的把握。近年来开始考察这些契约的学者们早已指出,无论是在契约措词行文上,还是在土地所有制方面,它们都存在着重要的区域性差异;而这些差异,在早期契约中,只是隐约可见而已。

一 踏入契约研究之门

本书之撰写,显然得益于仁井田陞,他率先开展了对唐宋文书的研究([1937]1983),并于随后开辟了中国法律的研究。仁井田陞的大部分工作是确定契约的地点、释读或抄录契约,其资料来源十分广泛,包括正史、笔记、碑铭、类书以及敦煌文书。他也注意到文学资料(1937)和墓券(1938),以及可能接触到的有关中国法律传统的全部资料。在他卷帙浩繁的著作中,他按型式给契约分类,并分析了其不同的条款,但很少翻译它们。仁井田陞举出很多例证,让读者确信契约普遍存在着,但他并未给出非常明确的断语。另一位日本学者池田温继承了他的研究工作,试图分析契约所揭示的主—客关系(1973b,1975,1986);他与山本达郎一起编纂出版了仁井田陞所知及其后在吐鲁番、敦煌发现的全部契约文书,最后全部完成了这一工作。其研究成果的第一卷(山本与池田,1986)是部分精选契约的照片,第二卷

(1987)是必不可少的释文,并同时给出了非常有价值的英文介绍。这两本著作极大的方便了我的研究。他们还提供了一份包括大量次生文献(大部分是中文和日文文献)的参考书目。

这一研究著作主要着眼于根据这些孤立的契约以试图作出某些判断,比如评估租佃关系具有怎样的剥削性,在我看来,这是一种不会有结果的努力。"二战"后日本历史学家的著作引导人们注意讨论官府不再重新分配土地之后的土地占有问题。他们把庄园的存在与中世纪欧洲的封建采邑相比附。以周藤吉之为首的一个学派,把所有劳动者均看作被束缚在土地上的农奴;而以宫崎市定为首的另一派,则认为契约的使用表明农民是自由人。双方均未细致地考察这些存留下来的契约,而直到今天,大部分西方学者对是否存在这些庄园仍深表怀疑(Golas,1980;McDermott,1984)。最近,关注租佃性质的学者们把注意力转向了契约,可是,正如一位中国学者敏锐指出的那样:不同的学者把同一契约看作是偏向田主的,或偏向佃客的,或对主客都是公平的(孔祥星,1983:265页)。简言之,仅仅依靠没有切实背景的孤立的契约,不能说明两种人之间的关系。

与一些学者试图更深入地解读这些孤立契约相同时,另一些学者则有意无意地无视这些契约,因为这些契约与他们关于和谐、无冲突社会的观点相矛盾。他们之所以这样做,是因为按照儒家学说,"人之初,性本善","合乎礼",故圣君垂范而治,只有少数统治者自甘堕落,以刑为治。尽管后来的儒家思想家倾向于承认法律在惩治那些礼法无以教化的人方面所发挥的作用,但真正的儒家观念仍然更赞同礼法、习俗,而对法律持有偏见。这本身即表明了这样一种确信无疑的信念:绅士要履行其义务,仅仅因为他们是绅士。这种有关中国社会的认识,与使用契约以界定与他人之间、甚至家庭成员之间的相互关系的强烈倾向,存在着明显的矛盾。

尽管如此,因为所有受教育的人都要研读儒家经典,首先学习阅读,然后准备科举考试,所以,高度理想化的儒家观念极大地影响了中古时代的法律思想——甚至直到今天,仍在影响着中国法律史的研究。如果每个人均行其所当行,而人性本善,就不会发生任何冲突,也就没有理由诉诸法律了。当然,中国人还是会打官司,而且他们经常打。600—1400年间,地方层面上的司法系统是由州县官构成的,州县地方官除了负责治理州县地方、征集赋税、维护秩序,还要审理各种案件。他们主要依靠严刑酷法,其上司有时不得不重新审查其判决。死刑判决要层层上报到京师。与契约有关的纷争和其他刑事案件均留在地方层面上,很少会有上诉至更高一级法庭的事例,而反复提出诉讼的事例则很多,因为当事人总是徒劳地试图寻求自己更满意一些的解决方案(宫崎市定,1980:62、66页)。

虽然中国人有机会诉诸法庭,但他们的理想却一直是设法达成私下的和解,而不是依靠司法体系强制解决。在这方面,中国人对契约的理解与现代西方人的观念很不相同,后者把契约看做"两个或两个以上的当事人之间达成的协议,它具有法律强制力,并可以应对各种可能遭遇的情形"(MacCormack,1990:235页)。现代律师们会使用周密细致的术语去区别政府可以强制执行的契约,以及它不会强制执行的契据、证书和承诺。其区别是非常细微的,用论述现代契约法的一种权威表述来说,"在典型的事例过程中,受约人要证明,经过深思熟虑,将某些利益授予立约人,或受约人自己将承担某些损失"(Atiyah,1971:64页)。使用西方有关"契约"的定义(它本身也不过是过去两个世纪的产物)作为标准,去考量传统中国的契约,显然潜含着很多逻辑隐患。对此,Hugh Scogin(1994:32—36页)曾作过详细的描述。

二 研究界定

传统中国的契约包括口头与书写两种形式。契约当然要写下来，但因为很多人不识字，所以，当签署契约时，就要大声朗读出来。书面契约的内容遵从某种固定格式，那是口头约定不可能有的。即便是目不识丁的人也需要以书面协议形式确定某些事情：出自敦煌的很多契约末尾往往写上"恐后无凭，故立此契"。迟至19、20世纪，契约中一直会有各种各样类似的语句(Myers and Chen，1976：7页)。

然而，传统中国的契约也有口头的。790年以前完成的一篇传奇故事《李娃传》就描述了朗读契约的情景。作者白行简（卒于824年）讲述了两家"凶肆"商量进行一场竞赛以较其哀挽之器优劣的故事。其中的一个肆长向另一家肆长提议："'不胜者罚直五万，以备酒馔之用，可乎？'二肆许诺。乃邀立符契，署以保证，然后阅之。"(《唐人小说》，1978：103页；承Judith Zeitlin见告)

这个故事为一个未曾引起讨论的做法提供了非常重要的证据：起草契约之前，要先达成口头协议。而这两个人能够迅速地写立好契约，也暗示着在8世纪的长安，写立契约乃是司空见惯之事。在这个故事中，这只是一个偶然的细节，但正是因为这份契约在随后的事件发展中未再出现，所以作者无由歪曲拟立契约的过程。

这本书中还包括另几个写立时大声朗读的契约。大部分是在听众需要了解契约内容时朗读的，但小说《水浒传》中也有一个契约文本与朗读相分离的事例，而且汉语教科书《老乞大》也有一段课文，说一个牙人给委托他的商人读一份契约。在签署契约的同时朗读它，可以使在场的所有人都熟悉协议的条款。

中国人之所以大声朗读契约，是因为契约起源于公元前6—7世纪的"血盟"。这种对等双方(通常是诸侯国)之间的盟约,只有在履行某种固定仪式并由神见证之后才具有约束力(Lewis,1990:43—50页)。献祭仪式完成后,会召集神灵,并宣读盟约。参盟者会召唤不同的神灵——河神、山神乃至太阳神——来见证其盟誓。献祭的牺牲和一份盟约副本要埋入地下,另一个副本则存入特别设立的盟柜之中(陈梦家,1966:271—273页;Dobson,1968:271页)。汉朝开国之君汉高祖与其臣下刑白马为祭,告天地,更定古法,修立誓约,然后"剖符作誓,丹书铁契,金匮石室,藏之宗庙"(Seidel,1981:311页;《汉书》卷一下,8页)。

中国长期以来即使用契约,对 Sir Henry Maine(1861:170页)关于人类社会最重要的发展乃是从"身份向契约"转换的学说,形成了挑战。像其他19世纪的理论家一样,他认为所有社会的发展均遵循同样的道路:原始社会以家庭和社会纽带为基础处理个人间的关系,而较高级的社会则用契约取代这些纽带。鉴于在最早的文献记载中就曾提及契约,颇让人怀疑中国是否曾存在过以身份为基础的社会。实证研究清晰地表明,早在汉代甚至此前,人们就诉诸法庭以解决争端,而考古资料又提供了更切实的证据(胡留元、冯卓慧,1983;Scogin,1990)。现存最早的地契可以上溯到公元1世纪;而且,学者们都同意,在此之前,也许在公元前5或前4世纪,就曾有过私人出卖土地的事例(Hulsewé,1978:13页)。

在法律方面最早的资料,是儒家经典《周礼》将契约与法庭诉讼联系在一起。传统学者将《周礼》的成书时间定在上古时期的周代(公元前1027年?—前256年),而大部分当代学者则把它看做公元前4或前3世纪的文献(Loewe,1993:24—29页)。《周礼》规定:"以质、剂结信而止讼。"(《十三经注疏》卷一四:734页下;仁井田陞,[1937]1983:38页;Scogin,1990:1400页)在这一节里,学者们还对质与剂的含义作了细致的辨析:二者是合在一起的吗?还是分指两种契约形式?这段文字表明,契约使用的增加,导致了诉讼的增多,这是一个当时的学者们所不希望的结果。《周礼》在另一处还说到,质用于"大市",剂用于"小市"(《十三经注疏》卷一五:737页下),但并未解释二者有何不同。

为了阐释这个问题,后世的注疏家揭示了其自身所处时代使用契约的某些情况。汉代的注释家郑玄(127—200年)认为"质剂"合一,说:"质剂,谓两书一札而别之也,若今'下手书'。""下手书"是指契书一式两份,从中间一剖为二,立契双方各执一份。7世纪中期,唐代注家贾公彦(650年前后)也讨论了这句经文,谓:"汉时下手书,即今画指券,古质、剂同也。"(《十三经注疏》卷一四,734页下;仁井田陞,[1937]1983:38页)按照在中国西北吐鲁番已发现的此类券契文书,是每人据其指关节画三条线,其典型例证可见图3(见第二章)。到了宋代,黄庭坚(1045—1105年)又加上了自己的理解:"岂今细民弃妻手摹者乎?不然,则今婢券不能书者画指节,及江南田宅契,亦用手摹也。"(黄山谷,《别集》卷二:十六页下)这些作者均见证说:在其所处的2世纪、7世纪或11世纪,人们是使用契约的;他们的看法也得到海外来客的证实。

关于中国契约最详尽的描述之一来自一位佚名的阿拉伯商人,我们知道他是苏来曼人(Sulaiman),于851年访问中国,916年前后出版了其札记:"如果一人借钱给另一人,他会写一纸凭据给他;然后借款人也要写一份凭据,都要画上两个手指印作为标识,一般是中指和食指。两份凭据放在一起,折合起来,在其接缝处印上几个印记。然后,再把它们打开,将注明借款人承认其债务的凭据交给贷款人。"(Reinaud,1845:42—44页;Sauvaget,1948:19—20页;仁井田陞,[1937]1983:76页注45)

这条记载提醒我们注意那些不识汉字的人是怎样草拟订立契约的。这位观察者没有认识到两张凭据合缝处的印记的含义就是"符契"、合同。他暗示,借款人用两个手指蘸上墨水印在契约上,而当时常见的习惯是画出手指关节线。有时,会有人按上指印或手印,甚至是脚印与手印并用(张传玺,1982:30页)。尽管有些细节不太准确,但这位苏来曼人的记录说明,早在9世纪时,中国人就使用并尊重契约,从而与其邻人区别开来。①

中国人引起外国来客注意的另一种做法是画指节线。虽然各人指关节线之间的间距相差甚微,但中国人相信,在契约纠纷中,沿指节画出的三条线可以证明某人确是当事人。1304年,波斯编年纪作者Rashīd al-Dīn来到中国,他写道:"在中国,订立契约时,要把当事人手指的轮廓线描画在契约文件上。因为经验表明,没有两个人的手指是完全相同的。立契人把手放在契约文本的尾部上面,然后照着手指描画出关节线。这样,如果其中有人拒绝履行其义务的话,就可以把它与其手指相比照,并给他定罪。"(Yule[1914]1966,3:123页)

有一件案例经常被引用来与这种做法相联系。在14世纪,有一位知州通过仔细审查手指关节线而发现了一份伪契。他推断说,一位13岁男孩的指关节线当密于成人(《牧庵集》卷二二:十五页上)。这个案例表明,只有孩童的指节线间距比成人的要窄密,如果是两个成人,就很难辨别其指节线了。

画指节线,与西方人在契约上画"X"的做法很相像:印记本身并不构成证明当事人的充分证据。更具可信性的应当是保人和证人

---

① 当时,并非只有中国人使用契约。大约从9世纪始,英国人就会把协议书写同样的两份。他们从中间分开,一般在分开处骑缝写上"cyrographum",意思是"手写的"。有一份这样的契约,是1230年一位寡妇承租耕地、负担一些其他义务并向格洛斯特修道院(Gloucester Abbey)交纳租金的(Clanchy,1979:35页,65页注17,插图7)。

的证词,他们可以证明印记确属何人。证人要独立地检查契约的内容,如果有人怀疑契约被篡改了,可以查询证人。有一个现成的例子:13世纪中期,一位浙江的司法官受理一份契约,他怀疑那是伪造的,所以他传唤出产人、牙人与见知人到场检验(《名公书判清明集》卷九:302—303页)。

保人当然有很充分的理由作出准确的见证,因为如果借款人或者直系家属无力偿付债款的话,保人要自己负责偿付。现代契约中的保人可以为其担保收取报酬,古时候大约也是如此,尽管没有留下他们收受报酬的记录。一份15世纪的资料讲述说:有人买了一个男孩做仆人,他必须赶紧回家,因为其保人只为此提供了100天的担保。

要之,中国契约是两个或两人以上的当事人之间为买、卖或借贷某一既定物品而书写的协议。中文对它有各种各样的称谓(合同、券、契、契约等)。这些契约往往冠以弱小一方的名字,而经常忽略强势的一方。宣读之后,证人与保人要在上面签名画押。

三 契约反映了什么

本书试图通过契约去探究中古时代的变革。任何人读到均田制下土地的重新分配,都会提出疑问:唐朝政府是否很满意自己的统治——就像我们主要根据官方资料所描述的那样?官府禁止特殊情况外的任何土地买卖,可是,吐鲁番出土的契约文书却表明,人们在买卖土地。他们也违犯了官府有关买卖家畜和奴仆的严厉规定。而出自敦煌的契约文书则使我们有可能去探究在随后的几个世纪中人们是如何适应均田制之衰退的。

唐代经济在很大程度上是一种实物交易的经济,而且贸易受到政府的严厉管制。许多交易记录表明,用的是布、谷和一些银币。在以后的几个世纪中,钱币的使用一直持续扩展。11世纪铸造发行的铜币数量多达8世纪发行铜币的4倍,虽然人口数未变,仍然维持在6000万上(Hartwell,1978)。在11世纪,纸币也开始发行流通,这是世界史上的第一次(Elvin,1973:156—159页)。政府官员们认识到,即便有更多的铜钱和纸币,货币仍然不敷流通之用,所以,1141年的一份告示允许使用金、银和丝去购买田地,只要将这些物品按公平市价折合成钱即可(《名公书判清明集》卷四:122页)。随着日益绝望的朝廷不断发行更多的货币,导致了通货膨胀,并使兑换率越来越复杂。12—13世纪的契约用纸币表示价格,但一般会详细指明是何年发行的纸币,这表明纸币的价值因其印制年份而各异。同时,使用这些不同的交换媒介,必定很不方便。蒙古帝国衰亡之后,人们用银两而不是用铜钱来表示价格,透露出无论是纸币还是官方铸币都崩溃了。契约使我们有可能去追踪货币使用的这一全过程——从银两到纸币,再回到银两。

契约还反映了中国社会的教育水平。同一契约会记录下读写水平相差甚大的人的姓名:有人很轻松地书写自己的名字,有人略带困难地画上自己的标识,有的人什么都不会做。攻读数年的士人和官员可以用书写自如地表达自己,商人与富人可以读、写简单的书信,而大多数农民根本不识字。

学者们一直怀疑,10—11世纪雕版印刷越来越多的使用导致了识字率的提高,契约提供的证据与他们的怀疑是有道理的。一名男仆从其主人处偷了钱,他向主人赔了一名女仆作为补偿,要有一份契约给她,表明女仆将永远归属主人。那个男仆无力单独起草这样的契约。13世纪,法官们当着一位造假者和一位平民的面书写判词,表明他们可以熟练地使用这些文件。然而,并不是只有那些可以读、写的人才了解契约用语。在一出戏剧里,一位不识字的奶妈可以口述契约,让一名小贩记下来。

契约中出现的妇女拥有土地,而且有权出卖土地。与男人们一样,她们签字或"画指为信",不过,她们画自己右手的中指,而不是左手,就像图5所显示的那样(参见第三章)。随着妇女越来越依赖其父亲和丈夫,其经济地位大幅度下滑。一位寡妇在其子因犯法而被送往毗邻的市镇之后,被迫卖掉了她的一些田地。她并非毫无防备,正是由于她采取了适当的方式,才最后抵御了侵占者,并要回了自己的土地。

契约所见的妇女并不一定是买方或卖方,她还可能是被出售的商品。731年,一名11岁的女孩被出卖的情况非常适合唐朝的规定:5位证人作证她并非平民之后,她才被出卖以抵偿债务。随着经济的巨大增长,更多的男子纳妾,家庭规模扩大,买卖妇女的市场规模也就相应地扩大了(Ebrey, 1993)。饥饿的女子可能把自己出卖给牙人,后者再把她们卖给人作妾而无须询问其家庭背景。12世纪的几份资料报道说:为了这一目的,不少妇女被诱拐。到底是谁更有权利拥有这名妇女——是她的原夫还是买主? 往往发生争论。

本书所讨论的家庭,迥异于传统说法中那种毫无变化的中国核心家庭的旧模式。再婚、收养以及离异,导致了非常复杂的后果,这使我们认识到,在那个生活期望值极低的时代里,要保住男性后嗣是一件多么困难的事。与我们所处的时代一样,离异,有时对妇女有益,有时则造成伤害。一位愤怒的妇女获准离异,并获得对其未婚女儿的监护权,继续经营其成功的生意;而另一位妇女则伤心地发现,她的丈夫未与她协商就已离她而去。经常因为离异之后很快就再婚(往往在一年内)而发生纠纷,这表明当时中国家庭的流动性远比此前所认识的要大得多。在这些世纪里,妇女的生活越来越局促、窘迫。裹足从10世纪起开始提倡,到14世纪时普遍开来;人们越来越不赞成离异和寡居的妇女再婚。

600—1400年间的日常生活包括一系列买卖或租赁土地、牲畜乃至人口或金钱的事务。普通百姓决定出卖某些东西,往往是由于缺钱用,他们不得不去寻找买主,并想办法写立一份契约。他们使用某种样式,样式里已预计到哪些权利可能会提出来,以及哪些权利是固有的。读完契约之后,他们会签上名字或画上标记。他们对这些契约非常熟悉,以致用同样的方式来构想其所理解的死后生活。他们用契约帮助自己确定墓地的所有权,认为那个契约会受到设施齐全的阴间司法系统的采信。本书即主要阐释生活在600—1400年间的普通百姓是怎样使用契约以协调其日常生活,以及降低死者可能遭受之危险的。

第一部分
现世契约

第二章　官府勉强承认私契

618年，在推翻隋王朝之后，唐高祖建立了统治中国达三个世纪之久的唐朝。在唐代，人们与那些来自印度与中亚、沿着丝绸之路旅行的外国人之间普遍使用契约。对于包括宋朝在内的后世王朝来说，唐王朝达到了一个理想的顶峰；直到今天，许多人还认为它标志着中国文化发展的顶峰。

一　唐律

唐王朝影响恒久的成就之一是《唐律》，它颁布于653年，今存者则是737年重新颁行的版本。《唐律》没有专辟有关契约的条款，只是将与此有关的少数条款归属于一个包罗众多事项的类目之下，说明这些条款很可能是后加上去的（Twitchett：1966；MacCormack：1965，1990）。然而，正是这些极少的条款，反映出当时朝廷不愿干预民间的交易，而与此同时，契约越来越多地被用于记录这些交易。

《唐律》对哪些事情符合儒家原则有着清晰的表述。尊长可以打卑幼，夫可以教训妻，父可以管教子，反过来则不行。阅读唐律，会留下一个强烈的印象：制定法律的人试图涵盖所有可能事项和部分不可能发生的事项，甚至是那些意外事件。例如：唐律禁止的非法性交往不仅包括诸缌麻以上亲，还包括从父姊妹，以及父、祖之妾，甚至是从祖母姑(《唐律疏议》卷二六:493—495页,[411—413条];Johnson,1979:288页)。唐律制定的目标既在包罗万象,遂成为试图对契约使用进行法律控制的便利出发点。然而,唐王朝的法律并非只有唐律一种。令、格、式都可以补充和代替唐律(Twitchett,1957—1958:23—36页;池田、山本、冈野,1980:8—15页)。唐令曾由著名的日本法学家仁井田陞予以收集,但只有极小部分的格与式留存下来。因此,虽然我们有可能检视唐朝最初的立法,但对唐朝法律在有唐一代的修改、变动却所知甚少。

963年,宋朝建立后所采取的首要步骤之一,就是将唐律冠以新名《宋刑统》而重新颁布,二者大部分相同(Langlois,1981)。经历唐代之后,《宋刑统》包括了更多有关契约的条款。新法规保留了原有法令的要旨:在内容上,刑法所占的比重远远超过民事法。尽管自从755年起就已不再定期重新分配土地,在宋朝统治下更不曾重新分配土地,但《宋刑统》的编纂者却仍然保留了关于土地重新分配的所有条款。因为它似乎假定唐代的土地制度依然存在,也假定仍然存在着受到严格管理的市场——它位于划定的"市"里,官府每隔10天调整一次市场价格。正如均田制一样,"市场控制体制"在8世纪以后即已彻底崩溃了——它即便存在过,也只是在7世纪。

为什么宋朝会采用这种明显过时了的法律呢?统治者的目标并非去制定一个新法律,以适应10世纪已经变化了的社会与经济环境。他们当然知道宋帝国早已不再是7世纪颁布唐律时的那个帝国了。他们重新颁布这个法律无非是希望自己的新王朝像唐王朝那样光辉显赫。他们也知道他们可以不断修正法律,而法律并不等同于官员们在处理日常事务中要考虑的所有规则(McKnight,1987)。总之,宋朝采用唐律,主要是为了其象征意义,而不是为了其内容。日本于8世纪、朝鲜于10世纪、越南于15世纪,分别采用了唐律,显然也是出于同样的理由(Johnson,1979:9页)。

二 吐鲁番文书

自20世纪初起,史学家们就怀疑唐律所描绘的制度是果真存在,还是仅仅存在于书本上。唐王朝果真有能力每三年进行一次户口与土地调查、监督控制市场以及防止奴役平民吗?可用来回答这些问题的资料保留在吐鲁番盆地,那里现属新疆维吾尔自治区,曾经是大唐帝国的边缘地带。

吐鲁番非常遥远,它距离任何海洋都很远。其最低点艾丁湖低于海平面156米。四周高山环绕,几乎没有海风可以吹到盆地来,兼以其西南方是塔克拉玛干沙漠,降雨极少。这里酷热、干燥,夏季三个月里的平均气温高达38℃(100 ℉),有时可达47℃(117 ℉)。13、14世纪,一些中国人将吐鲁番命名为"火州";而在元统治下,这一地区使用了一个双重语义的名字——和州(胡戟,1987:2—9页)。因为有记录的沙漠气温高达82℃(180 ℉),如今人们会把自己埋在沙里以使用其治疗作用。吐鲁番惊人的干燥气候,非常适宜保存织物、木料、皮革、纸张、食物,甚至是娇贵易碎的手工绢花。

这里虽然酷热难奈,但并非荒无人烟。"吐鲁番"这个词,最初可能就是指一种"要塞"(收税点),在维吾尔—突厥语中则有"肥沃富饶"之意(Mair,1990:36—37页)。其地下水网使这一地区有可能种植瓜果、葡萄以及桑树。1959年,一条新修的灌渠经过阿斯塔那,那里曾经是中古城市高昌的墓地——高昌古城的废墟迄今犹存。于是开始了抢救式发掘,1959—1975年,共发掘了阿斯塔那和哈拉和卓两块墓地,456座墓葬,几乎每一座墓葬此前都被打开过——或者是本地盗墓贼,或者是20世纪初的外国掠夺者。斯坦因爵士从阿斯塔那掠走的大部分工艺品现藏德里博物馆,大谷探险队所收集的数千种文书碎片则于最近出版(小田义久,1984,1990)。访问吐鲁番的人迄今仍能在普通百姓埋葬的墓葬里见到许多朴实无华的壁画(见图1)。

图1 吐鲁番的日常生活。这幅画出自阿斯塔那13号墓,描绘了一位富户主人及其妻子,旁边是他的财产和仆人。这幅画由六张单独的纸幅粘合而成,其时期约在4—6世纪之间,是现存最早的中国纸质绘画之一。

  位于图画中央的殁亡人坐在一个升起的平台上,头顶上罩着精美的伞盖,手里挚着一把扇子。扇子正下方是他书写用的毛笔和砚台。越过他的头上方,画着一棵树,颜色较深,一只小鸟正栖在树枝上。他的妻子站在旁边。她的左边,有一个与她基本相同、只是小一些的妇女,正在灶旁做饭;厨房里配备着一个脚踏的碓、两个蒸馒头的土灶,还有两个水池子;其背后是一堆盘子和水壶。背景则是长着一棵果树的田地;空下来未用的地方画上了一个斜挂着的耙。太阳位于画的右上角,与之相对的左上角是月亮。树的左边与右边各有一组北斗七星,表示它们分别处在全天不同的时间。在月亮的下方,一名男仆赶着马,马拉着一个较小的双轮车。这幅壁画及阿斯塔那的其他壁画均没有多少艺术特质,说明大部分吐鲁番墓葬都是普通百姓的。

  保存下来的文书说明,这对夫妇当时会使用契约以买卖或租赁图画中的任何东西,无论是田地、果园、房子、牲畜,还是仆人。(新疆维吾尔自治区博物馆,1987:图版142)

  在各种各样的盗墓贼遗弃的人工制品中,有成千上万件文书碎片,其年代跨越273—778年。这些文书在时间上有5%属于502年高昌王国建立之前,30%来自高昌王国,65%属于640年唐王朝控制这一地区之后(胡戟,1987:104页)。20世纪最重要的工作之一,就是以武汉大学为主的中国历史学者辛勤地将这些碎片拼接在一起,组成了

1600份文书,其中包括 250 份契约,并于随后出版(《吐鲁番出土文书》)。这些重新拼接恢复的文书并不完整,因为中国西北地区纸张缺乏,迫使人们剪开并再次利用——经常是用作亡人鞋子的鞋底,从而拆散了原纸(见图 2)。一个女俑用 33 张来自长安的当票裹着,其中包括一些典当布匹的收据,其价值自 20 至 1800 钱不等(陈国灿,1983a)。还有一些碎片被粘连在一起做成纸棺。因为这些文书并未带有任何特殊意向加以挑选,所以它们提供了当时流通的书写材料的真实而随意的样本。

图2　反复利用的纸张,一种历史资料。与正式的编年史及大部分中国史赖以建基的官方档案不同,这份契约与本书引用的其他文书一样,仅仅是偶然保存下来的。这些为亡人做纸鞋用的鞋底是从一份废弃的购买葡萄园的契约上剪下来的。沿着两只鞋子的内层可以清晰地看到缝制的针孔,每只鞋子长 40 厘米,宽 24 厘米。这双鞋子是 1972 年在吐鲁番吕阿请墓出土的(据新疆自治区博物馆,1975 a:42 页,图版 69 复制)。

任何利用吐鲁番出土文书的人都必须面对其典型性问题。以这些来自唐帝国如此遥远边区的材料为基础,足以评判唐代契约的使用情况吗?促使人们试图这样做的主要理由是:构成吐鲁番文书主体部分的是7、8世纪无意中保存下来的文书。吐鲁番出土的很多文书,比如女俑身上裹着的当票,来自中原,但更大多数的文书就是当地的。它们反映了唐王朝统治前中期150年间民间社会的情况,当时唐王朝正处于鼎盛期,尚未受到755年安禄山叛乱的削弱。

以今日之眼光看待吐鲁番,它与中原地区迥然有异,其最显著的证据就是到处都有穆斯林:罩着面纱的妇女卖冰淇淋并在田地里劳作。因为10、11世纪之前,伊斯兰教并未到达中国西北,这些穆斯林在唐代的祖先们信仰佛教、祆教和本地宗教,或者更可能是这三种宗教的混合物。阿斯塔那墓群提供了各种各样的证据,均显示出唐代的吐鲁番是一个文化混合的城市。面容各异的随葬陶俑也同样是这种多样性的证据。阿斯塔那墓葬也证明,当地存在着华北和中亚的食物。这里发现了为亡人做的中国馄饨和肉馅饺子,直到今天,我们在吐鲁番的街道上仍可见到这些食物和布满小孔而易碎的中东面包一起售卖。

在吐鲁番发现的1600件文书中,契约有250件,占了相当高的比例,说明对于并不一定认识中文的当地百姓来说,契约有多么重要。由于非汉族人口也采用汉族姓名,所以很难判断契约中出现的姓名何者是外国人,但一些签名透露出他们是来自粟特(今撒马尔罕)的商人(山本与池田,1987:♯29,♯32;胡戟,1987:63页)。今天,对于很多中国人来说,吐鲁番是本国疆土,但这是由于一千多年来中华帝国一直持续不断地向边疆地区扩展的结果;在唐代,人们的感觉可能很不相同,在吐鲁番居留的很多汉人是被流放或充军到这里的。两件幸存下来的中原地区的契约(下文将予以讨论)与吐鲁番的契约非常相配,说明契约用语的相同程度达到了惊人的地步,即便在中国处于分裂格局下也是如此。虽然没有非中文的契约保存下来,所以无从比较,但吐鲁番与中原的契约之间惊人的相似,正反映出吐鲁番的契约在表达用语方面几乎没有外国的影响。

吐鲁番第一次被纳入中原王朝的统治之下是在公元前 48 年,当时正处于汉代。在随后的几个世纪中,吐鲁番盆地里各种各样的政权兴衰无常,有的受西方突厥人的影响,有的受东南方向上中原王朝的影响。即便在这一较早的时期里,吐鲁番的百姓已使用契约。最早的一份契约时间是 367 年,谓:"王念以兹驼,卖与朱越,还得嘉驼,不相贩移。左来右去,二主各了。若还悔者,罚毯十张供献。"(山本与池田,1987:♯2;胡戟,1982)其下是见证人与书券人的姓名,虽然契约的其余部分已阙文。这份契约几乎就是吐鲁番生活的简明写照:它描述说,两个人协商交换他们的骆驼,一驼名"嘉",一驼名"兹",因为它产自高昌(当时称为"龟兹",Qiuci)。① 悔约的惩罚也不是钱(在如此早的时期,钱用得还不怎么普遍),而是毛毯——即便在今天,毛毯也一直很贵。历史学者早已断定,自从汉代以来(如果不是更早的话),中国即已存在契约(林甘泉,1989;Scogin,1990),只是没有相关的证据留存下来;而这份契约则暗示,到这时,有关的法律表达已相当复杂、精致了。

公元 502 年,原居于今甘肃省兰州市附近的麴氏家族统一了这一地区,在高昌建都,并仿照都城洛阳为这座城市的各个城门命名。按照这个突厥家族鼓励与中原王朝进行文化交流的一贯政策,第一位麴氏高昌王请求北魏朝廷(386—534)颁赐经、史著作及中文教师。在阿斯塔那,发现了《诗经》、《孝经》以及《论语》的残本,证明高昌人了解中文,或者至少是那些抄写人通晓中文(胡戟,1987:39—42 页)。

---

① 如果把这里的"兹"释为"这个",那么,这句话的意思就是:"王念将这个骆驼卖给朱越,换到一头好骆驼。"

三　地契

在麴氏统治时期,保存下来不少中文契约,从而给中国对高昌的影响提供了强有力的证明。保存下来的契约涉及购买土地、房屋和奴婢,借贷谷物、织物和钱,租赁土地,以及雇佣劳工等各方面。现存最早的一份地契是541年的,其大部分虽已残缺,但后来多次出现的一些标准用语足以使我们复原大部分原文:

> 章和十一年辛酉,□□(姓名佚)从佐佛得买孔进渠薄田五亩。……北诣渠,东与氾寺供畔,南与白参……西与供曹令寺田分畔。……(下句当是以毯定价,残缺)毕。四畔之内,长不还,短不与。二主先和后券。券成之后,各不得返悔。悔者,罚毯入不悔者。民有私要,要行二主。各自署名为信,沽酒各半。
>
> 倩书 [　]
> 临坐将　阿顺
> (小洞)顺(小洞)
> ……(后缺)
>
> (山本和池田,1987:♯4)

这份契约直截了当地标明了要出卖的小块土地、其四至边界及其用毛毯表示的价格。"先和后券"这个惯用语的意思是买卖双方先达成口头协议(和),然后再拟定契约(券)。契约还要预防偶然出现的情况:可能会有一方悔约。下一句强调这是一份私人契约,得到民间的认可与赞同,从而与官方主导下的交易区别开来。办完事情后,一起饮酒,是一种典型的做法,可以上溯至中国上古时代,直到今天,合约签字之后,仍然会组织一次宴会。

同时,其他地区也在使用土地契约。一位割据政权皇帝的弟弟——声名狼藉的萧宏(473—526),"出悬钱立券,每以田宅邸店悬上文券,期讫便驱券主,夺其宅"(《南史》卷五一:1278页;Balazs,1954:122页注121)。这些契约文本均已不存,但有两份契约,一种出自甘肃灵台县,一种出自河北涿县,提供了将吐鲁番的契约与其同时代的中文契约比较的难得机会。出自甘肃的契约,先写下日期(477年),然后说:

> 鹑觚民郭孟[给],从从兄仪宗,买地卅五亩,要永为家业。与谷卅斛,要无寒盗。□若有人庶忍,仰倍还本物。谷时贾石五斗,直五十□、布卅尺。地南有大道,道南郭寄地;西有郭凤起地,东右洛侯郭秦地,北临堡南领。
>
> 券破之后,各不得变悔。
>
> 时人郭元智。
>
> 文照郭寄、郭僧、郭秦、曾仁。
>
> (山本和池田,1987:图版,#10;刘庆柱,1983:94页)

除了界定这块土地的界限以及明确以后若有人声称对这块土地拥有权利的处理办法,这份契约还记录了用谷物表示的地价,以及用重量单位和布匹表示的价值。这份契约刻在砖上,包括特别指明"券破"(也就是将券砖分成两半)之后立时生效的特别条款。本券未署书券人姓名,末行提到四个人(其中两人是相邻土地的主人),大声宣读其内容。券文书法十分朴拙,字里行间弯弯曲曲,证明此类契约是在平民百姓间使用的——甚至兄弟之间也用,而按照儒家的教诲,兄弟之间是应当互相信任而无须订立契约的。

这份出自甘肃、477年的契约,出土地点正位于西安以西。出自河北涿县、507年的契约,出土地点则位于今北京的西南方。契约在记载了年月日之后,写道:

> 北坊民张神洛,从县民路阿兜买墓田三亩。南齐王墓,北弘五十三步;东齐□墓,西弘十二步。顾绢九匹。其地保无寒盗。若有人识者,抑成亩数,出兜好地平章。官有政,民私要。立券之后,各不得变悔。若先悔者,出北绢五匹。画指为信。
>
> 书券人潘埜。
>
> 时人路善王。
>
> 时人路荣孙。
>
> (山本和池田,1986:2页;1987:图版,♯11;《陶斋藏石记》卷六:十一页上、下;Gernet,1957:387—389页)

这份契约与吐鲁番所出541年契约及灵台所出477年契约有许多共同点。它首先揭示出买卖双方的姓名,很奇怪,二者均未在契约上签名画押(Gernet,1957:388页)。两人均已死亡?卖方的两个儿子作为见证人。这块地的四周皆环以墓地,显然它本身也是墓地。然后,券契给出了墓地的南北和东西长度,所用的尺度与吐鲁番、灵台所出契约迥不相同。它规定对悔约一方给予惩罚,也对以后有人声称对这块土地拥有所有权作了预防性规定。吐鲁番所出契约说:"民有私要,要行二主";河北所出契约称:"官有政,民私要";其主旨完全相同。百姓用契约为其交易服务,并不征求官府的同意即自己拟定契约。考虑到这些契约的日期均较早,而且实际上6世纪上半叶中国尚未统一,这就只能得出一个结论,即:三种契约显示出惊人的一致性,而且更重要的是,吐鲁番所出契约与同时代中国其他地区的契约并无根本性的区别。

吐鲁番所出其他一些契约证明,契约的使用多种多样。有的很长。一份616年租地契的条款比541年的买地契更多一些。日期之后,契文云:

> 张相熹从左祐子边夏部床田壹亩。到十月内,上床酘,床依官酘兜中取。床使干净好。若[不]净好,听向风常取。租输佰役,仰田主了。渠破水譎,仰耕田人了。① (山本与池田,1987:♯114)

接着同样是关于悔约的处罚条款,以及"民有私要,要行二主,各自署名为信"。这份契约还包括一项重要的强制性条款:"风破水旱,随大化列。"②在契约末尾,是书券人和一位见证人冯众德的署名。这份契约的末尾还有一部分内容,简单地提到另一份契约,并用另一个姓名另订立了一份租地契,冯众德的名字在末尾又出现了一次。这确是一种节省成本的做法。

一位名叫阿阇梨的僧人,也是教授将梵语译成中文的教师,写立了一份契约,它使人们注意到契约是如何越来越繁复的。也许是因为唐王朝征服这一地区之后,它不再有用,所以它被剪开来做成了四个不同的鞋样。小田义久精心地复原了这份契约,从而使我们能够看到唐王朝征服前夕的高昌契约是如何越变越复杂、周密的。它在写下日

---

① 孔祥星(1983:244页)曾讨论过"譎"(给予惩罚、责备)字的不同注释,并引用本契,认为其字义显然是"责罚"(《吐鲁番出土文书》第五册:76页)。
② 池田温(1973a:12—13页)认为"乜"当作"化"字,本文从之。

期之后,说:

> 史□□从司空文扬边,买石宕常田壹分,承伍亩半肆拾步役。即交与买价银钱叁佰玖拾文。钱即毕,田即付。田中役使,即随田行。其田东诣渠,南诣道,西共郭庆怀田分畔,北诣渠。田四肆在之内,长不还,短不足。车行水道依旧通。若后有人呵盗认名者,仰本主了。田中车行道,从大道中,即入自田中。贰主和同立券。券成之后,各不得返悔。悔者壹罚贰,入不悔者。民有私要,要行贰主,各自署名为信。
>
> 倩书　阿阇梨
>
> 时见　佑□
>
> 临坐　延□

(山本与池田,1987:♯13)

这份契约,以及上引租地契,均保留了不少较早契约的用语,但增加了一些有关赋役、道路通行权、从大路的入口以及以后若有人声言对这块土地拥有权利之类的规定,凡此,均显示出它在法律上越来越周密。契约虽未明言,但其最后关于"民有私要"的条款却暗示,买卖双方进行此项交易并无官府的承认。因为买主承担了原属卖主的赋役,官府也就无须知道这宗交易的发生了。

从502年起,麴氏高昌有时帮助中原王朝对抗突厥,有时向突厥纳贡,从而得以统治吐鲁番地区;可是,到640年,唐朝最后打败了突厥,占领了吐鲁番。唐朝立即在这里建立起与控制帝国其他地区一样的行政体系,并采用了同样的赋役制度(张广达,1988:70页)。高昌被立为州治,统辖四个县。吐鲁番是距离都城最远的行政区,但其地方政府形式与帝国其他地区完全相同。与全国一样,高昌也实行了同样的均田制。

新建立的唐王朝继续奉行前朝北魏与隋(589—618)的赋税制度,其前提条件是稳定的、自给自足的农耕经济,而这种农耕经济又往往伴随着劳动力长期匮乏,并因此导致了土地过剩。这种赋税制度,即所谓"均田制",要求朝廷掌握帝国境内的所有土地,并将土地颁赐给其臣民。完成土地与户口调查之后,官府按照财产划分户等,并将田地分为两类:口分与永业。各户每年都要自行申报、官府更新赋籍;官府每三年重新登记一次户籍,并重新分配土地(池田温,1973b)。口分田每隔三年均须重新分配,直到受田人年满60岁,其口分田仍收归国有。永业田则归受田人永久掌握,以鼓励他们在土地上投资,通常是种植桑树养蚕。理论上,所有土地异动均由官府主导并记录下来,任何个人均无权这样做。

对于640年以前高昌王国是否实行均田制,历史学家们意见不一,但他们都同意,至少在唐王朝统治高昌的初期,一直在进行户籍登记,并定期重新分配田地。丝绸之路上的绿洲城镇,土地短缺,登记者不仅记录了分配使用的田地数,也记录了仍未分配的田地数。按唐律规定,丁男可获得100亩田(其中80亩口分田、20亩永业田),在田地短缺的狭乡则要少得多(40亩口分田、20亩永业田)(《通典》卷二:15页)。即便是在可灌溉田地长期短缺的丝绸之路绿洲上,吐鲁番的每一个居民在理论上也按照内地狭乡的标准,被授予了60亩田地。但实际上,大部分吐鲁番百姓只收到约10亩田地,有的只被授予了1亩田(韩国磐,1986:19—23页)。除了少数几个大地主,吐鲁番平民百姓并未获得按照均田制规定应当授予的田地数,但他们似乎得到了一小块大致相等的田地。

唐律明确禁止出卖口分田,详细条列了按照出卖田地数量的多少给予惩罚的不同类型。法律要求掌握那些按规定呈报官府出卖口分田的户口,以便调整户籍登记。如果他们不这样做,其口分田将归本主所有,田款则没收充公(Twitchett [1963],1970:129页;MacCormack,1985:31页;1990:237页)。然而,从一开始,法律就包括了一个例外条款:"合卖者不用此律。"(《唐律疏议》卷一二:242页[163条])737年以后成文的对此条的注释,暗示出卖永业田仍属非法。因为它具体罗列了法律允许出卖土地的各种情况,而口分田和永业田均不在其内:

> "合卖"者,谓永业田家贫卖供葬,及口分田卖充宅及碾硙邸店之类。狭乡乐迁就宽者,准令并许卖之。(《唐律疏议》卷一二:242页[163条];MacCormack,1990:238页;Twitchett [1963],1970:136页;仁井田陞,[1937]1983:90—91页)

《新唐书》确认买卖田地的禁令颁布于650—655年间,适用于口分田和永业田。它还加上了一句:"其后豪富兼并,贫者失业。于是诏买者还地而罚之。"(《新唐书》卷五一:1345页)根据法律,民户只有因为最重要的儒教理由——尽孝道安葬其双亲——才能出卖世业,也只有为了获取宅地或因为迁徙才能出卖口分田。将如此多的例外包括在其中,说明即便从一开始起,田地买卖的禁令就非常难以贯彻执行。

640年,唐朝军队征服吐鲁番之后,当地居民开始服从唐朝的法律。由于按照唐律的规定,均田制禁止买卖口分田和永业田,百姓们势必要停止买卖土地。但事实上,土地买卖仍在进行。在唐帝国那样的农耕社会里,平民百姓不得不使用契约去记录土地的转让。田地决定着一个家庭的财富状况。如果一个家庭有足够的田地,它就兴旺发达;如果田地太少,它就命定要为生存而挣扎。因此,民户对记录田地的买卖、租赁或交换就绝不会掉以轻心,即便这样做违犯法律也在所不惜。因为吐鲁番的平民百姓在唐王朝征服之后的几年中很快就改变了其契约的用语,我们有理由认为他们——或者他们的书券人——熟悉法律有关契约的规定。吐鲁番人采纳了唐律有关加强控制租佃田地的规定:业主发现他们可以收取延期地租的费用,而且,如果承租人逃逸,业主还可以扣留保人。

一份唐王朝征服之后三年即643年的租佃契约,融汇了高昌与唐两方面的因素。在日期之后,契文曰:

> 赵怀满从张欢仁边夏……步,张菌富贰亩。田壹亩,与夏价小麦贰酐……依高昌斛斗中取。使干净好;若不好,听向风常取。田中租输百役,仰田主承了。渠破水谲,仰耕田人了。若风破水旱,随大匕列。若到六月内,上麦使毕。若过六月不毕,壹月壹酐上生壹兜。若前却不上,听把家财,平为麦直。若身东西无,仰收后者上。三人[后缺]。
>
> 田主　张欢仁
> 田主　张菌富
> 耕田人　赵怀满
> 倩书　氾延守
> 知见　[缺]
>
> (山本与池田,1987:#137)

这份契约的前半部分,与上引616年租佃契相同,也没有给出租佃田地的确切位置。虽然唐王朝已统治此地三年,但仍在使用高昌的量制和高昌式的契约文本。然而,确实有些条款是新的:承租人要为地租延期支付10%的月息,而且如果债务人无力支付地租,田主可以没收其财产以抵债。最后有关保人义务的一款,也是从唐契改编而来的。

到659年,从高昌契向唐契的转变彻底完成了。659年的一份租佃契(山本与池田,1987:♯148)与上引643年契约几乎完全相同,只是使用中原量制,而不再是高昌的量制而已。有关地租、赋税、向风扬谷以及"风破水旱"之类的规定全都保留了下来。它使用唐人术语称呼保证人("保人")、见证人("知见人"),而不再使用高昌的说法将书券人称作"倩书",将主见人称作"时见",以及将其他见证人称作"临坐"。契约正文处于契纸的右边,其左边又书写了一份副本。签名人按中原惯例在契约后面写上"合同"两个字,然后将契纸一分为二。

在唐王朝统治的强制性影响之后,契约又发生了一些变化。在高昌契中,各方画写自己的姓名;而在唐契中,他们描画自己的指关节线。高昌契用"券"指称契约,而唐契则用"契"。此外,正如张广达所指出的那样(1986:80页),与高昌契不同,唐契给出了契约各方居住的县名,明确表示了唐王朝新的行政体系。① 总之,从高昌契向唐契的变化是逐步累积的,反映出从麴氏高昌的法律体系向唐制的转变是一个渐进的过程。

四 放高利贷者左憧憙的墓

一座阿斯塔那墓葬出土的契约为评估唐王朝统治的影响提供了理想的案例。673年,折冲府卫士兼放高利贷者左憧憙被埋葬,享年57岁,随葬的有15件契约,其日期从660年至670年间,其中14件契约清晰可读。合起来看,这些契约很可能是被刻意置于墓中的(《吐鲁

---

① 关于高昌契与唐契之间的其他差异,请参阅池田温的有关讨论(1986:19页)。

番出土文书》,第六册:401—442页)。放高利贷者左憧熹使用契约买了一个15岁的奴仆,用另一张契约买了90捆草,很可能是为其羊群和骆驼而购买的。他还用另一些契约借出银钱、练——一种可供流通用的丝织品。他更用4份契约从穷人那里租赁田地。这些契约也许只是他一生中所用契约的一部分,但这15份契约已包括了唐王朝统治下吐鲁番地区使用的主要契约类型:购买或租赁田地的契约,要求交换物品的契约,以及将新劳动力既不作为奴仆也不作为家庭成员而接纳入户的契约。

左憧熹墓所保存的契约书法不一,说明放高利贷者左憧熹雇用了不止一人拟定契约。如果说有些迹象表明契约的使用较为频繁的话,那就是写立契约并不贵。写立契约的费用只是契约所涉及物品价格的一小部分。吐鲁番平民大多只能维持最低的生存,其交易大都是以物易物。尽管如此,他们仍然为那些最些微的交易订立了契约——借一件长袍、交换骆驼、买一件衬衣等等。

契约的格式基本相同:先写下日期,然后是立契双方以及涉及的物品、事项,当所有权易手时更要详细列明,再然后是写清楚如有一方悔约应当如何。下面这件契约比左憧熹墓所出其他契约都要稍长一些(除那些抄了副本的契约外),证明它是7世纪流行的合法样式。所有吐鲁番契约在用语上都基本雷同,使我们倾向于认为存在着一种样式,供书券人模仿,所以他们只能使用有限的惯用语(可能来自样式,也可能来自记忆)去起草契约。如所周知,放高利贷者左憧熹是一个文盲。

用斜体字表示的部分即典型的备用语句:

乾封元年四月廿六日,崇化乡郑海石,于左憧熹边,举取银钱拾文,月别生利钱壹文半。到左须钱之日,索即须还。

若郑延引不还左钱,任左牵掣郑家资杂物、口分田园,用充钱子本直。取所掣之物,壹不生庸。公私债负停征,此物不在停限。若郑身东西不在,一仰妻儿及收后保人替偿。官有政法,人从私契。两和立契,画指为信。

钱主　左

举钱　郑海石

保人　宁大乡张海欣

保人　崇化乡张欢相

知见人　张欢德

(山本与池田,1986:21页;1987:#76;《吐鲁番出土文书》第六册:417—418页;池田:1975:53—54页)

根据这份契约,放高利贷者左憧熹借给郑海石10文银钱,月息15%,郑还要以其家资和口分田(官府在定期重新分配田地时分给他的)作为担保。在放高利贷者左憧熹的契约末尾,是当事双方、保人和见证人的姓名。没有书券人的名字,可能因为左憧熹是放高利贷者,地位也较高一些,所以他没有画指;借钱人及其保人则都画了指。

这份契约中有关郑海石不能如期偿还其债务的规定,与唐律的相关条款相符。唐律第398条详列了对负债违契不偿者的惩罚(各施以不同的笞杖之刑),但该款既未解释呈控的程序,也未说明对此类纠纷在何种条件下给予司法干预(《唐律疏议》卷二六:485页)。左憧熹契约中的表达遵循了唐律第399条:"诸负债不告官司而强牵财物过失本契者,坐赃论。"这一条款暗示,允许债权人将欠债人告官,但也允许债权人不告官即掣取与有争议物品等值的财物。这份契约的其他部分,则明显地偏离唐律的规定。本契拒绝豁免债负,对帝国官府形成了直接挑战;而每月15%的利率也远比唐律许可的6%为高。

放高利贷者左憧熹并不总是收取利息。665 年,他免除利息借给一位放债同行 3 疋帛练,以便他可以去高昌 10 天。这份契约特别载明,只有当他在约定的日期内未偿还帛练的情况下,才必须"依乡法酬生利",大约月息为 10%(陈国灿,1983a:230 页)。吐鲁番的契约往往规定月息为 10%,有时为 15%,这种利率反映出官府无力或无意强制推行 6% 的利率。

左憧熹墓中所出契约中有 10 份都是与不同个体各订立一次的契约,其余有 3 份是与同一个农夫张善熹订立的(山本与池田,1987:♯77,♯78,♯161;陈国灿,1983b:252—257 页;堀敏一,1980:34—64 页;1983:81—83 页;池田温,1975:55—56 页)。668 年,放高利贷者左憧熹与农夫张善熹一起签署了一份契约,由左借给张银钱 20 文,月息 2 文,或 10%(见图 3)。他们是在三月份订立此契的,正当春播时节,很多农夫缺钱用。张承诺无论左于何时索还,"并须本利酬还",并以其家财和一块菜园作为抵押。两年后,670 年二月,放高利贷者左憧熹同意租赁张家的另一块菜地,"其园叁年中与夏价大麦拾陆斛,秋拾陆斛。更肆年,与银钱叁拾文"。立契时左憧熹没有支付任何款项。

与通行的契约格式相反,租佃田地的人、放高利贷者左憧熹,显然比这块田地的主人要富有得多。仅仅 1 个月之后,放高利贷者左憧熹又借给张善熹银钱 40 文,月息 4 文,月息率仍为 10%。虽然我们不知道张是否偿还了欠款,但看来张在债务中越陷越深。放高利贷者左憧熹借钱给张善熹,又租赁张的田地,显然是企图最终占有其田地。他的墓葬中还包括一件他禀告县令要求承认对赵氏葡萄园拥有所有权的文牒(《吐鲁番出土文书》第六册:426 页)。可能赵也与张善熹一样,起初借了放高利贷者左憧熹的银钱,最后陷入左的贷款陷阱中走投无

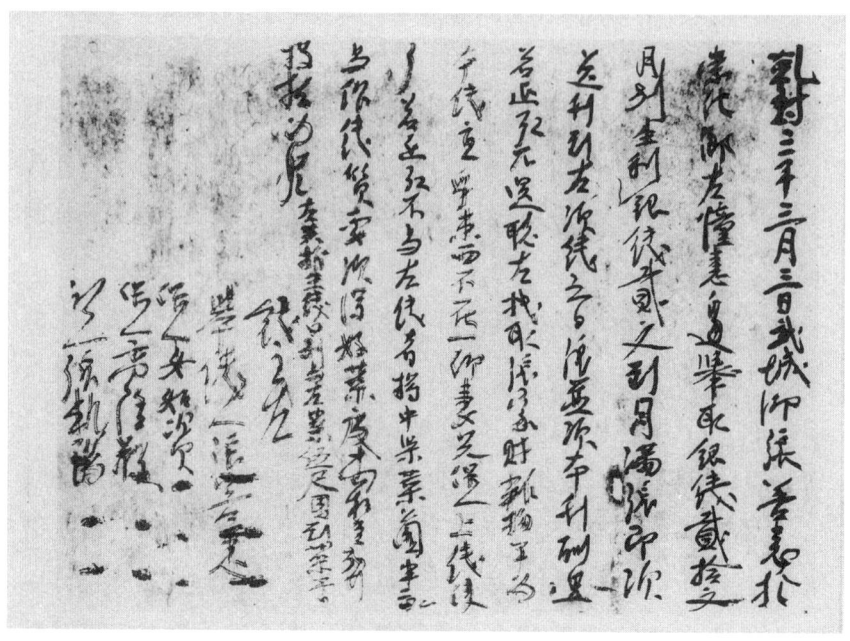

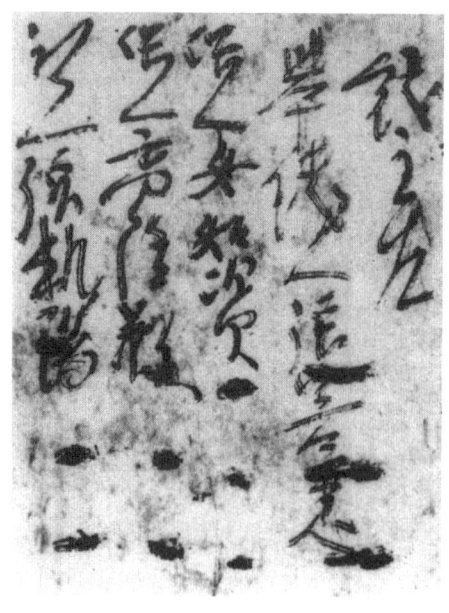

图3 放高利贷者左憧熹借出二十文银钱。左憧熹亡于673年,他将此契及另外十四件契约一起带入坟墓,也许是因为他希望在冥间仍能收取欠款。这份契约订立于668年,由四方签署,其内容是农夫张善熹借贷银钱20文,以购买春种用的粮种,月息10%。放高利贷者左憧熹作为在立契中处于强势的一方,既未签名,也未画指。处于弱势的一方,农夫张善熹,以及他的3位保人,均在书券人大声诵读契约之后在其上署了名。下面的契约局部图中可以看清他们各自描画的3个指关节线。(据新疆维吾尔族自治区博物馆,1975a:57页,图版87复制)

路,只得将田地转让给他。现存的契约表明,人们一般想方设法租佃相互之间紧密相联的地块(孔祥星,1983:273页)。放高利贷者左憧熹租赁的两块田地均与张渠接壤,他自称曾属于其祖先的一块果园也毗邻张渠。

这些契约表明,放高利贷者左憧熹介入了非常广泛而且多种多样的交易之中,但没有透露多少关于他本人的信息。他的墓葬中还有一些物品和文书材料,可以补充得自契约的零星信息。随葬品中有一幅朴拙的女性画像,上面写着"妻合端身"。合端是突厥语称呼王后或贵妇人的用语"kutoun"的汉译(李征,1973:11页,20页注7)。放高利贷者左憧熹与一位突厥妇女结婚了吗?或者他本人就是突厥人?对此,我们均不能确定。

墓葬中的另一份文书是伴随左憧熹到冥世去的衣物疏:6个奴婢,白银钱3斫,粮食5万石,白练1万段(《吐鲁番出土文书》第六册:402—403页)。因为关于此墓葬所出材料的全部报告迄今尚未公布,我们不知道这一衣物疏与墓葬实际物品之间的关系。怀疑这些夸大其词的东西不过是指葬礼中烧掉的纸扎物品。

衣物疏开头概述了放高利贷者左憧熹做过的善事:造了一尊佛像,两尊侍者像,赞助抄写或诵读《盂兰盆经》。这种有关放高利贷者左憧熹也是虔诚佛教信徒的描述,对于我们认知丝绸之路上宗教信仰与商业活动在怎样程度上交叉重合很有意义(刘欣如,1988)。墓葬中的另一份文书也是为左憧熹死后使用而预备的:那是一通致左憧熹的、否认自己当为一宗发生在左氏殁亡前5年、涉及500文银钱的盗窃案负有任何责任的文牒(《吐鲁番出土文书》第六册:441—442页,图版二)。500文银钱对任何人来说都是一宗大款项,这与契约透露出的他是一名富有放高利贷者的形象非常吻合。

墓葬中还发现了放高利贷者左憧熹的墓志铭:

> 君讳憧熹。鸿源发于戎卫,令誉显于鲁朝。德行清高,为人析表。财丰齐景,无以骄奢。意气凌云,声传异域。屈身卑己,立行修名。纯忠敦孝,礼数越常。以咸亨四年五月廿二日卒于私第,春秋五十有七。葬于城西原。礼。呜呼哀哉! 启斯墓殡。(张荫才,1973:73页)

这篇墓志铭好几处提到儒家经典。它提到"鲁朝",墓志铭的作者间接暗示左憧熹是曾在鲁国为官的《春秋左氏传》作者左丘明的后裔。作者反复使用一些典故佳言,希望将墓主描绘成遵守儒家道德伦理的典范,但他也犯了错误。记录孔子与其弟子们交谈言论的《论语》提到齐景公,谓:"齐景公有马千驷,死之日民无德而称焉;伯夷、叔齐饿于首阳之下,民到于今称之。"(Waley,1938:207页;《十三经》卷一六:2522页)齐景公非常富有,但他从未做过善事,与那两位可怜人相差甚远。这确实不是碑铭作者所要描述的左憧熹形象!铭文作者有足够的文字能力撰写文本,但他所受的教育却无力理解儒家经典的微言大义。也许,他更像一位有能力写立契约的书券人。

放高利贷者左憧熹墓葬所出文书之所以具有重要价值,是因为它们让我们看到了一个人的不同方面,特别是官方中文文献中很少反映的方面。他的墓志铭在引用儒家语言的习惯方面与其他唐墓相类似,不同的是它来自一位低级卫士的墓葬。放高利贷者左憧熹可能是一个富有的人,与其邻居们相比尤为如此,但他并非达官显贵。如果不是他的坟墓得到发掘的话,人们对他将一无所知。他墓葬中的15件契约非同寻常,它们一起被埋在墓中,在埋葬时就损坏了一些。吐鲁番其他墓葬中也会有两三件契约,偶尔会有8件之多,但从未有如此多完整的契约。何以放高利贷者左憧熹的墓里会随葬如此之多的契约?这个问题,最好留到主要考察冥世所用契约的本书第二部分再予以讨论。

五 商业契约

正如唐律控制土地契约一样,它更试图控制买卖牲畜、奴婢的契约。吐鲁番文书为我们评估人们在多大程度上依从此种控制提供了很有价值的材料。作为严密监督市场的一部分,唐律要求任何人出卖男女奴婢、牛、马、骆驼、骡、驴,都必须于出卖三日内向市司领取"市券"。"立券之后,有旧病者,三日内听悔。"法律还要求对那些试图伪称所买奴婢或牲畜有旧病以相欺诈者,以及"不时过券"的交易双方给予惩罚(《唐律疏议》卷二六:500—501 页[第 422 条];《唐六典》卷二〇:八页下—九页上;Twitcheet,1966:246 页)。

唐律并未明言,但很可能拟定此类契约需要按所涉及物品的价格征收从价税。唐王朝之前隋朝的官修正史,曾提到早在 311 年晋朝立都南京时就存在过一个类似的法律。唐律是以隋律为基础的,尽管隋律未能完整留存下来。此条谓:

> 晋自过江,凡货卖奴婢马牛田宅,有文券,率钱一万,输估四百入官,卖者三百,买者一百。无文券者,随物所堪,亦百分收四。(《隋书》卷二四:689 页)

从表面上看,此项税收似乎不是强制性的,即使在口头协议相当普遍时也是如此。为什么一个人要为此类买卖纳税呢?特别是在未签署契约、也没有此类买卖的文件证明的情况下,也要纳税呢?唐代的修改更有意义。这项税收不再适用于房屋和田地,而仅限于那些官府控制买卖的牲畜和奴婢,二者都是可以活动的"物品"。

现存记录牲畜买卖的7件吐鲁番契约中有6件,其日期分别是649年、649年、650年、695年、733年和741年,是私人间的契约,而不是唐律具体规定的"市券"(山本和池田,1987:♯20,♯21,♯22,♯30,♯32,♯33)。这组民间契约中的第7件,日期为673年,宣称要去登记一宗买驼生意,反映出当时人知道法律的相关规定(山本和池田,1987:♯29;《吐鲁番出土文书》第七册:389—390页)。在日期之后,其文曰:

> 西州前庭府队正杜……交用练拾肆疋,于康国兴生胡康乌破延边,买取黄骠驼壹头,年十岁。其驼及练,即交相付了。若驼有人寒盗认名者,一仰本主及保人酬当,杜悉不知。叁日不食水草,得还本主。待保未集,且立私契。保人集,别市契。两和生契,获指为验。(山本和池田,1987:♯29)

这份契约说明,只要练与驼交付清楚,买卖就算完成了,而不必等到签订"市契"。买主需要严格地遵守法律的规定,因为他必须获得市契,以便通过边关上的官方检查,那里会仔细审查驮畜的证明文件,因为驮畜具有潜在的军事价值。

唐律有关买卖奴婢的管理比牲畜买卖更要严格。对唐律相关条款的注释甚至说:"奴婢既同资财,即合由主处分。"(《唐律疏议》卷一四:270页[192条])法律将社会划分为三个严格分离的群体:享有特权的达官显宦、平民百姓和包括奴婢在内的"贱民"(Johnson,1979:28—29页)。禁止奴婢与平民相互结婚,"良人娶官户女者","合徒一年半"(《唐律疏议》卷一四:269—270页[191条])。

两份留存下来的记录奴婢买卖的文书实际上就是按唐律要求申请的市券。其中一份市券的日期是731年,约定把一名11岁的女婢卖给一位长安来的人,"得练肆拾疋","其婢及练即日分付了"。负责书写市券的政府官员"勘责"了卖主,核实此婢确来自贱户,又由5位保人证实她并非因贫寒而被诱卖为婢者。在市券的尾部,署上了买主、卖主、5位保人以及奴婢自己的名字。732年的一份市券沿用此券格式,增加了一款内容:即官员检查了"元券"(即原主买该婢时的市券),而若后来证明此婢非属贱口杂户,则保人亦当抵罪(山本和池田,1987:♯31,补♯13)。

这两件吐鲁番发现的买卖奴婢的市券,均附于申请过所牒文之后(朱雷,1983:511页;《吐鲁番出土文书》第九册:26—39页)。第3件市券,日期大约在744—756年间,发现于敦煌(山本与池田,1987:♯256)。至少在中国西北,进出边关、申请过所的商队,奴婢与牲畜的主人必须提交拥有所有权的文字证明。如果其奴婢是在主人家中出生的,那么,只要有主人的证言即可。一份文书允许某人带着其奴婢过所,他只需简单地声明其奴婢生于自己家中就行了。(《吐鲁番出土文书》第九册:135—136页;冻国栋,1990:144页;朱雷,1983:512页)

并非每一个人都遵守买卖奴婢的复杂规定。661年,放高利贷者左憧熹从其同行手中买了一个奴婢,他只签订了一份私契,就像7世纪中叶的两个奴婢买主所做的一样(山本与池田,1987:♯23,♯25,♯26;《吐鲁番出土文书》第六册:410—411页)。通行的利息率一直高于唐律的具体规定,以及很多买牲畜或奴婢的人均不到官府去登记,说明平民百姓们并不依靠地方官府而独立地处理其日常交易。只有当他们希望通过过所时,他们才不得不提交正确的文件以证明其拥有牲畜和奴婢的合法所有权。

唐律编纂者特别关注百姓以其子女质债而无法赎质致所质子女沦为奴婢的情况,所以法律虽然允许债权人得强掣财物以抵债,但并不允许他们强迫良人为奴(《唐律疏议》卷二六:486页)。根据一位官员的评论来判断,要求购买奴婢均签订市券的规定非常难以强制执行。韩愈(768—824年)在袁州(今江西宜春)做官时,曾对州境内的债务情况作过一次调查,他发现了731个受奴役的奴婢,他们要么是因水旱灾害而陷入赤贫,要么是因为无法偿付公私债务(《昌黎先生全文集》卷四〇:四页下—五页上)。问题是平民被卖为永久性奴婢。唐末皇帝昭宗(889—903年在位),诏令购买奴婢时要检查旧契,以证实所卖奴婢的身份。他对大量平民被卖为奴婢以抵债深感哀叹(《唐大诏令集》卷五:二十五页上—二十六页下;朱雷,1983:509页)。

六　官府干预民间纠纷

一般说来,唐律的编纂者赞同官府最好避免干预私人契约。一条附在有关偿债"杂令"之后的"格"解释何种情况下官府会予以干预,何种情况下不会:

> 诸公私以财物出举者,任依私契,官不为理。每月取利不得过六分,积日虽多,不得过一倍。……①
> 若违法积利,契外掣夺,及非出息之债者,官为理。
> 收质者非对物主不得辄卖,若计利过本不赎,听告市司,对卖有剩还之。如负债者逃,保人代偿。(《宋刑统》卷二六:412—413页;MacCormark,1985:46—47页;1990:246—247页;Gernet,1957:299—300页)

---

① 《唐六典》卷六,二十页上、下规定的月息是五分,相较而言,这里增加了"积利为本"、"官不为理"的条款。

随后的格敕规定了不同的利率:私本宜四分取利,官本五分生利,并规定了何种情况允许回利为本、何种情况下不得如此(《唐六典》卷六:二十页上、下;《宋刑统》卷二六:414 页)。唐律的编纂者声称当月息率超过 6%时,官府有干预之权,但其表达却反映出他们也举棋不定:一方面,他们希望在官府不干预的情况下让私人立契;另一方面,如果发生了某些此前未曾遇见过的情况,官府又要保留干预之权。并不是只有中国官府不愿进行干预。英国法理学家 Glanvill 在 12 世纪末写道:王室法庭不愿干预私人协议,但争辩各方可以在地方法庭提出诉讼(Simpson,1984:4 页;Baker,1990:362 页)。

平民百姓们订立契约,并非预先即准备诉诸法庭。吐鲁番出土的契约均描述了理想的情形:买主能拿出钱来购买他们想要的某块田地,承租人可以支付租金,债负将得到偿还。有些契约包括了对不同问题的规定,但没有一份契约写明强制执行的机制。如果承租人不能支付租金,由谁去没收他的财产呢?如果他逃亡的话,保人果真会赔付他所欠放高利贷者左憧憙的债务吗?又由谁来判断发生了大旱?如果买主不负担其新的赋税呢?如果别人也声称拥有这块田地的所有权呢?所有这些关于平民私人债务的契约条款都说明人们是在自己人之间订立协议的,并不希望去打官司。

可是,吐鲁番文书仍显示出,那些真正的老百姓也会把未能在契约规定的时间内偿还债款的负债人告上法庭,因为唐律允许他们这样做。吐鲁番所发现原来在中原洛阳城写立的契约文书非常珍稀,其中有一份 648 年的契约,并未被剪开作鞋子的衬里,而是完整无缺地被埋起来,所以人们揣测它可能是被某一放债人携到吐鲁番来的,他可能是希望保存这一交易的记录。而这份契约正是双方因为欠债未还而呈官诉讼之后订立的。桓某典了自己的住宅,向张、索二人借了一笔款项。在他三个月未偿还每月应还之钱后,张、索二人诉至坊正,由坊正上报至县。县里命令欠债人当月月底前付清全部利钱,并于下月月底前还清贷款。若欠债人恒某无力偿还,其住宅将交付发卖。贷款人取足其借出的钱款后,余款仍还给恒某。恒某在判决书上签字画指(《吐鲁番出土文书》第四册:269—270页;山本与池田,1987:♯66;陈国灿,1983a:245—246页)。

这个判决严格遵从了唐律的有关规定,还反映出当个人不能履行契约规定条款时官府愿意进行干预。由于这份契约来自洛阳,而不是吐鲁番,所以它揭示的乃是中原地区官府对契约纠纷的干预,而不是西北地区的情况。它也不能说明告官相当普遍,因为张某很可能是经常与前高昌王族通婚的张氏家族的成员,他们在640年唐朝平定高昌后移居长安和洛阳(胡戟,1987:54页;Wechsler,1979:223页)。

有关富商窦义的唐代小说提供了都城不动产交易中使用契约的进一步证据。商人窦义多次借钱给一位穷困潦倒的胡商(可能来自撒马尔罕以西),从而得到了好运:那位胡商以劝告他用二百千文买进一所小宅院的方式报答他(仁井田陞,[1937]1983:467页注5)。窦义用柜坊盈余的钱买下了这所宅院。签订买卖宅院契约的那天,胡商告诉窦义,那所宅院里有一块价值极高的于阗玉。窦义未之信,胡商延请玉工来,证实了玉石的价值。作为对其粟特朋友建议的酬谢,商人窦义将那所宅院并"元契"都送给了他。在另一项买卖中,窦义通过向其邻居们展示契券以证明其拥有一处房产的所有权,再次证实都城房地产交易中要使用契约(《太平广记》卷二四三:1874—1878页)。

七 结语

日期属于755年之后的吐鲁番文书非常稀少,当时,粟特将军安禄山发动的叛乱几乎成功地倾覆了唐王朝(Twitchett,1979:453—

461页)。唐朝皇帝被迫从边境地区、从吐鲁番撤回军队,以应付叛军对都城的威胁。吐蕃取代突厥成为唐朝的主要敌人,它利用唐王朝的衰弱进攻其西北边疆,并于792年占领了吐鲁番。但吐蕃只是非常短暂地占有此地,794年,吐鲁番为回鹘据有,直到1756年,它一直处于非汉族势力的统治之下(胡戟,1987:67—68、85页)。

吐鲁番的丢失不过是755年之后唐帝国所经受的诸多事件之一。为了镇压叛乱,朝廷不得不将田赋征收权让给各地区的节度使,后者只是每年向朝廷送纳贡赋。因为户籍登记不再更新,契约作为所有权的唯一凭证,发挥了越来越重要的作用。下一章即将论证这一变化过程。

吐鲁番的平民百姓在并不征得地方官府赞同的情况下,设法管理其日常的交易行为,并使用契约。他们将券契区分为两种:私契——他们自己用的,和官契——在官府监督下订立的。而如果在私契方面发生纠纷,这种区别并未妨碍他们同样告官呈控,但他们在订立私契时看来并未预计到需要告官的问题。现存契约的用语反映出立法者在对待官府干预契约纠纷问题上举棋不定。毕竟,正如许多契约上所写的那样,"官有政法,人从私契"。

第三章　官府承认契约

19世纪末,在甘肃敦煌的一个石洞里发现了第二批唐代契约原件,其时间段包括9—10世纪。敦煌的发现使我们有可能去追踪755年中央政府权力崩塌之后契约作用的变化。敦煌地处边疆,与其他靠近核心的地区一样,也在割据政权的统治之下。

这些在敦煌签订的契约,与吐鲁番契约一样,都很关注官府对民间契约的干预。直到9世纪中叶,契约中仍提及户籍,但却越来越靠不住。据说,如果重新编制户籍,就会记录下某宗已完成的交易。最后,拟定契约也不再提到户籍。而且,与割据各地的军阀一样,敦煌的统治者也开始承认契约是所有权的凭证。

从敦煌到吐鲁番,只有600公里;敦煌发现的契约与吐鲁番出土的契约之间,在时间上也仅相差100年,但二者却迥然不同。敦煌所发现的租佃或买卖土地的契约只占总量的4%,而吐鲁番所出租、买田地契则占总数的40%之多(山本与池田,1987:11页)。大多数敦煌契约记录的是谷物、织物的借贷或雇佣关系。因为比较关注发生纠纷的可能性,所以书券人将限定双方各自有利条件的条款合并在一起。结果,敦煌发现的一些契约就比吐鲁番出土契约要长,也显示出更多的"法律狡狯"。还有一些契约非常短,不知成于何人之手。许多注明日期的实例和留存下来的文献都强调敦煌日常生活中契约的普遍性。

这两批契约的某些差异来源于其保存原因的不同。吐鲁番文书是从普通民家所存纸张上剪下来的。敦煌文书则不同,全部来自一个由常驻看守的人发现的收藏废纸的洞窟里。① 王道士注意到洞窟的灰泥墙突出来一块,他轻轻地叩击洞墙,发现在壁画后面还有一个洞。在第十七号洞,著名的敦煌藏经洞,储藏着5万多份各种文书,其日期从3世纪到15世纪。藏经洞被封闭起来可能是在11世纪前半叶,因为最晚的中文文书所署日期是1006年(但其他文字的文书还要晚一些)。封闭藏经洞是为了防备1036年占领敦煌的西夏征服者吗?对此,无以确知。②

因为藏经洞中包括很多残纸,包括错误百出、多次删改的习书册子,所以今天的大多数学者都认为它当是一处储存不再能用的废纸的仓库。一首通俗叙事诗暗示,佛教徒告诫人们不要丢弃写过字的纸张,要把它们保存起来。僧人慧远发现大内诸宫常将字纸丢弃于污秽的茅厕之中,于是作了这样一个偈子:

> 儒童说五典,释教立三宗。
> 说礼行忠孝,挞遣出九农。
> 长扬并五策,字与藏经同。
> 不解生珍敬,秽用在厕中。
> 悟灭恒沙罪,多生忏不[容](客)。
> 陷身五百劫,常作厕中虫。

---

① 此后,敦煌文书散布到世界各地的图书馆里。本文采用山本达郎与池田温按照收藏图书馆给现存契约以及一般敦煌文书所作的编号("P"指伯希和收集藏在巴黎的文书,"S"指斯坦因收集藏在伦敦的文书,"北图"指北京图书馆所藏文书)。读者可能希望考虑将《敦煌社会经济文献真迹释录》作为可供选择的释文本和照相图版,但一般说来这个抄本不如山本和池田的释文可靠,所以,除非我发现它非常有用,否则不会引用北京收藏的文书。
② 马世长(1978)就关于藏经洞的几个未明问题提出了一篇细致的讨论文章。

(《敦煌变文集》,1957:192 页;Waley,1960:122 页)

Arthur Waley 正确地认识到,这种想法是将废纸留存起来的基础。

尽管十七号洞的秘密并未完全揭开,但有一点却很清楚,即:敦煌文书提供了寺院流通使用的各种文书的样本,而不是像吐鲁番那样,来自普通百姓之家。大部分敦煌文书是佛经抄本——抄写这些经书会带来好处。抄完之后,这些经书也就没有用了,就被放置在仓库里。遗弃在藏经洞里的这些佛经写本与当时雕版印刷的佛经确实密切相关。

纸张非常珍贵,许多在寺院里学习读写的世俗学生利用佛经的背面甚至是页边练习写字(Mair,1981:90—91 页)。那些用尖笔写在绢或纸上的文书,书法各不相同,有的弯弯曲曲,非常拙劣,显然出自刚刚学写汉字的人之手;有的架构平稳,字迹清楚,则出自有较高文字水平的人之手。敦煌文书使我们得以窥知抄写人获取其生计能力的某些真相,包括他们去学习草拟契约。未来的抄写人需要完成的诸多不同类型的练习中,就有一项是撰写契约;据说,许多敦煌契约就是学生练习时抄写的契约。很多记录谷物或织物租赁的实用契约要么就是寺院订立的,要么是由僧、尼作见证人的。考虑到整个社会的识字水平较低,一定存在着一个靠起草契约、收取一笔小费用为生的书券人群体,尽管他们本身并不一定这样界定自己。

敦煌文书与吐鲁番文书一样,也有一个典型性的问题。敦煌也属于遥远的西北,地处战略地位十分重要的甘肃走廊的最西端,也是丝绸之路南道与北道的交会点;而且,中原王朝统治这一地区的时间比吐鲁番长得多。如今,这里同样可以见到吐鲁番那样的混血面孔,有的覆着面纱,有的未盖面纱,但看来汉人占据大多数,而且大部分人都说汉语。今天的敦煌较之吐鲁番更具中原色彩。敦煌是一个繁荣的绿洲，到处是高大的绿树、水量充足的灌渠。20世纪30年代，传教士Mildred Cable 就意识到它的繁荣，这里的绿阴则给丝绸之路上疲惫的行人带来了生机。敦煌的地理位置和富饶引来了许多来客，正是他们捐助建设了敦煌莫高窟——它坐落在敦煌以南25公里处，是一处拥有500多个洞窟的庞大建筑群。洞窟的墙壁用灰泥覆盖着，上面绘满壁画，描绘了不同时期统治敦煌的汉族和非汉族统治者，在经历了几个世纪之后，依然明丽光艳。

敦煌首次纳入中原王朝的统治是在汉代；2世纪末，汉朝衰落时丢失了它；隋朝于589年重新统一中国后，再次征服敦煌。代隋而兴的唐王朝继续控制敦煌，但至781年，又把这块绿洲丢弃给了吐蕃——随后，吐蕃又征服了吐鲁番。

唐朝直接控制时期的契约只留下一种，是744—758年间买卖奴婢的市券。它记录了一名商人卖一个13岁的胡奴。券尾是胡奴前主人、胡奴以及5个保人的姓名与年龄。所有保人均担保胡奴"是贱不虚"。它与吐鲁番文书有一个共同的特点，即未给出买主的姓名（这里是大生绢的物主），因为其地位较高，而且即使这宗买卖被证明非法也不承担任何义务。按照唐律的要求，市券须由市司颁发，且要州郡署印。这份契约在契尾署名处并无印记或画指，所以它当是保存在官府处的抄件，而不会是交给买奴人的抄件（施萍婷，1972：70页；山本与池田，1987：#256）。

虽然这份市券严格地遵守了唐律的规定，但却并不能以这一例证为基础去概括敦煌究竟在多大程度上遵循唐律。与大部分敦煌文书不同，此份契约并非在藏经洞中发现的。其来源不明，很可能是与7件748年允许通过关卡的过所文牒一起，在122号洞前挖掘出来的。然则，这份市券，与吐鲁番所见的两种市券一样，很可能也是附在过所文牒一起的。

一　文学作品中的契约

　　一篇唐代小说《庐山远公话》,为我们了解契约使用及奴婢买卖程序的情况提供了一些迫切需要的线索。它讲述了高僧慧远在庐山一所寺院修习《涅槃经》的故事(《敦煌变文集》,1957:167—195 页;朱雷,1983;Waley,1960:97—123 页;S2073)。在得到当地土地神关于强盗即将来袭的警告之后,其他众僧均挟着寺院财宝离开慧远而逃走了。强盗们找到了正在一所厅堂外冥思的慧远。强盗头目白庄特别注意慧远,因为他"身有白银相光,身长七尺,发如涂漆,唇若点朱"。慧远答允给白庄做奴隶,以便活下来继续颂经。

　　慧远跟随强盗四处游荡,直到一天晚上,他在梦中见到佛陀显身,教他自卖给崔相国为奴,得钱五百贯,以偿还强盗首领供他衣食住宿的债务。他在"前世"曾做过"保儿",还要还清那笔"宿业"。一旦债业均了,他即当回归庐山。这个故事的重点是偿还业债,以及偿还业债之前心头的负担,并说明当时存在着高度发达的商业群体。慧远从梦中醒来,开始念颂《涅槃经》,这让白庄很烦恼,两人发生了争吵。慧远提议把他自己卖掉,所得钱财给白庄以供他"沽酒买肉"。白庄闻得此语,呵呵大笑,说:"你也大错。我若之处买得你来,即便将旧契券,即卖得你。况是掳得你来,交我如何卖你?"

　　在这里,匪首表明自己了解唐朝的法律,他必须拿出契约证实慧远是一个"贱民",而不是被违法卖作奴婢的良口。他的拒绝发人深思:法律上并没有相应条款阻止因为欠债无力偿还而将欠债人变成奴婢。只有当受奴役的欠债人被卖给第三者、而且得到颁发市券的市司所给予的契约时,法律才会干预。匪首白庄不害怕官府会没收他掳掠来的奴婢,只是担心他无法出卖自己的奴婢。

然后，慧远提醒他还有另一个办法证明一个人是奴婢："若要卖之，但作家生厮儿卖，即无契券，亦得卖之。"这是一个非常有趣的曲解，说明这位只是颂读《涅槃经》的僧人实际上非常熟悉法律上有关处理盗窃财物的条款。

随后，匪首就按照慧远建议的步骤行事。当他们来到东都口马行时，牙人认可了假主人声言此奴系家生厮儿的说法，答应帮他找买主。接着他们来到崔相国宅。崔相国在前一夜曾梦见一个神人入其宅内，这时就询问他是家生厮儿还是从别处买来者。牙人回答说是白庄家生厮儿，于是崔相国同意买下他。僧人慧远接着高声诵读他自己书写的契约，这个做法非同寻常，所以作者写道："不与凡同。"

> 厶年厶月①，卖身与相公为奴。伏事尽忠，须毕阿郎一世。若也中路抛弃，当当来世，死堕地狱，受罪既毕，身作畜生。搭鞍垂蹬，口中啣铁，已负前愆。若也尽阿郎一世，十地果圆，同生佛会。（《敦煌变文集》，1957：177页）

这份非常佛教化的契约也具备标准契约的重要事项。与所有敦煌所发现的契约一样，它将年、月、日留下来以待后日填写，起首即书写慧远的义务，以及如果违约将给予的惩罚。与其他敦煌契约不同的是，这里忽略未写明他及其原主已同意的价格，也未写明慧远同意接受这些约定究竟会得到什么好处。敦煌契约通常会写明如果违反契约条款将受到怎样的惩罚，但没有如果遵守它也许会得到什么奖赏的规定。对于既不懂佛教也不懂契约的读者来说，这份契约并无意义；其重要性正在于它将佛教教义与契约用语巧妙地融合在一起。慧远在

---

① 慧远在年、月之前使用汉字"厶"字，以表示以后再填写。

崔相国家待了六年之后获得自由,然后开始了他的传道生涯。

与《庐山远公话》的作者一样,另一个敦煌所出变文的作者也假定其听众非常熟悉契约。历史上的佛陀生活在公元前 6 世纪的北印度,而这篇 8 世纪中叶成文的变文则说佛陀生在南印度一个非常中国化的王国里,那个王国的首相须达四处旅行,以便为其子找到妻子,随后决定追随佛陀(Mair,1983:10—11 页)。他想买一座花园送给佛陀,但唯一一座合适的花园(那里从未杀过生)属于一位太子,而那位太子不想卖园。于是,一个印度神祇遂假扮作一位老人,给太子出主意,让他定一个很高的价格:"平地与布黄金,树枝银钱遍满。"

> 假使(须达)倾仓竭库,必无肯置之期,交关不合,本园还在。

在这里,我们看到协议是如何达成的。一方是太子,他出了一个价;另一方是须达,必须接受或者拒绝。太子依计而行,而须达立即同意了那个非常高的价格:

> 当处对面平章,立地便书文契。多著保证,重置悔罚。
> (Mair,1983:52—53 页;《敦煌变文集》,1957:370 页)

只有在买卖双方达成口头协议之后,他们才订立契约。这个关于须达的故事,假托是在印度发生的,而且变文中的人物也都有梵语名字(译成了中文),但是,他们所做的事,以及如何做的,却都是唐代中国人在买卖田地时的所作所为。这篇变文的听众显然非常有经验地希望某一契约包括保人以及对违约的处罚。任何事都不应违反这种信念。

二 吐蕃统治下的敦煌

除了一件买奴的市契是 8 世纪中叶的之外,其他诸契均来自 781 年之后——781 年,敦煌沦入吐蕃之手;5 年后,吐蕃又占领了吐鲁番。我们不太清楚在吐蕃的控制之下采用何种类型的法律体系(如果有的话),尽管 833 年的一首哀诗,反映出吐蕃人有一种审理纠纷的司法体系。一位寡妇呈告其邻居 20 年前侵占她的财产,并提到前任吐蕃官员不许她诉告(藤枝晃,1961:212—218 页;S5182)。吐蕃将敦煌居民分成部落、寺户和百姓。汉文契约仍继续使用。现存的契约都很简短,大都是寺户向寺院或一个人向另一个人求借粮食的。

某些契约,比如下面这份 822 年的契约,显示出唐朝法律的影响:①

紫犍牛壹头,陆岁,并无印记。

寅年正月廿日,令狐宠宠为无年粮、种子,今将前件牛出卖与同部落武光辉,断作麦汉斗壹拾玖硕。其牛及麦当日交相付了,并无悬欠。如后牛若有人识认,称是寒盗,一仰主、保知当,不干买人之事。如立契后,在三日内牛有宿疾,不食水草,一任却还本主。三日已外,依契为定,不许休悔。如先悔者,罚麦伍硕,入不悔人。恐人无信,故立私契,两共平章,画指为记。其壹拾玖硕麦内粟三硕。和。

(山本与池田,1987:♯259[S1475])

---

① 这些契约很多均未给出确切的时间,只提到是某一甲子中的某一生肖年,从而给确定敦煌契约的时间留下了很多问题。我信从山本与池田的观点(1987)。

随后是牛主、牛主的兄弟以及三个保人的姓名与年龄。三天的观察期与唐律有关牲畜、奴婢买卖的规定相同。

与吐鲁番契约一样,这份契约给出了买卖双方的姓名,标明了价格,特别规定了如以后发生问题,哪些应由旧主负责,哪些是新主的责任。在描画的指关节线边上,还记下了兄弟二人和保人的年龄,以便更易于识别他们。牛的新主人是陌生的一方,没有在契尾画指,也没有写他的年龄。

这份契约在两个重要而典型的方面不同于吐鲁番所出契约。它未署书券人的姓名,还给出了卖牛的原因。并非所有敦煌契约都如此紧密地与唐律的规定相吻合。一份803年的契约,也是卖牛契,就没有包括3天观察期的内容(山本与池田,1987:♯257;Gernet,1957:350页[S5820,S5826])。

吐蕃统治时期的契约,只有一份是卖地契,日期当是815年或827年。它用一种简明扼要的语气写道:

> 宜秋十里西支地壹段,共柒畦,拾亩。东道,西渠,南索晟,北武再再。未年十月三日,上部落百姓安环清,为突田债负,不办输纳,今将前件地,出卖与同部落人武国子。其地亩别断作斛斗汉斗壹硕陆斗,都计麦壹拾伍硕,粟壹硕,并汉斗。一卖已后,一任武国子修营佃种。如后有人忏恪识认,一仰安环清割上地,佃种与国子。其地及麦当日交相分付,一无悬欠。一卖后,如若先翻悔,罚麦伍硕,入不悔人。已后若恩赦,安清罚金伍两,纳入官。官有政法,人从私契。两共平章,画指为记。
>
> 地主安清环,年廿一。
>
> 母安,年五十二。

师叔正灯[押]。

见人张良友。

姊夫安恒子。

（山本与池田，1986：47 页；1987：♯260[S1475]；仁井田陞，1960：280—282 页）

像典型的敦煌契约一样，买主武国子没有在契约上署名。他没有签名，以及有关安环清"不办输纳"的解释，均说明买主在此项交易中居于优势地位。卖主及其母亲、姊夫都在契约上画了指，师叔正灯画了押，代表签名，以表示他赞同这个协议，暗示他识字而其他人不识字。安环清的身份是"上部落百姓"，标志着这份契约是在吐蕃统治下订立的。

关于为了拒绝适用恩敕、规定卖主将被重罚金 5 两（约 200 盎司黄金）的条款，说明有这样的恩敕颁布，虽然契文并未解释在吐蕃统治时期究竟是继续奉行哪一个朝廷的恩敕。一般认为，一旦颁布那种豁免私人债务的恩敕，所有交易均不再有效，像这份契约那样因一个人欠债而进行的交易更是无效了。安环清就可以以他卖掉田地是为了偿债为由，再要回自己的土地。然而，规定如此之高的处罚，就足以确保安环清在大赦的情况下也根本不敢试图要回自己的土地（仁井田陞，1960：682 页）。

这份契约与早期吐鲁番的契约有不少共同的条款，虽然其语句并不完全一样：给出了田地的四至，承认买主有责任维护灌溉工程，要求卖主负责解决以后提出的所有权问题，并对悔约方作出处罚。虽然在其他敦煌契约中也有同样的条款，但在吐鲁番契约中常见的将"私契"与"政法"区别开来的说法，在敦煌契约中却只有这一例。看来敦煌居民并不像吐鲁番居民那样，深信"私契"完全脱离于"政法"。

因为敦煌契约的用语，也与吐鲁番契约的用语一样，千篇一律，所以，敦煌的书券人一定有契约范本可供参考。同时，虽然许多条款的主旨相同，其实际用语却并不同于吐鲁番契约，说明敦煌契约并非吐鲁番契约的稍晚副本，而是独立发展起来的。

三　敦煌以外的地契

其他史料也证明，755年安禄山之乱后，中国各地均使用契约。元稹(779—831年)在一篇关于其友人的传记中记下了一件事：大约在806年前，他的友人与唐州(今河南泌阳县)刺史发生了一次争论，后者要他做自己的女婿。这位友人乃召集里中诸老并对他们说："刺史谓田足以累我耶？"然后，他把所有的田契都扔到了火里，把自己的田地送给了他们(《元氏长庆集》卷五六：一页下)。

唐代著名思想家柳宗元也讲了另一个人被契约所激怒的故事，只不过是因为不同的原因。当他旅行到永州(今湖南零陵)时，一天早上，有一位邻居敲门来告曰："不胜官租私券之委积，既芟山而更居。"(《柳宗元集》卷二六：764页)柳宗元没有说明其人原居何地。

两份墓券的发现使我们可以更清楚地认识地契。其一出自江苏江都，日期是835年，是一位享年84岁"徐府君"与其此前殁亡之妻的合葬墓券。这份墓券首先简要叙述了其家族的谱系，给出其曾祖、祖、父的名字及其配偶们婚前的姓。徐府君及其妻有五子二女。五子当中，二子早死，一子"高上不仕"，一子在殿中省掌御服，一子在一处要塞服役。二女当中，一女结婚后早逝，一女年轻时即"早孀于家"。这是一个凄惨的家族，尤其是因为七个儿女都没有孩子。这位84岁的老人死时知道他的家族将随着他的殁亡而渐次灭绝，再也无人将他作为祖先祭祀。墓券的后半部分载明了墓地四边的长度、四面相邻邻居的姓名，以及墓地的价格（3800文）。墓券末尾署了卖地人的母亲、弟弟以及三个保人的名字（池田，1981:234—235页；《江苏金石志》卷五：三三页上—三四页下；陶希圣，[1937]1982:242页）。

这种格式一定模仿自当时地契。与之相同的是一件浙江上林湖出土、写在一个随葬花瓶壁上的墓券。在给享年63岁的殁亡人作了一篇颂扬备至的传记之后，就是墓券，其末尾谓："四至内，王自买得，并不关上下门阅六亲之事。"（《文物》1988年第12期:90—91页）这种拒绝声明显然是为了排除卖主的家庭在出卖之后再提出任何质疑，也是为了保留证据，以证明其亲属已拒绝了优先购买。朝廷在811年的一份敕书中承认卖主亲邻拥有这种优先取舍权："应典卖、倚当物业，先问房亲；房亲不要，次问四邻；四邻不要，他人并得交易。"（《宋刑统》卷一三:207页；屈超立，未注明出版日期）这种做法，在随后的几个世纪里，越来越证明过于繁琐，不便实施。这些购买墓地的契约只包括小部分对交易的具体描述，然其条款与吐鲁番、敦煌所出契约很相似。很可能中国各地都有使用本地区特别规定用语的契约。

四 遇赦不除

吐蕃统治时期的个别契约规定了非常高的处罚，以阻止原主在遇到恩赦时寻求豁免债负。许多较晚一些的敦煌契约均包括声明遇赦不除的条文。在为了帮助借贷人渡过难关直到收获季节的借贷种子或谷物的借贷契约中，此类声明最为常见，现存者有41例（山本与池田，1987:♯291—♯332）。①

---

① 法国国立科学研究中心敦煌写本研究组的Eric Trombert正在探讨何以在吐蕃统治下借贷契约如此之多而其后却又非常稀见。

> 酉年三月一日,下部落百姓曹茂晟为无种子,遂于僧海清处便豆壹硕捌斗。其豆自限至秋**捌月送纳**卅日已前送纳。如违不纳,其豆请陪;一任掣夺家资杂物,用充豆直。如身东西[不在],一仰保人代还。中间或有恩赦,不在免限。恐人无信,故立此帖。两共平章,画指为信。
> 豆主
> 便豆人曹茂晟,年五十
> 保人男沙弥法珪,年十八
> 见人
> 见人僧慈灯
> (山本与池田,1987:♯301[S1473])

这是一份免除利息的借贷契,一名僧人借给一名沙弥的父亲,规定要准时偿还——这里特别在旁注中,用大写字体标出了偿还期限。如果沙弥之父无力准时偿还所借的豆种,那么他就要被迫偿还其最初所借豆种的两倍。如果借债人无力偿还债务,这份契约授权放债的僧人可以出卖借债人的"家资杂物",唐律也允许这样做。保人是借债人的儿子,如果父亲辞世的话,儿子要负责还债。与标准的唐代契约一样,放债人没有在契约上签名画押。

这份契约有一点与唐律严重抵牾,即它拒绝将朝廷的恩赦适用于本宗交易。即便朝廷下诏宽免所有债务,沙弥之父所欠僧人的债负也依旧维持不变。另外两份吐蕃统治时期的契约也包括了同样的规定(山本与池田,1987:♯312,♯313)。初看起来,这种拒绝不过是对事实的一种陈述。吐蕃统治下契约所涉及的各方并非中原之人,中原皇帝的权限与发布的诏令均不能适用于他们。但这种拒绝却一直延续到848年中原王朝重新控制敦煌之后(仁井田陞,1960:756—757页)。

不承认恩赦这一条款很重要,因为它表明介入低层次交换的老百姓意识到皇权统治的专制独裁性质,并试图摆脱其控制。虽然皇权强大无比,但签订这些契约的平民百姓们却并不认为以后朝廷取消他们的私人协约是正确的。当然,这些放贷可能规定借用谷物和衣物的期限。正是他们拒绝按照恩赦的规定,不愿给予那些长期负债、朝廷试图给予帮助的人们以任何好处。

848年,一位独立的军阀重新征服了敦煌,并宣誓效忠唐王朝,于是,唐朝在名义上再次获得了敦煌(Beckwith,1987:149、170—171页)。统治敦煌的军阀率领一支称作"归义军"的军队。并非敦煌一地处于军阀统治之下。自从755年安禄山叛乱之后,中国分裂成许多这样的地区,各地统治者自己征收赋税,而只将其中的一小部分移交给中央政府。907年,一名军阀推翻了最后一个唐朝皇帝,唐朝的故事最终结束了,中国分裂成几个区域性王国。敦煌距离唐帝国首都长安(今西安)的距离虽然比其他割据王国都更远,但它曾归属归义军政权,与那些密迩京师的地区一样,也经历了同样的"割据自治"过程。

尽管许多敦煌契约均声称遇赦不除,但事实上,大部分唐王朝的赦令均只蠲免逋欠官府的债务,通常是逋赋,没有说到私人债务(加藤繁,1953:622页;仁井田陞,1960:752—753页)。819年,皇帝颁布了一通诏书,其中讨论了私人债务问题。一些京城之家之所以负债累累,是因为富户利用其急需给予短期贷款。欠债人陷死逃亡,从而导致社会动荡不安,"徒扰公府"。因此,皇帝要求"有私债经十年以上,本主及原保人死亡又无资产可征理者,并宜放免"(《文苑英华》卷四二二:十一页上;陈国灿,1983:267页)。

随后,824年的规定要求"百姓所经台府州县论理远年债负事,在三十年以前,而主保经逃亡无证据,空有契书者,一切不须为理"。之所以颁布这条制文,是为了应对许多有关暧昧不明、往往岁月经久的老契的呈官诉讼(《宋刑统》卷二六：414页；MacCormack，1990：248—249页)。

唐朝并不经常颁布这样的恩赦，可能是因为认定私人债务并不属于其权限范围，而某些五代统治者则更频繁地颁布蠲免官私债负的赦令。941年，后晋王朝的开国皇帝晋高祖下令"私下债负取利及一倍者，并放"(《容斋随笔·三笔》卷九：515—516页；仁井田陞，1960：753页)。然而，吐鲁番和敦煌的居民显然仍相信皇帝可以在任何时候颁布这样的蠲免债负令，所以，他们希望能避免这种可能性。

一组世俗学生练习用的契约抄本，共有5件，描述了848年中国式统治恢复之后使用的契约情况。① 它们都包括遇赦不除的条款。这些契约的日期均在878—909年间，是在一卷墓葬堪舆书中发现的(山本与池田，1986：77—78页；1987：♯264，♯265，♯266，♯269，♯270，♯382，♯383[3877])。上下联贯起来考虑，这些契约与相墓书并无关联。它们既可供学生学习书写，也提供了可供校正的文本，可能还可供老师使用。这五份契约的表述很有意义，因为学生们学习书写用的文本，正是实际使用文本的副本。

有一份909年的契约，总共卖出了七亩地，起首即叙述这块地的四至，然后说：

> 洪润乡百姓安力子及男橝檰等，为缘阙少用度，遂将本户口分地出卖与同乡百姓令狐进通。断作价值生绢一疋，长肆仗。其地及价当日交相分付讫，一无悬欠。自卖以后，其地永任进通男子孙息姪世世为主记。中间或有回换户状之次，任进通抽入户内。地内所著差税河作，随地祇当。中间

---

① 实际上这一组契约共有7份，但其中有两份相同，而另一份残缺不全。

若亲姻兄弟及别人争论上件地者,一仰口承人男橝樰兄弟祇当,不忓买人之事。或有恩敕流行,亦不在论理之限。两共对面平章,准法不许休悔。如先悔者,罚上耕牛一头,充入不悔人。恐人无信,故立私契,用为后验。

地主:安力子

(后缺)

(山本与池田,1987:♯269)

这份契约要求,如果官府碰巧更新户籍的话,任由新主人将所买田地抽入户内。这种表述暗示,归义军政权像其他地区的割据政权一样,任由户籍流失,因为它没有人手维持最新的户籍。这种认识看来非常普遍,以致它都进入了寺院学校的课程当中。这份契约还讨论了签署之后可能发生的各种问题及其解决办法。如果有人声称这块地是自己的,或者因为交纳赋税而发生纠纷,卖主均有义务去解决。

留存下来的五份租驼契——谢和耐(Jacques Gernet)曾对此作过研究——提供了一种有趣的比较。只有把租金,一般是几疋布,交付给驼主之后,契约才算生效。骆驼用来长途旅行——从敦煌到高昌是600公里,到长安是1700公里,往往会遇到灾难。骆驼可能会在途中死亡,回来后失去劳动能力,给盗贼偷去,或者被租赁人带走。这些契约都规定:所有偶然事故均由租赁人负责,不关驼主之事。

租驼契均未提到朝廷恩赦,但909年的卖地契特别规定此种恩赦不适用于本项交易。官府会支持这种直接挑战朝廷权威的条款吗?看起来不太像,但官府可以选择接受本契的其余部分而忽略这一条款。

在这卷相墓书的页边,还抄写了5份契约,其中至少3份契约有关于遇赦不除的限制性条款:其一是卖舍的,其二是交换田宅的,其三是有关出卖一个7岁大儿子的。有趣的是,这些抄录的契约与留存下来的少数几件实用地契的格式非常贴近。936年的卖舍契包括了拒绝适用朝廷恩赦的条款。它在契文末尾说:"恐人无信,立此文书,用为后凭。"契约各行文字均略微偏左一些,契尾所署的姓名也不怎么均匀整齐,都反映出书写人是一个生手。卖舍人及其母亲都画了指。两位邻居("同院人")、4位见人、3个邻见人则都简单地画了押。只有一位邻见人有足够的读写能力写下了一个表示理解的汉字"知"(山本与池田,1986:94页;1987:♯273[S1285])。956年的买舍契在这方面则要纯熟得多。各行都很直,行、字间的距离都非常合适,排列得也很整齐。它也包括遇赦不除的条款,尾部则已残缺(山本与池田,1987:♯277[P3331])。一份957年的练习用契约,书写很熟练,也包括了关于恩赦的限制性条款(山本与池田,1986:105页;1987:♯280[P3649])。在这些抄录的契约中,书写练习的不同层次,表明读写水平存在很大差别。它也表明,社会各阶层都使用契约。

还有一份练习用的契约是976年的,当时宋王朝已建立了17年,则显示出书写人完全精通用毛笔书写(山本与池田,1986:109页;1987:♯282[北京,生字二五背])。它继续沿用上述的契约格式,并仍然保留着关于恩赦的条款。一份991年的卖妮子契在阐述这一条款时差别也不大:"或遇恩赦流行,亦不在于来论理之限。"(山本与池田,1987:♯286[S1946])这些契约表明,除了使用宋朝的纪元之外,没有任何迹象说明新王朝作了制度性的改变。这一事实并不值得惊奇。宋王朝在委任了敦煌归义军政权的代理人之后,仍然允许他们继续割据自治。

五　放妻文书

放妻文书与其他契约不同,因为它标志着夫妻关系的终结,而其他契约则标志着买卖双方、借贷双方和租赁双方开始发生关系。放妻文书允许配偶的任何一方再婚,而无须担心因为有第二个丈夫或妻子(作为非法纳妾)而触犯唐律并受到犯罪指控。引人注意的是,没有婚契保存下来。

如果妻子不敬舅姑、不育子女、淫泆、妒忌、恶疾、口舌或盗窃,唐律允许丈夫休掉她。这些"七出"并非严格的规定。如果妻子无家可归,或者为舅姑服丧三年,或者其夫仅因富贵而弃之,则虽犯"七出"之罪亦可得不去;但法律又特别规定,如果妻子患有恶疾或犯奸淫泆,则必须放出(《唐律疏议》卷一四:267—268页[189条];Johnson,1979:108页,注76;MacCormack,1990:278—282页)。唐律还允许夫妻均认为二人不相安谐、皆愿离异时离婚(《唐律疏议》卷一四:268—269页[190条])。敦煌放妻文书中经常引用这一条款。

在敦煌,离婚率到底有多高?敦煌的百姓当然对此了如指掌,但我们对此却一无所知。现只发现一份实用的放妻文书,是宋统一之后的(山本与池田,1987:♯422);其余都是书写练习用的,而且其中有3份完全相同(山本与池田,1987:♯441,♯487—♯489,♯491—493,♯497)。练习书写用的和实用的放妻文书都首先这样描述他们是如何结婚的:

一从结契,要尽百年。如水如鱼,同欢终日。生男满十,并受公卿。生女柔容,温和内外。

但文书接下来就写美好理想破灭之后所发生的事情:

苏[酥]乳之合,尚恐异流;猫鼠同窠,安得见久?……今请两家父母六亲眷属,故勒手书,千万永别。(山本与池田,1987:♯441,♯488,♯497)

放妻文书中如此华丽的语言,让人怀疑当时人经常使用它。

六 习书中的契约

一组抄录进习书中的契约使用的语言则相当质朴,反映出人们经常使用这种语言。我曾亲眼见过伦敦所藏斯坦因(Stein)收集到的三本这种习书册,巴黎还藏有另一种(山本与池田,1987:♯495[S5647];♯496[5700];♯498[P4017];♯499[S5583])。① 那些朴拙的字迹让人想起未受过学校教育的老百姓在这些价格低廉、粗糙的褐色纸张粘合在一起(而不是缝起来)而制成的小册子里练习写自己的姓。这些习书册属于10世纪,其内容包括练习书写用的遗嘱、分产、收养、卖舍、放良以及雇佣。一本习书册里有一种撕掉尾部的卖地契,其中包含有关于恩赦的条款。它的字迹不均匀,歪七扭八,但并无错别字,说明其书写人对语言有适度的掌握(山本与池田,1986:137页;1987:♯498[P4017])。另一种习书册,长11厘米,宽7.5厘米,则提供了一些买舍、放良与收养儿子的契约文本。其字体表现出三种不同类型,说明有三个学生共用这本练习册。

有一份卖舍契非常之短,书写也很糟,但它却使我们注意到,这种

---

① 在大部分情况下,我都会设法亲自检视要讨论的契约照片和抄本。

很简陋的契约可能与上文所讨论的诸种契约文本一起通用、流行,此点很有意思。全契只有 105 个字,却有 12 个错别字,而且有的错别字简直是错到家了。书写人既弄混了形似的字,如把"买"当作"卖";也混淆了音近的字,如把"知"当作"之"。在学习书写汉字的过程中,这些错误经常发生。这些错字可能是抄写人弄出来的,他的字写得很大,歪歪扭扭,很笨拙的样子;但也可能本来就是这样的。

这份契约的契首已残缺,但一定包括宅地四边的长度。契文接着说:

> 出[卖](买)与□□□乡百姓姚文清,断作舍,贾每尺两石,都计舍物壹拾陆硕。其物及[舍]当日交相分付,并无玄欠升合。自买已后,永世子孙世世男女作主,本家不得道东就西。后若房从兄弟及亲因论谨来者,为邻看上好舍充替。中间或有恩赦流行,亦不在论理知限。两共对面平章为定。(山本与池田,1986:134 页;1987:♯496[S5700])

用词简明质朴,但它依然设法传达了其他契约用更多字句所表达的同样意思。它规定了价格(可能是按当地通行的价格);如后有人声称拥有房舍的所有权,应得到赔偿;朝廷恩赦对此契无效。这份首尾不全、书法拙劣的残契证明,即便是教育程度最低的百姓,也使用契约;同时,它也说明敦煌的材料是多么丰富。

七 契约和地方官府

敦煌契约中有许多条款均表明,签署契约的双方越来越意识到他们以后有可能告官呈控。最发人深省的是那些司法官为了解决纠纷而拟定的契约。最早的一份此类契约是852年的,当时敦煌归属归义军统治刚刚4年。

一位僧人及其兄弟用这份契约记录以自己的25亩田交换另一位僧人的11亩田(山本与池田,1986:71页;1987:♯262「P3394」)。① 这份契约很长,其中相当部分是描述用于交换的不同地块的四至界线,但有几个条款表明它是在地方官的监督下拟定的。它载明了一个官府决定允许回博土地的日期,因为各方都希望能够交换。实际上,契文特别指出:"壹博已后,各自收地,入官措案为定,永为主己。"契约还规定,吕僧要为张氏田园上的树、墙壁及到井边去的道路支付价钱。如果张家不能阻止以后有人自称对这些田地拥有所有权,张家要补偿吕僧,并将新地"入官措案"。几位僧人签订的这份契约,是在遵从唐律规定、并在官府监督下进行的合法交换,他们还希望诸事均记录在田地册上。852年,即恢复中原式统治之后4年,田地册仍然具有重要意义。

对悔约的处罚也比私契的规定要重得多:先悔者须罚麦二十驮以入军,而不是入不悔者,还要被处杖刑三十。所有这一切均表明,这是一宗官府命令下的交换,是欠债无力偿付的张家给吕僧的一种赔偿方式。

谢和耐(Gernet,1957:386—387页)指出:这不是一宗对等的交换。田地的旧主表明他同意交换,而新主人吕僧却并未署名。张家保证如果有人声称对他原有的田地拥有所有权的话,他将负责补偿,而吕僧则未作这样的保证。张僧的两个儿子、姪、弟弟及其子都作为保人,如果他逃亡的话,他们都要承担责任。有多达7名见人在场见证。

---

① Gernet(1957:382—387页)提供了这份契约的译文并作了分析,仁井田陞([1937]1983:194—199页)作了释文与讨论。

这里,我们还注意到画押与签名的不同范围,反映出社会乃至家庭内部的识字水平有多大的差异。张僧及其两个作保人的儿子都在姓名后面按了一个手印,另一个儿子未作保人。这几个人都可以假定是不识字的。张僧的弟弟也作为保人,用吐蕃文签了名。7个见人中,只有1个僧人法原签押了自己的名字,笔画也不太准确。另外6个人签名画押都没有。

50年后,一位僧人将自己的田地出租给一个百姓:

> 天复四年岁次甲子捌月拾柒日立契。神沙乡百姓僧令狐法性,有口分地两畦捌亩,请在孟受、阳员渠上下界。为要物色用度,遂将前件地捌亩,遂共祖与同乡邻近百姓贾员子商量,取员子上好生绢壹疋,长捌;综毡壹疋,长贰仗伍尺。其前件地,祖与员子贰拾贰年佃种。从今乙丑年,至后丙戌年末,却付本地主。其地内除地子一色,余有所着差税,一仰地主祇当。地子逐年于官,员子逞纳。渠河口作,两家各支半。从今以后,有恩赦行下,亦不在语说之限。更亲姻及别称忍主记者,一仰保人祇当,邻近觅上好地充替。一定已后,两共对面平章,更不休悔。如先悔者,罚□□□送纳入官。恐后无凭,立此凭验。(山本与池田,1986:80页;1987:#371[P3155])

这份契约具有官府规定之协议的所有特点。考虑到它在页边空白处增添了多处(释文已补入这些插入语),生绢的长度"捌"字下没有计量词,这当是一份草稿,将俟以后重新抄录最后文本供双方签署。五位见人中包括两个来自县衙的都司判官、一个押衙以及一位都虞侯。如果一方悔约,其罚款要交给官府,而不是交给另一方。承租人显然是处于优势地位的一方,契尾没有他的名字。他也只要在22年租期之初交付一次租金,以后再也不要纳租。他获得了土地使用权,其义务只是交纳田赋;同时,僧人令狐法性却要承担伴随田地的其他各种义务。

这里也有拒绝适用朝廷赦令的条款,但其理由却与其他敦煌契约不同。契约的草拟人将这份契约与典型的租赁契作了区别。没有给出租田地的僧人规定可以从这宗租赁交易中获取任何利益,因为它本身并非典型的租赁契。无论这位僧人犯了什么事,他的土地仍尚未被掣夺并发卖,所以这份契约还不是令人无法接受的。但他将放弃自己的土地达22年之久。另外,他可以负责解决随后对其田地产权提出的要求,这通常属于田主的责任,而不是保人的义务。很可能是官府判决他服役或充军22年,而这种安排乃是为了他可以保有土地,如果他活得足够长可以服满劳役的话。

945年,一位名叫阿龙的寡妇控告索佛奴侵占她家的田地,这场纠纷留下了丰富的文献资料。这批有价值的文献包括判官的判词、一份她的儿子委托其伯父代管地产的契约以及胥吏所录寡妇、她的大伯、侵占者的供证(山本与池田,1987:♯374[P3257])。① 寡妇提交了一份书面证据,契约,作为她拥有土地所有权的根据:

> 甲午年二月十九日,索义成身着瓜州,所有父祖口分地叁拾贰亩,分付与兄索怀义佃种。比至义成到沙州得来日,所着官司诸杂烽子、官柴草等小大税役,并揔兄怀义应料。一任施功佃种。若收得麦粟,任自兄收颗粒,亦不论说。义

---

① 刘复([1934]1957:245—249页)和池田温(1979:652—654页)曾对这些文件作了释文,仁井田陞([1937]1993:392—396页)则作了总结性分析。

成若得沙州来者,却收本地。渠河口作税役,不忏□兄之事。两共面平章,更不许休悔。如先悔者,罚牡羊壹口。恐人无信,故立文凭,用为后验。

  种地人:兄索怀义(押)

  种地人:索富子(押)

  见人:索流住(押)

  见人、书手:判官张鼐

[下有二字难以辨认]

这份契约是索义成委托其伯父于他不在期间照管田亩生计,并交纳赋税。契约上有三个签署人的画押:伯伯索怀义、侄子索义成——在这份契约上他被称作"索富子",以及一个见人(见图4)。

  这份契约描述了一种非同寻常的情况:侄子把自己的田地借给伯父,时间长短也不确定,更没有金钱易手。仁井田陞指出([1937] 1983:396页):这既不是租赁、买卖契约,也不是典当契约。契约上的第四个名字张鼐,正说明判官同时作为见人与书手发挥着作用。

  供词使我们有可能弄清究竟发生了怎样的事情。这份契约签署之后11年,寡妇、她的大伯子和侵占者都向都押衙作了口头陈述(图5)。他们并未在自己的供词上画押,而是画了自己中指的关节线(仁井田陞,1939)。这位母亲供称,她的儿子违法"遣着瓜州";她大伯子的供词则说得更直接:"犯罪遣瓜州。"瓜州是与沙州(即唐代的敦煌)相邻的一个州。因此,官府不仅判决他发遣瓜州,而且安排他的伯父接管他的田地,直到他回来。她的母亲证实:当其子离开时,她共有32亩田地;后来,她卖了12亩给索流住,索流为契约的见人之一。契约使用了这样的习语:"父祖口分地。"她的大伯子始终支持她保住自己的田地。当然,这也是一种租佃形式,只不过二者之间的家庭义务既

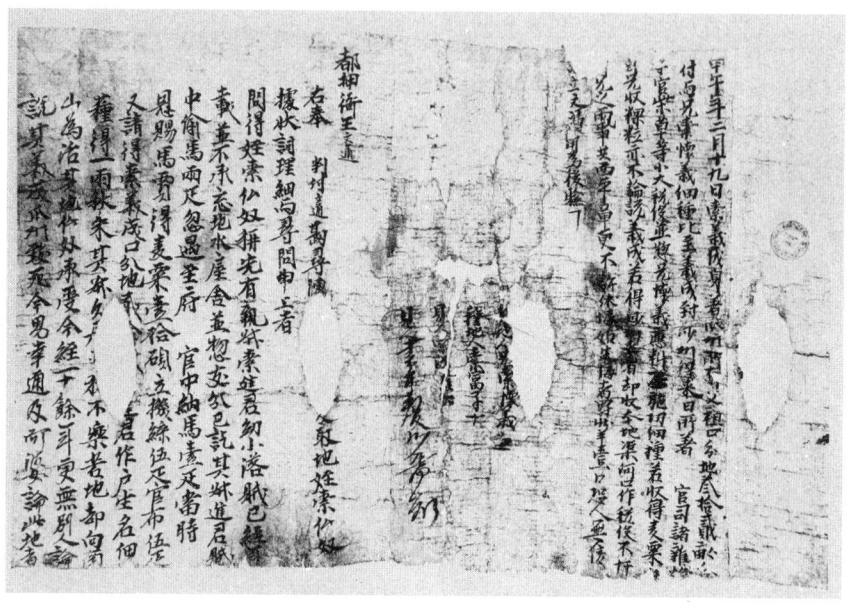

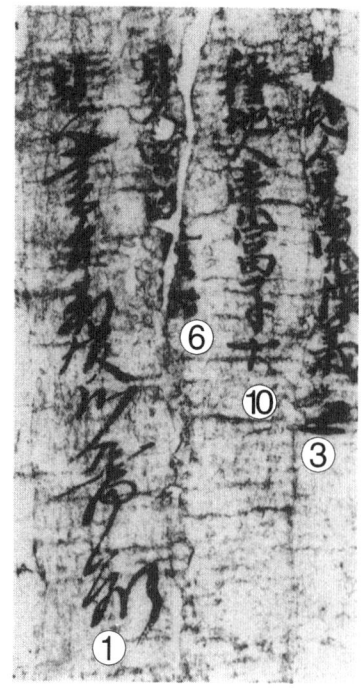

图4 寡妇阿龙告官(且获胜)。走投无路的寡妇阿龙,于945年告官,希望赶走占有原属其儿子土地的侵占者。她把一份由其子与大伯子签署的契约作为证据呈交给主审法官。这里我们看到的是法庭书记抄录的契约抄本(在折缝处有4个白洞)。契约的签署日期比这份法庭文件早11年,其内容按照官府的规定,委托伯父在侄子被派往另一城镇期间,代管其侄的田地。寡妇之子再也未回来。就在他消失之时,来了第二个侵占者,并宣称拥有这块田地的所有权。寡妇阿龙恳请官府判决她及其死去的儿子拥有这块土地。更重要的是,法庭支持了她的要求,说明私人契约已比户籍册更具权威性了。

寡妇阿龙利用这份未按常规方式签署的契约赢得了官司。她的大伯子画了三道平行线,像数字"三"字,作为他的画押(图中③处)。侄子画了个"十"字(看起来像了"＋"号)作为自己的标志(⑩)。见人之一,他后来从寡妇处买了部分田地,画了一个像是汉字"六"的符号(⑥)。只有书契人,一位低级官员张肅,能够签署自己的名字;看起来他做这些事情非常拿手,以致最后的两个字根本辨认不出来(①)。(非常感谢法国国家文献中心允许我使用这幅图版[P3257])

如此强烈,就没有必要在契约上写得那么清楚罢了。儿子索义成再也未回来,死在瓜州。

伯父供称:一次,他为了防卫马贼而不得不离开田地。他回来后,发现一位远亲索进君擅自接管了那块地。伯父在供词的最后说:他不敢呈控,寡妇也是诚惶诚恐地不得已才告官的。侵占者索佛奴解释自己何以这样做。他名字的意思是佛陀的奴仆,意味着他可能受寺院保护,但他并未说起自己的生活。他的供词首先叙述其叔叔索进君的生平:幼小时即落入贼手,经过了很多年,早已忘记自己的"地水产舍"了,而且当他家的田地被分割时,他也不在家。他在贼中偷了一两匹马逃回来,并将马纳入府官,府官偿付给他麦和布若干作为马价。官府又赏给他索义成家剩下的20亩田地,他耕种那块田地并收获了一两茬。这位当初的侵占者,"不乐苦地",离开这块土地,移往可可淖尔正北的南山一带;他的侄子佛奴接着耕种这块地,到寡妇起诉他之前,已有十余年了。

负责审理此案的判官在判词中对这块土地所有权的转变作了简要概括。当寡妇的丈夫在世时,他们拥有几间房屋,后来卖掉了,她只剩下20亩田地。他承认新的侵占者说得有理,即当地方官府将这块地赏给其叔叔时,索家的田地是荒闲的,没有耕种。但在他叔叔因为已习惯了游牧的生活离开这里前往南山之后,侄子,也就是第二个侵占者,接管了这块地。虽然判官把这第二个侵占者当作寡妇的侄子,但并未解释他们的关系。看来他们并非亲近的家族,因为侵占者侄子没有给予寡妇一点经济帮助,用判官的话说,"无一针片草"。因为寡妇在儿子死后,难以养活自己和孙子,所以法官将地、水判给了她,以便她能度过残年。这个案件提供了许多有关敦煌生活的信息。文件通篇提到"地"时,总是伴随着"水",因为没有水权的田地是无法耕种的。耕种田地非常艰苦——那是如此艰苦,以致第一位侵占者未能经

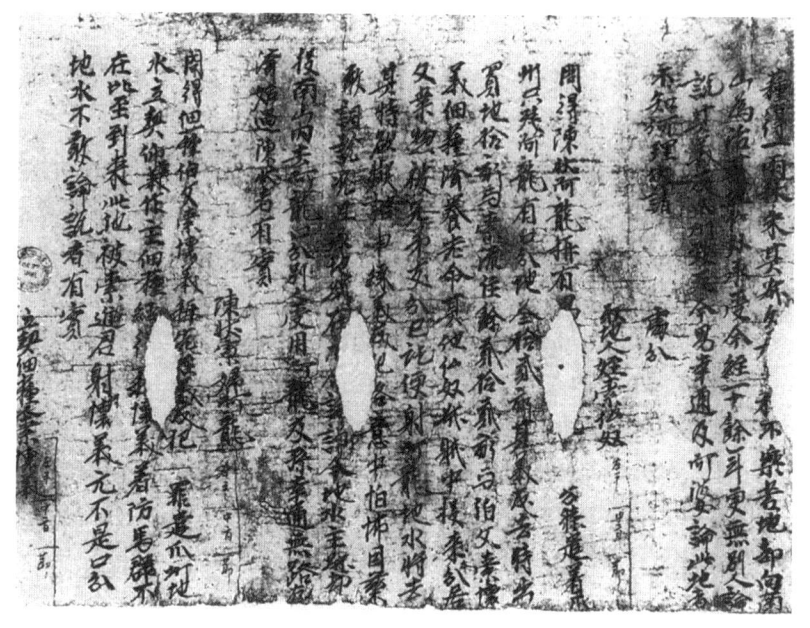

图5 不识字的人怎样签署文件。那些不能读写的人们最常用的签署文件的方式是画三道线,表示手指头、第二与第三道关节线。在这些945年寡妇阿龙诉讼案的供词上,画的是手指的素描图。她的大伯子(①)与侵占者(③)的手指图上写着"左手中指节";寡妇的手指图(②)上的标注不同,"右手中指节"。

在这里,男女都用手指,但却是不同的手。男人用左手,寡妇则是画她的右手中指。有时候,可以用食指代替中指,但在中国及相邻的日本、越南、朝鲜,男左女右的差别一直延续到20世纪。(承法国国家文献中心授权使用这幅照片[P3257])

受得住而逃到南面去了。敦煌的农夫们不得不与严酷的环境作斗争,也不得不努力防御劫匪。伯父与之搏斗的劫匪与绑架幼小索进君的那群劫匪是同一伙人吗?我们不得而知。

这些材料很好地说明了 10 世纪的社会流动。起初,寡妇是一位富有人家的妻子。后来,她陷入贫困,不得不卖掉家产。最后,她的儿子因为无法说清的犯罪而被逮捕,并被发遣到相邻的州。她的大伯子耕种她的田地,然后又走了。一个亲戚来了,又走了。又来了一个亲戚。这个故事虽然来自边疆地区,但却对农民终生在同一块土地上劳作的传统观点带来了很大冲击。

这个案件也反映出一些告官的情形。陷入贫困的寡妇尚未穷到无法支付打官司的费用。她并非从来就是敦煌的穷人,而是曾经富裕过。她及其大伯子之所以在告官问题上犹豫不决,是因为第一位侵占者有官方告示,承认他是"户主",也就是田地的所有者。大伯子供称他无法与侵占者相争,因为那是他侄子的田地,而不是他自己的。第一位侵占者走了之后,他的侄子不再有这样的证明文件,所以他们才决定告官——但我们不清楚是什么原因使他们等了 11 年才告官,是因为当初的官员在这期间调往他处了吗?

在衡量这场土地所有权纠纷时,审理的官员仔细考虑了寡妇、她大伯子和侵占者的证词,以及由已殁亡的寡妇之子签署的、委托其伯父耕种田地的契约。他没有考虑户籍册或授予侵占者以土地所有权的文件,一次也没有提及官府的土地登记簿。口分田已经完全可以继承,旧主殁亡之后,官府不再收回所有权。官府仍保留着田册,但这些田册已不能很好地指明田地的所有权。尽管在第一位侵占者从盗贼那里逃回来之后,官府赏给他"户主"之名,但后来的判官并未考虑户籍问题。

虽然这仅仅是来自敦煌的一个诉讼案例,但中国各地到处都在发生着与这个发生在遥远西北地区的案件同一类型的事情。自从755年安禄山叛乱造成混乱之后,唐王朝即停止了定期编制户籍与田册,无论唐王朝还是其后继者,都无法利用这些簿籍去审订土地所有权情况了。因为单个户籍不再更新,也不再重新评估赋税额度,所以,人所共知,这些簿籍都是过时、陈旧的,也不正确。

9世纪中叶一部文集中有一个故事,说遥远的四川西部、靠近峨眉山的雅州(今四川雅安),有两个人都声称对同一块地产拥有所有权。因为两人均无交纳田赋的证据,他们一起到当地一座庙里去,要求神灵如果那块地属于其中一人即点点头,如果属于另一人则张张嘴。神张了嘴,输方把土地给了赢家(《鉴诫录》卷六:六页下—七页上;陶希圣,[1937]1982:241页)。可以确信,作者之所以记下这个故事,是因为它叙述了一种解决问题的特殊方法,这种问题在日常生活中越来越常见,那就是:没有可靠的文字材料足以证明土地的所有权。

到了10世纪,唐王朝禁止买卖土地的规定已基本上被忘却了,就像下面这个当时一位地方割据军阀的故事所反映的那样。这个人就是唐宋间隔期中的区域性王朝之一后晋(936—946年)的创建人,他因判案公正而闻名。

933年,石敬瑭审理了一个从九门县(今河北蒿城)上诉的案子。一个人想卖一块地给其兄长,但他们在价格上谈不拢,于是他中止这宗买卖,而把地卖给了外人。根据811年诏令有关须优先卖给同族的规定,新买主在立契之前必须取得其兄长的同意,然其兄"固抑之"。这个案件被呈控告官,一直上报到石敬瑭处。他作出了如下判决:

> 若以至理言之,兄利良田,弟求善价,顺之则是,沮之则非。其兄不义之甚也,宜重笞焉,市田以高价者取之。(《旧五代史》卷七五:982页)

每个人都对他作出如此切合实际的决定感到佩服,而这一决定废除了利于同族攫取更大利益的特权。在这个故事中,我们看不到任何均田制下禁止土地买卖的痕迹了。

八 契税制度

地方割据政权开始静悄悄地默认官府的登记不正确,并承认了私人个体间订立的契约具有所有权凭证的效力。同时,地方割据政权一步步地试图征收一种契约的间接税。他们通过牙人征收这种契税,牙人作为中间人为买卖或典当物品提供服务(斯波义信,1970:165—166页)。牙人草拟契约,承担着吐鲁番的书券人那样的作用。到10世纪,牙人已经非常普遍,以致一个割据政权禁止在土地、奴婢、牲畜与车船买卖之外使用牙人(《五代会要》卷二六:415页;斯波义信,1968:392页;1970:165—166页)。939年,湖北咸宁县的一座寺庙的土地获得证书被刻在石头上,其中留下了牙人以及卖主、保人的名字(《金石萃编》卷一二一:七页上—九页上;仁井田陞,[1937]1983:143—144页)。

952年,开封府——它在8年后被宋朝选作首都——知府向当时后周王朝的统治者上奏说,牙人存在诸种弊端,他们多次出卖同一种货物或房屋,以便多次重复收取佣金。他建议改作征收印花税:

> 其有典质倚当物业,仰官牙人、业主及四邻同署文契,委不是曾将物业。印税之时,于税务内纳契白一本,务司点检,须有官牙人、邻人押署处,及委不是重叠倚当,方得与印。
> (《五代会要》卷二六,415—416页)

当然，只有在地方官吏确定所进行的交易合法之后，才会征收契税。他们验证的方法之一是在应允卖给他人之前调查亲戚与四邻。官牙人要由官府登记。这份材料没有记载税率为几何，但很可能是4%左右，隋代及北宋前期都实行这个税率。

九　过渡中的契约

征收契税标志着官府对待契约的政策发生了一次转折。唐律禁止土地买卖，并对所有牲畜、奴婢之类商业物资的交易课税，虽然这些规定并未得到严格遵守。唐律的编纂者试图努力与私人契约保持距离，并将国家的干预缩减到最小范围。最早的敦煌契约正属于这一国家控制的时期。出卖13岁奴婢的市券严格地遵守了唐令的有关规定。

然而，唐律编纂者们设计的赋税制度早已崩溃了。755年以后，中央政府的控制力急剧下降。781年敦煌沦入吐蕃控制之后，当地居民仍然继续使用汉文契约，经常是借贷谷物。这一时期地契的突出特点之一是包含有拒绝适用朝廷恩赦的条款。848年敦煌重新纳入中原王朝的影响范围之后，有更多的契约留存下来。遇赦不除的条款得以延续下来，不仅在实用契约还是在抄录练习用的契约中，也不论是那些复杂的长契约还是练习册上的短契，更不论是那些用有力自信的手写出来的契约，还是那些抖抖索索、一笔一画地描出来的契约。所有契约都在签署时大声地朗读出来，同意遇赦不除；所有契约上都签署着他们的名字，不管是不识字的人描画指关节线，还是略有文化的人犹犹豫豫地写下笨拙的字，或者那些文化水平较高的人坚定有力的签名。

敦煌文书记录了均田制的瓦解。852年，写立契约仍然写得像田地册还完整无缺似的:买卖要"入官措案为定"。50年后,情况就彻底变了。909年,一份习书抄录的契约中说:"中间或有回换户状之次,任进通抽入户内。""或"!重新编制户籍早已变得如此不可靠,以致学生们在学校里练习抄录的契约里也包含了这样的句子。这让我们想起来自四川的那个故事:两个人因为没有了户籍册,去乞求神来确定田地的归属。敦煌以及中国各地的百姓们越来越倾向于采取寡妇阿龙那样的实用态度,她拿出她的儿子签署的契约,告官呈控,夺回了已故儿子的土地。

均田制下的户籍册消失了。人们不得不使用契约以证明所有权,10世纪地方割据政权将征收契约的印花税形成了制度。迈出了这一步,他们也使自己更全面地介入到拟定契约方面,这种全面的政府干预是唐前期的统治者所无法想像的。

第四章　官府征收契税时期

960年,唐朝瓦解之后50年后,宋朝的开国之君重新统一了中国。无人能够预见到征收契税是如何困难,也无人可以预想到选择牙人代理收税将会产生多么大的麻烦。虽然宋王朝因为担心会疏远那些势家地主,而不敢增加田赋,但它确实需要钱财以供养军队抵御北方民族对北部边疆持续不断的入侵,并用来防御他们。最初,契税的征收与前期一样,税率保持在交易物品价值的4%;但1126年,全部华北均沦入女真入侵者之手后,处于被动挨打局面下的南宋更积极地征收契税,一次次地提高税率。在宋朝统治的3个世纪里,官府持续不断地提高契税,而平民百姓则一直想方设法规避契税。

宋朝建立之初,雕版印刷普遍使用的后果,是印刷书籍大量增加,于是,留存下来的材料也大量增加起来。与吐鲁番和敦煌由什么人起草契约模糊不清这一点很不相同,宋代的牙人越来越成为官府详核查实的对象和官方记录的内容。很多官员在自己的笔记中也记下了诡计多端的牙人们的做法。一些集子叙述了作者在日常生活中见闻的奇闻逸事,而另一些集子,如洪迈的《夷坚志》,则更关注那些奇异的、有时让人不敢相信的故事(Hansen,1990:17—22页)。这些笔记有时会提到契约,往往是为了买妾的契。除此之外,现在还可以见到一批数量不大的宋代契约文本,但除一种外,其他都是来自安徽徽州的地契。

宋朝官府很早就试图规范管理契约。969年,宋朝皇帝颁布诏书,直截了当地要求所有地契须在签署两月内支付印契钱。12世纪时,陈傅良解释说:两个月的等待期是合理的,"应典卖物会问邻至,有不愿,即书之于帐,听即两月批印"(《文献通考》卷一九:186—187页)。沿用唐代的做法,这个规定授予邻居、也许还有亲戚以土地交易中的优先取舍权。到11世纪70年代,出卖土地的过程越来越繁琐,而优先取舍权却只限于血亲家族以及有坟墓在所卖土地上的邻居(《文献通考》卷五:61页)。历整个11世纪,契税税率一直维持在6世纪以来即稳定持续下来的4%(《吹剑录》卷四:116页;《演繁露》,续,卷五:12页上)。

设计征收契税的人确信立契是一种非常普遍的现象,契税对于增加政府财政收入有着重要的潜在意义。百姓们一直在使用契约,官府也就千方百计地想对在其身边发生的所有交易课税。他们认为契税有极大的收入潜力,但也预见到会有一定的花费。如果官府征收印契税,那么,当地百姓也就希望得到一些什么作为回报,即把官府作为解决契约纠纷的地方。但因为用于司法体系管理的费用并不能落实,所以官员们总是想方设法阻挡老百姓去告官。如果有法令规定可以推延契约登记的期限,那么,官府将根本无法让纳税率达到一个满意的程度。同样,即使法令经常性地极力谴责诉讼,他们也不能确定那样就可以降低告官案件的数量。

朝廷注意到有许多旨在减少诉讼、以大量节省官员审理案件时间的建议。最早的解决办法之一是983年提出来的,建议官府为拟定契约提供一个样式:

庄宅多有争诉,皆由衷私妄写文契,说界至则全无丈尺,昧邻里则不使闻知,欺罔肆行,狱讼增益。请下两京及诸道

州府商税院,集庄宅行人众,定割移典卖文契各一本,立为榜样。(《长编》卷二四:542页)

与此前10世纪地方割据政权的统治者一样,宋朝也依靠民间牙人为官府收取契税。作出上述建议的官员假定,县令可以劝说牙人自动采用这种新样式。他既未提出对不遵守者予以惩罚,也没有对遵从者给予奖励。没有任何迹象表明,牙人或知县听从了他的建议。

只有一份宋初中原地区的契约留存下来,而且是购买墓地的。它来自安喜县(今河北定县),日期是984年:

安喜县□□□□□园住人马隐、安琼、男安嗣、男安化,同立契,情愿卖自己地庄西南约□□道南桑园地。其地东西□二十□步,南北二十四步。其地马隐等情愿□石进,永充为坟地。石进及子孙为主。□有上坟□□□□。□有别人忏悔,并是卖地人马隐□□□自管知当,不涉石进之事。准得价银四贯伍佰。过契文□并足。官有政法,不取私约为定。(池田温,1981:241页;《地券征存》,未编页)

接着是日期和四个卖地人的名字,但买主石进却并未署名,也没有见人或保人。

这份契约与吐鲁番、敦煌所见地契非常相似,许多条款都很相同。似乎可以倾向于认为:来自不同地区的契约,在遣词造句上只有略微差异而已。石进是正式的买主,但因为他已经殁亡,所以是其亲属也可能是其子代他行事的。他得到了一项应得的权益,即买主没有义务负责解决此后任何对这块土地提出的所有权要求,即便是在已故的情况下。也许,书券人希望让他免除冥世的所有权纠纷——这是第七章将要讨论的主题。

与吐鲁番契约中常见的"官有政法,民有私契"之类的句子不同的是,这份契约说:"官有政法,不取私约为定。"这就在官府正式承认的契约与个人互相订立的契约之间画了一条线。直到 10 世纪末,老百姓订立契约,仍然会说:他们的所作所为,并未遵从官府试图约束他们的规定。这份契约坚持将私契与官法分别开来,不过是早期形式的一种延续,实际上,当时官府早已不由自主地介入到私契中来了。

随着唐代户籍制度的瓦解,就像敦煌一样,中原地区也只有一种方式证明某一块土地的所有权,即拿出当年购买这块地的契约来。1056—1058 年,宋朝的官员、大法官包拯担任首都开封府的知府(后来,他成为许多戏剧中的英雄人物)。正史中他的传记告诉我们:"中官势族筑园榭侵惠民河,以故河塞不通。适京师大水,拯乃悉毁去。或持地券自言,有伪增步数者,皆审验劾奏之。"人们还相信,包拯鼓励百姓直接将案子呈送到他跟前,以便避开贪图贿赂的胥吏(《长编》卷一八四:4460 页;Hayden,1978:19 页)。虽然被认为拥有超人的能力,但包拯也只能通过查验当事人提供的契约来确定某人是否拥有某块地的所有权。宋人可能会认为使用契约是其当代的新事物,但所有证据均表明,在此之前,当口述证据相互冲突时,官府也同样不得不依靠文字性的协议。

969 年敕诏确立的契税仅仅涉及土地契,但另一些资料表明,买妾也普遍地使用契约(斯波义信,1968:394 页)。在一部杂录笔记中,记载了一件发生于 1086 年之前某时的事情,说是一个人客游开封,住在旅店里,听到旁舍有人哭泣。旁舍之人解释说:他把女儿卖给了商人,得钱四十万,以偿还他挪用的官钱。那个人即提出自己收买其女,可旁舍之人解释说:他已经与商人书写了券契,并收了钱,不可追矣。客人回答说:"第偿其值,索其券。彼不可,则讼于官。"旁舍生然之,客人即给了他钱,并约定三日后在码头相会。当三日后那位旁舍生与其女儿到达码头时,那位善人的船早已远去了。(《能改斋漫录》卷一二:350页)

这个故事与一般公认的做法并不十分相符。如果双方已立好契约并交付了钱财,那位父亲并不能要回自己的女儿以卖给另一位买主。也许,他之所以能够这样做,是因为商人害怕受到非法购买良家妇女的指控,根据唐令与宋刑统,这都是一种犯罪行为(《唐律疏议》卷二六:486页[第400条];《宋刑统》卷二六:415页)。而这位父亲所得到的建议,又正说明人们热衷于告官。

另一个1107—1110年间发生在开封的案子,是一位丈夫和买了她作妾的一个医官都寸步不让地声称是同一个妇女的主人。她的娘家说她已死并埋葬了,但其墓穴中却并无尸身。当她的主人听她说起自己看到了丈夫和儿子时,他愤怒地喊道:"去年买汝时,汝本无夫。有契约牙侩可验。何敢尔?"其夫赴开封府呈控以讨回其妻,她供称自己快要饿死时自卖自身给了牙媪。开封知府判决让其夫偿付医官买她的价钱,但医官拒绝接受这个判决,并上诉至御史台。但就在御史审理此案之前,那位妇女再一次消失了,于是案件也就撤销了。(《夷坚丙志》,卷八:435—436页)[①]

令人奇怪的是那位主人似乎坚信自己比那位丈夫更有理由拥有这位妇女。第一个审理此案的官员虽然站在丈夫一边,但仍然判决他赔偿买主;我们只是很想知道上诉法官会怎么想。在《夷坚志》中,洪迈没有给出这个故事的结局,因为那位妇女消失了,其夫发现自己剩下的事情是起诉另一个人要求归还他的妻子。尽管如此,似乎经常发

[①]《夷坚志》各部分都有一个编号(第一部分称为"甲",第二部分称为"乙",依次类推),以下各章引用此书均用中华书局1981年版标点本的编次与页码。

生的情况是：一个牙人在开封城的街上遇见一个妇女，只要花点钱让她吃饱，就可以得到她了。

另一位买了一个奶妈的官员也有同样的经历。1115年，他在开封从牙人手中买了一个妇女，牙人向他保证，那位妇女的丈夫刚刚殁亡。三年后，官员及其家人到安徽去就任新职，途中，在一座桥上一个人叫住他们，说他是那位妇女的丈夫，并要求她回到自己身边，然后就消失了。官员试图寻找那个男人，并询问他的奶娘，但她未作任何解释。当夜，她失足跌落水中。翌日晨，人们发现水面上漂浮着她的尸体（《玉照新志》卷三：44页；斯波义信，1968：396页）。那位官员始终未弄明白究竟发生过什么，但很可能是这位不快乐的已婚妇女逃离了自己的丈夫，向牙人自卖自身作为奴婢。就这样，变得无依无靠了。

在老百姓害怕那些肆无忌惮的牙侩可以诱拐良家妇女的同时，官府却谴责这些牙人没有上交委托他们征收的契税。1117年，一本官箴书《作邑自箴》的佚名作者给州县官在官事上将遇到的许多问题均提出了建议，其中就说到对经手各色商品的牙人要予以严格监督（Bol，1977）。

> 交易牙人多是脱漏客旅，须召壮保三两名及递相结保，籍定姓名，各给木牌子，随身别之。年七十已上者不得充。仍出牓晓示客旅知委。（《作邑自箴》卷二：十一页下）

这里的"木牌子"，上面应当写明：

> 某县，某色牙人，某人付身牌。开坐县司约束如后：
> 一不得将未经印税物货交易。
> 一买卖主当面自成交易者，牙人不得阻障。

> 一不得高抬价例、赊卖物货、拖延留滞客旅;如是自来体例赊作限钱者,须分明立约,多召壮保;不管,引惹词讼。
>
> 右给付某人。遇有客旅欲作交易,先将此牌读示。
>
> 官　押
>
> (《作邑自箴》卷八:四二页下;Bol,1977:27—28页)

为了防止欺骗,牙人须向可能的客户大声宣读上述规定,此点颇令人怀疑,但这些训词阐明了知县所关注的牙人问题:他们并不是每次经手买卖均交纳契税,或高抬价例,也往往拿了报酬却并不签署特定的契约。毫无疑问,不使用契约的结果是县衙损失了收入,而不是牙人自己。这本官箴书的作者试图努力改变这种情况。他希望牙人对商人借贷赊卖也要立契为照,而习惯上赊卖并不立契。让知县感到困扰的是:牙人作为中介人发挥作用,获取报酬,没有他们交易竟无法进行;10世纪时,随着牙人的活动越来越活跃,知县越来越感受到这种困扰。我们在上一章已看到,最早的管理牙人章程即曾试图限制他们经手的商品种类。

《作邑自箴》对专营牲畜的牙人也给出了一些劝告。虽然宋朝沿用唐律立契之后要试水草三日的规定,但乡民并不遵守这一规定。实际情况是:

> 买卖牛马之类,所在乡仪,过却定钱,便付买主。牛畜口约,试水草三两日方立契券。若有疾病已过所约日限,卖主不伏,却烦官方与夺。
>
> 人有已交价钱、未立契券、已立契券、未还价钱,盖不知律有正条。须录全条晓示牛马牙人并诸乡村知委,免兴词讼。
>
> (《作邑自箴》卷三:十三页上、下;斯波义信,1970:167页)

《作邑自箴》的作者试图作另一种改革。他要求乡民一旦买了牲畜，如果可以证明牲畜没有毛病的话，就要马上写立契约——而不是乡俗要求的在三日之后。作者没有提到在牲畜买卖中是否要交纳契税，但 1157 年，却宣布取消买卖耕牛的契税（《宋会要辑稿·食货三十五》之十，下）。

对于经理典卖田地的牙人，《作邑自箴》建议给予更严格的监督。这些牙人要"逐旬具典卖数申县，乞催印契其历；半月一次赴县过押"（《作邑自箴》卷三：十二页上）。通过严密监督牙侩，地方官府可能降低了未施印契约所占的比例。这本官箴书还要求记录下每块买卖田地及其四至疆界——用稳定的地理特征来界定，而不是用沟渠溪流或墙，因为它们可能会变化。官府要检视田亩疆界，大致计算其赋税，并于契背分明批凿印押（《作邑自箴》卷三：十三页下）。《作邑自箴》中的这些建议，看起来未必能真正有效。因为知县只有很少的属员，经费也十分有限，他要完全依靠牙人的合作才能实施这些措施。

一 官府努力征收契税

《作邑自箴》表明，1100 年后，随着朝廷收入需求的急剧增长，强制征收契税也越来越严格了。宋王朝需要金钱去供应在北方先是与辽、后是与女真作战的军队，也需要金钱支付 1123 年与女真结盟规定要付出的 20 万两银和 30 万匹绢。1119—1125 年间，契税提高到 6%。华北沦入女真人之手后，为了应对日益增加的财政需求，1130 年，契税率提高到 10%（《吹剑录》卷四：166 页）。1127 年，就在朝廷丢失了华北并将都城南迁杭州之后，皇帝将交纳契税的期限放宽到订立契约之后 100 天；10 年后，又放宽到 180 天（《文献通考》卷一九：186—187 页；《宋会要辑稿·食货》三十五之十三下至十五上）。

85

尽管官府可能对这些规定未能得到遵守而感到不满,但契税在宋代财政收入中一直占有重要地位。1130年,在朝廷向买卖或典当物品征收10%的契税当中,有6.75%上交到中央,其余的3.25%留在州县地方(《吹剑录》卷四:116页)。问题在于一直存在着逃税漏税现象。1135年,一位官员建议官府在发放契约之前给契约编号,以便官府可以掌握其踪迹,并施加压力,促使买主去登记这宗买卖并交纳契税(《宋会要辑稿·食货》三五之六下、十四上)。

在南宋初年的混乱岁月里,南宋小朝廷一直受到女真军队的不断追击,艰难地努力维持着统治秩序。12世纪30年代前期,就在女真人占领华北而和平尚未得到重建之前,一位开封人带着妻子儿女来到新都城杭州,调任那里的官员。因为他们分得的住宅左右皆为娼家,他告诉妻子打点自家的行李财产,他将打发轿子去接她到位于居民区的新家。当他回去接她时,房东说她已经坐着轿子走了。可以想见,那个男人对失去妻子、而自己没有办法找到她,会多么的悲伤。5年后,在西安县的一次官宴上,当一盘烩鳖端上桌子时,他开始哭泣。他解释自己为什么会哭:"忆亡妻在时,最能馔此。每治鳖,裙去黑皮必尽,切腐必方正。今何似也。"主人让一个女仆来安慰他,而她正是他丢失的妻子,她被买卖妇女的牙子骗走,并以300缗的价钱卖给了这家主人。丈夫拿出钱来赔偿给那位主人,而主人却正为自己将别人的妻子当作侍婢而感到惭愧,不肯接受任何赔偿(《夷坚丁志》,卷一一:631—632页)。这个不平常的故事再一次反映出,声名狼藉的牙侩给妇女的安全带来了多么大的危险。

当妇女被其家庭遗弃时,更容易受到牙人的掠夺。当天灾人祸发生时,想购买侍妾的男人往往用牙人作为中介,就像洪迈多次描述的那样。洪迈讲了这样一个故事:1136年,四川水灾,一位官人想在逃离土地的难民中找一个女婢。他找到了一个吸引他的妇女,就询问她是否已向牙行登记,然后即召唤牙人安排这宗交易(《夷坚丙志》卷二:375—376页)。在12世纪30年代河南睢县的另一场水灾中,一个官员的侄子看中了一个难民,想买她,就召唤买卖妇女的牙人(《夷坚甲志》,卷一三:115—116页)。另一个例子发生在江西南昌,一个人把自己的女儿卖给一位官人做妾,他们召唤牙人拟定契约(《夷坚志补》卷二二:1754—1755页)。似乎并非每一个牙人都交纳契税。

12世纪40年代,受到财政压力的中央政府想方设法增加田赋收入,开始推行经界法。朝廷命令地方官在选定的地区画出地图,以反映土地占有状况,并重新登记地籍。根据经界法,任一块土地只有在根据买卖双方的契约对其地籍核查无误之后才能出卖(《宋会要辑稿·食货》七〇:一二五,下)。官府坚持要求在得到所有权之前要出示契约,进一步说明契约已经非常普遍。并非每一个人都赞同这一政策——有人警告说:在12世纪20年代的动乱中,很多贫穷家庭遗失了他们的地契,而被迫为富人耕种田地(《相山集》卷二二:二页上—三页下)。经界法在长江下游大部分地区以及广东、福建和四川部分地区贯彻实施(王德毅,1974;漆侠,1987a:423—425页)。13世纪中叶江西、福建的讼案曾提到当时经界法的实施情况(《名公书判清明集》卷一三:509页;卷四:127—128页)。问题在于田赋收入一直不够用,而且,我们对如此烦琐的土地买卖手续是否真正得到遵守也心存疑窦。于是,中央政府随后被迫创设了许多新税种,并提高了契税税率。

征收契税看来比提高田赋要容易些,因为它是由牙人间接征收的税,而不是由官吏征收的。但契税仍然经常逃漏,郑刚中解释说:"买产之家,类非贫短,但契成,则视田宅已为己物。"(《北山集》卷一:二六页上)因此,他们很少愿意仅仅为了得到契印而主动地到官府去登记契约,并向当地官府交纳一定比例的物品价值。这样,宋代州县官在审理讼案时,对于是否认可把白契作为证据即左右为难。他们了解很多百姓只有白契的原因,但认为白契没有红契更可靠,因为一般认为后者在用印之前曾经过全面检查。①

1158年,另一种写给州县官的官箴书《州县提纲》提醒读者:"田产典卖,须凭印券交业。若券不印及未交业,虽有输纳钞,不足据凭,盖白券可伪造,赋税可暗输。"

接着,这位佚名作者联系到一个故事:一位知州拒绝接受以20年来所收户钞为验,并坚持查究其当初的交易是否合法有效。事实证明他的怀疑是正确的。持有户钞的那家伪造了购买争议田地的券契,等到其年老的邻居殁亡之后,即逐走了继承那块田地的幼子;邻居之子连续上告了20多年。

《州县提纲》的作者是如何得知100多年前那位在湖南任职的精明知州的呢?② 他一定读过两种著名判案集——《折狱龟鉴》(卷六:334页)和《疑狱集》(卷九:二页上)——中的一种。他在重述这个故事时遗漏了一个重要情节:知州之所以怀疑其作伪,是因为持有户钞的那家出示的是有争议田地单独的税收证明,而不是像通常那样,是给一家所有的全部土地开付的一张赋税收据。

正因为不能太相信税收凭证的表面价值,《州县提纲》才警告说:合法田主可能有未印之契。如果遇到有契未印或界至不明的情况,作者建议州县官召集里正耆老及乡邻。因为胥吏可能会受贿帮助伪造文书,而佃者与亲戚均可能是邻居,故州县官除了对各色人等均加审问外别无他法。作者还提醒州县官提防其他危险:乡间安分之民非常

---

① 在清代(1644—1911)的山西,红是婚礼上用的喜庆颜色,而白则是丧礼上用的不吉之色,所以,二者又具有另外一层含义。又,红地是指没有家族墓地、可以出卖的地,而白地则指包括墓地、不能丢失的土地。
② 这位知州的传记里包括了这个轶闻,见《宋史》卷二八五:9605页。Van Gulik (1956:125—126页)提供了这个故事的英译本。

害怕到审理案件的官府(或衙门)去,因为会受到胥吏的欺凌勒索。结果,他们就沦为那些怂恿他们打官司的胥吏们掠夺的对象,而那些花言巧语的书契人则向所有顾客提供服务(《州县提纲》卷二:十六页)。令人略感奇怪的是,像《棠阴比事》之类的著作,竟然特别强调运用非常规的方法以探求真相:直觉、拷问、收买密探以及欺骗。这样,州县官在审理契约纠纷案件时,就往往会左右为难:他既不能依靠契约,也不能相信被传唤而来的各色人等的证言。

州县官不仅要忙于契约纠纷案件,还要审理离婚案。唐州(今河南泌阳)的一位富人一次外出回家后,发现其妻子决定离开他,因为他与一名妓女同居。他带着自己新娶的妾到附近一家旅店,并在那里安顿下来。他的妻子搬光了宅子里的所有财产,他非常生气,说:"吾与汝不可复合,今日当决之。"她回答说:"果如是,非告于官不可。"他们告到衙门,知县同意他们离婚,判令他们分割财产,并判决由母亲负责养护小女儿(结婚之前)。后来,那位母亲搬到另一个村庄,在那里开了一家小铺子,当门卖一些瓶瓶罐罐的东西。她的生意做得很好,积攒了 10 万缗钱,以致可以给女儿一份丰厚的嫁妆(《夷坚丙志》卷一四:484—485 页;屈超立,1991:98 页;Ebrey, 1993:10—11 页)。这个故事里未提及放妻文书,但那位丈夫一定草拟了一份,以便知县批准它。

人们使用契约以记录离婚,买婢女也使用契约。一直到南宋,牙人诱拐良家妇女之事仍时有发生。袁寀警告户主,雇用婢仆之前,要询问其来历背景,因为他们可能是受牙人哄骗而来的。"买婢妾既已成契,不可不细询其所自来,恐有良人子女为人所诱略。"(《袁氏世范》卷三:十三页下;Ebrey, 1984:299—300 页;斯波义信,1968:395 页)

李元纲(1170 年卒)在所著《厚德录》中收集了一些行善的故事。他讲到长江下游某地的一个知县,买了一个婢女,以陪伴他的女儿在结婚后到新的家庭去。婢女在打扫院子里一处靠近洞穴的地方时,哭了一整天。她解释说,她的父亲曾经是本地知县,他曾在地板上挖了一个洞以储存积水。她的父亲死后,她就被卖为婢女。牙侩与胥吏证实了她的故事,于是,那位知县把她像自己的女儿一样,嫁给了一个门当户对的家庭(《厚德录》卷一:七页上、下)。

《厚德录》里还有另一个放良的故事。一名男仆从家主钱柜里偷了200贯钱,被抓住了。逃跑之前,他把一份写好的契约系在自己十二三岁的女儿手臂上,说:"永卖此女与本宅,偿所负钱。"而那家主人却将女孩子交给她的母亲抚养,直到她够结婚年龄,然后烧掉了契约(《厚德录》卷一:七页下)。如果一个男仆都知道怎样起草契约的话,那么,契约的使用一定相当普遍。

州县官可以征收税收,但中央政府要求得到其中的大部分。1171年,朝廷要求从州县地方官府那里分得典卖土地、船、马、骡之类契税收入的更大份额。中央政府占有的份额增加到83.7%——大约5/6——州县分得的份额则只剩下16.3%(《宋会要辑稿·食货三》一五:十五页上、下;七〇:一四八页下——一四九页下)。即使如此,此后中央政府仍一直设法稍微提高其所占总量的份额(《吹剑录》卷四:116页)。12世纪末刊行的《庆元条法事类》包括了一份地方向中央上解收入的清单:财政收入被分割开来,划入各种中央政府预算类型。其中涉及各种各样的契税,地方留存则自30%、50%到70%不等——说明实际上分割比例并不是一致的(《庆元条法事类》卷三〇:十七页上——三四页上)。

到12世纪末,契税税率已超过了10%,这还不包括另外征收的印契税或向胥吏行贿的花销(《文献通考》卷一九:187页;《吹剑录》卷四:166页;《演繁露》,续,卷五:十二页A面)。袁寀,一位提供诸多审慎建议的作者,曾为买地提供了具体的建议。他劝买地人要确认田地所有权没有疑问,不能买产权不明的田地,地界要清楚分明。他警告说,不要买那些典卖的土地,并建议用现钱支付,而不要用借据或其他东西。袁寀描述了一旦确定某一块土地确实要出卖之后,购买这块地所要经过的三个步骤:(1)订立投印契约,(2)确认其主人已离业,(3)确保赋税登记已作了更改,以反映所有权的转换。他解释说:

> 官中条令惟交易一事最为详备,盖欲以杜争端也。而人户不悉,乃至违法交易,及不印契、不离业、不割税,以致重叠交易、词讼连年不决者,岂非人户自速其辜哉?(《袁氏世范》卷三:二十一页上;Ebrey,1984:322—323页)

袁氏的忠告是谨小慎微的。我们可以确信,很多人并未听从他的劝告,特别是在使用投印契约的花费越来越大的情况下。

洪迈指出,1191年,事实上印契税要高达15%或16%,以致很多人通过订立契约时暗地里压低商品价格或通过协商赊贷等办法以逃避税收,这些做法导致了很多诉讼。他还补充说:人们买田宅时会小心地纳税,而买奴婢马牛则不太着意纳税(《容斋随笔·续》卷一:221—222页)。他建议蠲免一半契税,以鼓励人们遵守有关规定,但这一建议从未得到实施。税率的不断增加,以及涉及交易种类的不断扩展,不仅说明官府在不遗余力地增加财政收入,也说明老百姓们逃税的技巧越来越熟练了。13世纪前期,一位官员在书信中估计,得自契税的收入足以支付府州官府的经费以及州县地方官的俸料,他还推测全部财政收入的1/6以上来自契税(《铁庵集》卷二〇:十二页上)。

到了13世纪,由于蒙古人对南宋的逼迫越来越紧,契税在财政收入中的地位越来越重要。1234年,蒙古人征服了女真统治下的华北,并于1236年进攻四川。随着蒙古人的逼近,对于南宋朝廷来说,契税更重要了。1249年之后不久,俞文豹即描述说:历有宋一代,契税有了大幅度的增加,而人们普遍地千方百计逃避它。在蒙古军队的压迫下,宋朝官府采用各种办法,以诱逼百姓交纳契税:他们有时想加倍征收,有时又想减免一半税收。1249年,户部长官(提领户部)上疏皇帝,提请确立契税限额:大府限征100万缗,中府80万缗,小州40万缗(《吹剑录》卷四:116页)。虽然不少府州可能无法达到这个限额,但这里却透露出一些乐观的数量等级(姜锡东,1991:100页)。

二　知县黄榦与谢知府家族的斗争

虽然各种各样的史料均证明各地一直在使用契约,官府也一直在努力征收契税,但这些材料去并未说明具体的官员平常是如何审理、判决契约纠纷以及如何控制其辖区内的势家大族的。我们通过阅读朱熹弟子黄榦(1151—1221)——13世纪初,他曾在福建、江西做过几任地方官——的几篇判词,对此形成了某些印象。黄榦去世后编集刊行的文集中,首先包括了一些审理案件的判词。在宋代,只有少数官员接受过较广泛的司法训练,绝大多数官员只接受经典教育(McKnight,1989)。正因为大多数官员不得不从其胥吏那里或书本上获得司法方面的知识,所以,文集中经常提供一些样式,以供学生和官员们参考——他们做官时,需要拟撰各种不同类型的文书。

涉及契约方面、内容最为丰富的一组案例是1208年前后黄榦在江西新淦县作知县时留下的。他的判词使我们看到较低社会阶层的成员敢于将悔约的势家大族告上官衙。黄知县并非一位典型的法官。他有强烈的正义感,力图严格按法规行事,不像其不太公正的同僚那样玩忽职守,随波逐流。虽然他非常明白,作为判官,他并没有力量在乡村贯彻实施其判决(Hymes,1986:206—207页),但在四件讼案中,他仍然准备挑战一位前任官员、谢知府的强大家族势力。

一个案例是典型的契约纠纷,清楚地表现出黄知县权力的局限。根据一份1209年作出的证词,这是一件有关亡人仍在世的亲属与谢家争夺同一块土地的讼案。某人死后,其寡妻于1205年回到自己的娘家,很可能也抛弃了根据法律应由她抚养的儿子。1207年,她把自家田地卖给了谢家。黄榦指出:寡妇不应抛弃其子,也无权出卖其丈夫的土地财产,只有其子才有权出卖。"绝人之嗣,而夺其产,挟其妻以害其姪婿,此有人心者所不为也。"黄榦的倾向性非常明显,谢知府家族却做了这一切。谢知府本人已离开新淦,而他的家人拒绝提供契约。然后,黄榦就追索谢家占有这块土地的契约,并将此前与谢家有关的所有诉讼详情全部申告安抚司。谢家的拒绝并不意味着这个案件即无法审理,因为没有此类证据官府也可以处理,但黄知县在作出判决前,却被迫等候安抚司转送来必要的文书(《名公书判清明集》,附录二:592—593页)。① 现存的材料未能说明其结果究是如何。

黄知县发现,并不是仅此一例卖给谢家的田产值得怀疑。他认可了另一位原告的申诉:谢家非法强迫那位原告的侄子把一块有四座祖坟的田地卖给了他们。比起其他田地来,墓地在家族传承财产中更为重要,此类田地的出卖需要遵守更严格的规定。黄知县之所以对这宗交易特别感到可疑,是因为原告与其侄子的父亲当年曾签订了分割家产的契约,他们均同意决不出卖祖墓所在的那块田地。可是,1208年,谢家却买下了这块有祖墓的田地;那个未成丁的孙子签署了契约。他的叔叔,也就是原告,作为见证人;事后,他提出诉讼。黄知县认为原告之所以参与到这宗交易中,正进一步证明谢家利用权势胁迫乡下

---

① 此处引用的黄榦文集中的判词,是从1987年中华书局本《名公书判清明集》中转录的。我没有使用此本所根据的北京图书馆藏元刊本黄榦文集。

人。虽然谢家坚决拒绝提交契约抄件,但还给原告一个小池塘。黄知县决定将这份判词连同要求追索这些契约抄件的申告,上呈临江军知军及诸司(《名公书判清明集》附录二:590—591页)。他再一次未能继续打击谢家。

在另一场纠纷中,因为黄知县拿到了契约抄件,所以能够依法约束谢家,但他仍然无法强制执行他的判决。17个窑户起诉谢家不如约支付他们1.3万片大砖的价钱17贯钱。谢家的"干人"坚持他们买的是小砖瓦,并按正确的价格付了钱;而窑户则说,他们卖的是大砖瓦,只收到部分口食钱米。在这一案件中,黄知县仍然被缚住了手脚。他无法执行法司的判决。在判词的末尾,他无奈地指出:"赖人砖瓦,欠人钱物,岂得以为无罪?不应收禁?私家却得将人打缚,官司不得禁抑豪强之状,即此可见。"(《名公书判清明集》附录二:585—587页)

在第四个也是最后一个反对谢家的案子中,黄知县得以贯彻了他的判决。他命令谢家停止侵占庙地,不得剥夺庙产看管人的生计。现存的材料没有提及契约,但黄知县在作出判决之前一定检查过有关契约(《名公书判清明集》附录二:591—592页)。

黄榦的判词生动地描述了13世纪初知县不得不审理契约纠纷时所遭遇到的挑战。虽然一个知县并无力追索契约文书,也无力强制执行其判决,但人们仍然认为他可以做出一个公正的判决——就黄榦而言,这种判决的根据主要是个人的正义感,而不是宋代契约法的具体规定。

三 《名公书判清明集》

《名公书判清明集》是中国最早刊行的一部实际诉讼判决书的汇编,其序言所署的日期是1261年。因此,《清明集》使我们可以比此前更透彻地了解宋代最后数十年中地方官员、当地百姓是如何理解契约法的。这些判词中署名的部分来自华南各地——广东、福建、江苏、江西以及浙江；其余的只是给出了撰写判词的官员的头衔,由于缺少内在证据,我们无法知道是谁写了这些判词(《名公书判清明集》卷九：300—301 页；陈智超,1987:650 页)。可以确定身份的很多官员与影响正逐渐加大的新儒家运动有联系。胡颖(1232 年进士及第,卒于1270 年前后)撰写了其中的 75 篇判词,比其他人都多(陈智超,1987：681 页)。虽然我们对他的生平所知甚少,但我们知道他在湖南做官时拆毁了很多民间淫祠,然后建了一座合适的儒家纪念堂,奉母居之(《宋史》卷四一六：12478—12479 页)。

因为许多判词都是针对诉讼作出的回应,所以法官往往概述案件情况,假定读者能够了解此前的判决以及相关的契约——那些契约当初一定附在判词后面,可惜现在不见了。《清明集》的编者自己也对判词的文本作了删削。① 有关契约纠纷方面的判词一般会简述冲突的来龙去脉,有的会涉及到百余年的老契(《清明集》卷四：108、111 页；卷一三：511 页)。显然,官员们很难强制执行其判决。百姓们告官所涉及的土地数量多少不一——从几尺到 50 多亩,每块田地的价格则从 7 贯到 50 贯不等(《清明集》卷六：198—199 页；卷四：100 页；卷六：168 页；卷四：109—110 页)。一个非常偶然的情节说明了涉案人的社会等级：一户人家藏书数千卷,而另一户官员家庭却家道中落、生计无着(《清明集》卷一〇：365—366、382—383 页)。但更常见的则是不能辨别诉讼人的社会身份。因为没有一份判词曾引用契约原文中的语句,所以没有一个案例像敦煌的寡妇诉侵占者案那样有详细的案情,或者

---

① 刘克庄的一份判词,保留在他文集的文本就比《清明集》所录的长得多(《清明集》卷八：251—257 页)。

包括那样的辅助文件。尽管如此,《清明集》却包括了远比吐鲁番和敦煌留存下来的多得多的判词。这本书按主题分门别类,非常便于那些必须撰写相关诉讼判词的人参考。

四 平民百姓的法律知识

撰写《清明集》判词的法官们知道自己正与在法律方面受过良好训练——甚至是训练过度了——的平民打交道,他们也经常抱怨前任官员所留下的影响广为人知。也许,最著名的描述出自博学的沈括笔下,他评论说:

> 世传江西人好讼。有一书,名《邓思贤》,皆讼牒法也。其始则教以舞文;舞文不可得,则欺诬以取之;欺诬不可得,则求其罪劫之。盖思贤,人名也。人传其术,遂以之名书。村校中往往以授生徒。(《梦溪笔谈》卷二五:252—253页)

沈括恰如其分地表达了儒家学者的担心:生徒本应学习经典著作,而不是这种诉讼手册。虽然江西人很喜欢这个比其他省人更好讼的名声,可这种诉讼手册的存在,即便是在江西,对一些人来说也颇感震动。

沈括之后一个世纪,撰写《清明集》判词的法官们表示,他们拒绝接受那些专门以帮别人诉讼、打官司为生的人(郭东旭,1990)。这些人被称为"健讼",或者是更独特的"珥笔"——这个称谓很好地抓住了他们正准备起草讼牒文书的特征。当方岳就任袁州(今江西宜春)知州时,他从韩愈的著作中既已得知,袁州素以好讼称。然而,他仍未想到,在他尚未接掌官印之前,就发生了如下一场与一个小女孩的对话:

问:"年几何?"

曰:"十二。"

"能书乎?"

曰:"不能。"

"则状谁所书也?"

曰:"易百四郎。"(《清明集》卷一二:479—480页)

方知州非常愤怒,下令惩治易百四——他显然是一个"珥笔",判决予以"杖一百"的处罚。胡颖也非常讨厌这些讼师:"湖湘之民,率多好讼。邵阳虽僻且陋,而珥笔之风亦不少。"(《清明集》卷八,280页)

法官们不仅要千方百计地辨别出"珥笔"的存在,还要识破作伪造假的契约。有的很容易察觉,有的就不那么容易了。有的作伪者用旧纸写上新墨迹(《清明集》卷六:181—183页),或者移取粘补不同的笔迹(《清明集》卷六:176—177页),或者将花押写在朱印之上——本应在朱印之下(《清明集》卷九:297—298页),或者在宣称买卖已成交、并在官衙备案之后,交纳伪契的印契税(《清明集》卷九:315—317页),或者伪造妇女或亡人的签押(《清明集》卷一〇:172—173、170—171、187—188页;卷九:306—307页)。伪造官司文书当然也是违法的,其处罚是"杖一百"(《清明集》卷八:281页)。

一位法官在一份判词的开头罗列了各种作伪契的方式:"或浓淡其墨迹,或异同其笔画,或隐匿其产数,或变易其土名,或漏落差舛其步亩四至。凡此等类,未易殚述。"(《清明集》卷五:152—153页)如此花样繁多的作伪,正说明书写契约对于人们来说具有多么大的重要意义。

显然,听讼的负担大部分落在地方州县官身上。为了减轻负担,《清明集》里的法官们一般会判决不予审理那些旷日持久、超出法令明确规定之时限、反复折腾的案件。某些不予审理的案件之所以拖延漫长的岁月,是因为诉讼双方均试图在法庭中赢得土地。我们还记得,824 年,唐朝皇帝颁布了一道诏书,宣布放免 10 年以上之私债,以及本主及原保人死亡又无资产可征理者。同样,宋律也允许法官驳回任何有关 20 年以上不明契约或买卖双方有一方死亡的诉讼(《清明集》卷四:111—112、132—133 页;《宋刑统》卷二六:414 页)。在一些案件中,卖方声称自己只是抵当土地,仍保留取赎之权;对此,法律保护他们可在三年之内取赎(《清明集》卷六:168—169 页)。此类纠纷必然经常发生,因为另一条法令使用了不同的标准:应交易田业,并要离业;如未离业,则属抵当,后当有权取赎(《清明集》卷六:104—105 页)。

在杭州仁和县,知县裁决原告不得理赎。这个案子涉及的一块田地从 1194 年起已 5 次易手,而在约 50 年后又提出诉讼。原告声称他拥有这块土地的全权,因为他的祖父当初只是抵当,并非卖断它。法官引用有关期限的法律条文,并驳回了他的争辩,因为原告只能提供一份另一块田地的契约以支持他的要求:"若曰祖产,必有砧基簿或分书可照;若曰果是其祖出典,必有合同典契可考。今咸无之。"而且,原告既不知道当初的卖价,也不知道牙人或当初买主的姓名(《清明集》卷九:313—314 页)。法官强硬地要求原告提供文字性证据——毕竟后来 5 次交易的契约都提交到法庭来了。

法官们对如此广泛地使用契约深感烦恼,就像这个案子一样,他们可能责难那些没有合适文件证明的人。在另一项土地争端中,法官责骂一个人不能提供充分的所有权证明:"今人持衣物就质库,解百十钱,犹凭帖子收赎,设若去失,衣物尚无可赎之理。岂有田宅交易,而可以无据收赎也哉?"(《清明集》卷五:149 页)这位法官描述了一个普遍使用契约的社会,即便是典当铺为了一宗非常小的生意,也会使用契约。在这样一个看重契约文书的社会里,很难想象一个人典押土地以借贷却不使用契约以记录这宗交易。

在《清明集》中,有的人没有足够证据以证明其所有权也提出了所有权要求。有的人为同一块地签署两份不同的契约:一种是简单的"正典"契约。Geoffery MacCormack(1990:238—242 页)把这种类型的出卖称作"有条件的出卖",它允许借贷人在一定时间内赎回自己的田地。另一种契约则只是记下借贷的钱款数额以及作为担保而提供的田地数,并不给予放贷人以任何土地权(抵当)。然后,根据具体情况,双方可以出示其中的一种契约,而法官在审理之初就需要对此加以辨别。

这里有一个案例:1218 年,李某向叶某借了 450 贯钱,以 33 亩地作为担保。1220 年,他还了 300 贯;随后,又以古画梨雀图障一面、高大夫山水四大轴、唐雀内竹鹄四轴以及潭帖、绛帖各一部,偿还前项未尽之债务。之后 15 年中,彼此之间并无词讼。可是,两位当事人亡故后,放贷的叶家借机要谋夺李家田产,乃辩称当初的借贷实是典卖。法官裁定:所有证据均表明当初的借贷是以田地作为担保的抵当,并非典卖;但他也承认那些画未必能值 150 贯——价钱如此之低,暗示这些画可能出于当地画师之手,而非著名画家的作品。法官下令叶家将这些画归还给李氏之子,而李氏之子则以铜钱、会子偿还当初欠叶家的债款(《清明集》卷六:170—171 页)。在这个案子中,当初交易的两个当事人均认为可以用画充抵现金,但他们的后人却不这样认为。法官总结说:如果当初借以钱、会,还以钱、会,应当就不会发生纠纷了。

五 有争议的婚约

与土地买卖一样,订婚与离婚都要使用相应的文书,并因此而导致了契约纠纷的增加。一部撰于1147年、回忆开封生活的著作描述说:结婚只是需要在家庙前立誓;只有在订婚过程中,才可能要签署文书——男家送一个求婚的帖子到女家,女家回帖表示答允,这样,两家的亲事就算结成了(《东京梦华录》卷四:32—34页;Ebrey,1993:83—84页;Sheng,1990:129—133页)。

宋律规定:如果女家悔婚的话,要处以"杖六十"的刑罚;相反,如果男家要求退婚,除了要放弃给女家的聘礼之外,并不会受处罚。考虑到当初的婚约一般是口头约定,法律规定"虽无许婚之书,但受娉财亦是"。当时的注家特别指出:"聘财无多少之限,即受一尺以上,并不得悔。"(《宋刑统》卷一三:213页。)这是一条非同寻常的法律条文,特别是因为它把婚约界定为"私约",而通常情况下,官府尽可能远离这种"私约"。用现代法律术语来说,这里的法律表达就是所谓的"诺言之争"。只有一方为了某事而向另一方支付了某种物事,哪怕是象征性的物事,约定才具有约束力。同样,只有交换过一些聘财,哪怕很轻,婚约才算有效。

刘克庄按照自己对有关婚约的法律条文的确切理解,写下了一份判词,试图严格地运用法律规定。虽然男方否认曾送过求婚帖子,也拒绝承认收到过女家的回帖,但一位职业书手断定,定亲帖子事实上一定出于男方亲笔。刘克庄指出:定婚帖之内,写明了男女双方姓名,还开载了奁匣数目,显然,男方的求婚之意非常清楚。因为男方不愿结婚而女方要求结婚,双方告了六次(!)官。刘克庄的态度一直很坚决:法律规定"诸背先约,与他人为婚,追归前夫",而在本案中,双方均未婚,两人只有结婚。稍后,刘克庄又请人去调解纠纷,劝说两家户主达成妥协。他当然想让两家结亲,但又不能强迫男家结婚,因为他们并未违法。最后,大概是女方同意不结婚之后,双方放弃了争端。(《清明集》卷九:347—348页)

刘克庄的判词以及宋代法律条文的措词,说明悔改婚约是一件非常严重的事情,但一本当时的戏剧却反映出,双方家庭,甚至是女家,可以找到办法,放弃尚未交换聘礼的婚约。《董解元西厢记》大约成书于13世纪初,由一位董姓书生所撰(Ch'en,1976:10—11页)。它讲述了一个青年书生与一位富家女坠入爱河的故事。在戏剧开场时,莺莺已与她的表兄订了婚。但当她的母亲发现女儿已与书生同眠6个月之久时,她取消了原来的婚约,说:"虽先相以莺许郑恒,而未受定约。"(《董解元西厢记》卷六:124页;Ch'en,1976:169页)当书生向莺莺之母求娶莺莺时,他从一位僧人处借了些钱,以作为聘礼的定金。这样,双方才认为婚约已定。当原先许婚的男家听说婚约被取消后,起诉至公堂之上;可审理其诉讼的法官是书生的朋友,遂判决他不能与莺莺结婚,因为他们是至亲。

六 离婚纠纷

正如男家悔婚比女家悔婚要容易得多一样,丈夫先提出离婚也就比妻子提出离婚容易得多。宋朝继承了唐朝的离婚法,允许丈夫为了七种原因而离弃妻子,即所谓"七出"。与敦煌的放妻文书一样,《清明集》中的法官甚至并未提及"七出"。相反,法官首先必须确定丈夫确实写了放妻文书,并根据双方的具体情况调整自己的裁决,如果双方都再婚的话。

刘克庄审理过这样一个案子:一个男子听父亲的话,写了休妻文书,因为他的妻子与县吏有染。虽然刘克庄批评儿子听从父命,而本身并无理由,即自离其妻,但他仍得支持他们父子的离婚决定。法官刘克庄并未宣布撤销那位儿子的休妻决定,还因为他们离婚后他的前妻已再婚,他自己也已与另一位妇女订了婚(《清明集》卷一二:447页;

屈超立,1991:99 页)。双方均如此迅速地安排了自己的再婚事宜,似乎很让人吃惊,特别是考虑到后来对寡妇守节的要求更是如此;但裹入那些离婚纠纷中的人,确实很快就再婚了。

刘克庄还审理了另一个案子:一位在科举考试中偶中高科的士人,命令其妹夫与妹妹离婚,让她回到自己哥哥家。刘克庄批评那位及第的士人,但却允许离婚成立,因为毕竟是丈夫亲自写了离书。他劝说夫妇和解复合,或者由及第士人之家资助那位丈夫一些钱物,使之别娶(《清明集》卷九:345—346 页)。这个案子直接与不许骤然富贵之男子离弃其妻的法律精神背道而驰,虽然这里是骤贵之妻离弃了自己的丈夫。可是,刘克庄仍然支持了离异。

法官刘克庄的判词表明,如果一个男子在法律条文的支持下写了放妻文书的话,法庭并不太仔细地审查其动机。在文集所收一首诗的注释里,刘克庄曾经对陆游的休妻作了解释——陆游(1125—1210)是那个时代最著名且多产的作家之一。陆游的父母亲担心儿媳会妨碍儿子的学习,并斥责了她好几次。"放翁不敢逆尊者意,与妇诀。"(《后村先生大全集》卷一七八:1591 页;屈超立,1991:107 页注 9)按照宋律,妨碍自己的丈夫学习不能构成离婚的理由,但陆游仍然轻易地休掉了自己的妻子。这是一个悲惨的故事,因为两人显然一直相爱,各自写了很多诗给对方,甚至是两人并未冒着坏名声而各自再婚之后仍然如此(《齐东野语》卷一:17—18 页)。

只有在极为有限的情况下,法律才允许妻子离弃自己的丈夫:他被充军流放或超过三年与妻子分居。一位法官允许一个妻子与其丈夫离婚,因为他因事被编管,六年未与妻子通问。那位妇女起草了一份和丈夫的离婚文约,允许他领去她当初的聘财 45 贯官会。她的丈夫同意立约,在有人见证的情况下签署了契约,妻子并向官府登记了这份契约。主审法官拒绝了其前夫的要求:"既受其官会,又许其改嫁,使卓氏已嫁他人,今其可取乎?"(《清明集》卷九:353页)法官显然是被他们签署的文约以及她给予前夫的补偿所打动。这里最引人注目的是她的再婚。在此类案件中,当一方已再婚时,法庭一般并不要求破镜重圆,也说明再婚的速度非常之快。

丈夫虽然很满意地拥有随意出妻的权力,但法律并未给予他们以绝对权力。已婚妇女并非其丈夫的奴隶。按照法律,卖妻相当于离婚。一个男人不能养活自己的妻子,以300贯的价钱把她卖给了另一个人。她的第一任丈夫写立了休书,收下了100贯钱,在契约上画了手模,但还有200贯钱未收到。新夫无力支付全部价款,却强行将那位妇女占留在家。法官翁甫否定了全部文约,判决所有涉案人笞刑或劳役。那位妇女被责付牙家,令其"别与招嫁"(《清明集》卷九:352页)。在一个涉及高官后裔的案子里,法庭也作出了同样的判决:一位宦家之后,将妻子寄寓在她叔伯家,在那里,她以针织自给。一天晚上,其夫带着她到一户人家去饮酒,之后把她一个人留在那里而自己回了家。翌日,他写立了一份契约,将她卖给了与其一起饮酒的同伴。法庭不愿尽情根究此等"不韪"之事,下令毁抹"雇契",将女子交还其母亲,让她安排其再婚(《清明集》卷一〇:382—383页)。这实际上就是由法庭判决离婚了。虽然法官对那个丈夫深感愤怒,但也许因为他是高官之后,并未给予他惩罚。

七 推翻不正当交易所使用的契约

法官既然觉得完全可以无视契约并推翻那些他们认为不道德的婚约或离异,他们也同样可以推翻土地买卖契约,即便是那些拥有适当证明文件的契约。虽然陷于围攻之中的宋王朝热衷于把契税当作财源之一,但也并未能完全消解部分州县官长期以来对契约的偏见,而撰写《清明集》判词的一些州县官比大部分人持有更大的偏见。这本书所收的大部分判词都表明，法官们试图与成文法——包括法令及随后的所有修正条例——保持一致，并按照他们自己认为是正确的理解，将胡颖所谓的"法意"与"人情"调和起来。

法官在审理纠纷时把自己局限在书面契约方面。口头协议也是有约束力的。一个人没有使用契约租赁一处房屋，然后扒掉旧屋盖了一座新房。五个月后，屋主诉至官府。这个案子的法官又是胡颖，他怀疑屋主的动机，说：当五个月前租赁人拆建房屋时，屋主并未采取任何措施阻止他，胡颖因此而推测两人一定有口头协议；而且，屋主还曾写过一个笔帖给租赁人，让他告知起造新屋的费用。胡法官命令邻里从公劝和，最终了结了这宗诉讼（《清明集》卷九：334—335页）。因为在双方均未提交书面契约的特殊情况下，法庭不能不假设存在某种口头协议。

胡颖也会犹犹豫豫地拒绝采信一些呈送到他面前的契约。他曾审理过一个案子：一位质库老板诉告某人未全数偿还其债务，且有借债人8年前所写从质库借钱270贯的文约可凭。借债人还了部分款项，双方都承认所还数目与文约所定不符。胡颖评论说："官司虽有理索，岂能一一如约？"如果一定要追索当初借贷的实际债款，势必扰害邻里（并浪费官府的时间），所以，胡颖指出当初的借贷人已一贫如洗，无钱偿还，下令了结此案（《清明集》卷九：335—336页）。

胡颖还曾推翻了另一组契约，因为他对一个随母嫁入别家的养子与其母设计造谋、以夺占其继父亲生儿子的遗产而感到非常愤怒。他引证邻保所供实状说："（养子）李子钦系戊辰年（1208）随母嫁谭念华，随身并无财本，前父亦无田业。李子钦长成之后，亦不曾作是何生事，并系谭念华与之衣食，与之嫁娶。"

胡颖感到气愤的是，那个养子长大之后，并不从事生产劳动，而是依靠其养父供给衣食,还出钱给他娶亲。虽然那位继父受其后妻蒙骗剥夺了亲生儿子的继承权,并亲自在四张将其财产转让给其继子的契约上签字画押,而且11份契约也都用了印,胡颖仍然拒绝采信这些契约,因为它们违背了法意与人情。他下令谭氏族长将谭念华财产均分给其诸子(《清明集》卷四:124—126页)。

《清明集》中的其他法官虽然不像胡颖这样灵活、善断,但他们也同样乐于推翻契约。一个经常被申述的理由是,根据宋律,不能出卖土地以偿还债负或债负所滋生之利息(《清明集》卷五:142—143页)。① 这一法律条文反映出,人们普遍相信,土地比现钱更有价值:这条法令甚至规定了一种极端情况,即在万不得已时允许男性家族的成员放弃家族所有的现钱。当然,禁止卖地以偿债并不意味着就没有这样的事情发生。确实有一些债务负担沉重的人不得不卖掉自己的田地以偿还所欠的钱。但法律规定允许一户人家可以起诉买主以要回自家田地,如果他们能够证明自己是被迫出卖田地的话。

宋律特别保护那些刚继承来的祖传田产,禁止过快出卖这些土地。一位法官将一个儿子在其父亲死后只有一年即出卖其"本生家田"界定为"盗卖"——唐律用这个术语表示出卖不属于自己的田地(《唐律疏议》卷一三:245页[166条])。到了《清明集》的时代,"盗卖"并不仅仅意味着没有遵照正确的交易程序——它也可能指交易有些草率,不道德或有损于一个家庭的利益。在这个案例中,法官判决将被盗卖的田地归还给盗卖人的母亲——卖地契上她的画押是伪造的,而将卖地所得之钱没收入官。考虑到买地的是安抚使(相当于地区军事长官)家,而且在过去15年中一直"不肯出官",这个判决有些令人惊奇(《清明集》卷九:287—298页)。但法官遇到了与黄榦1210年所

---

① 但可以将土地没收以充抵欠官府的债务(与Paul Smith的个人交流,1993年3月)。

遭遇到的一模一样的问题：他能够作出正确的判决，却无力执行这一判决。

按照同样的方式，法官希望保护一个人的家产，以免遭其养子的挥霍，也避免受到其遗孀的盗卖。人们不认为妇女是男性家族的一部分。他们可以从男性家族中选择一个人过继给他做儿子，尽管人们一般认为过继的儿子内心仍然偏向"本生之家"或其亲兄弟，而对过继之家不太忠诚。相反，一个寡妇并不一定能指望得到其丈夫家族的维护、支持。法律承认她需要维护自身、养育孩子，但限制她出卖丈夫的土地。"诸寡妇无子孙，擅典卖田宅者杖一百，业还主。"（《清明集》卷九：304页）简言之，寡妇出卖土地是一宗不正当的交易，可以予以推翻。法律没有为寡妇在这种情况下如何维持生计作任何规定，而是假定她将回到自己的娘家。如果她有幼子需要抚育，她也可以出卖田宅，但法律使用的是一种否定性表达："寡妇无子孙年十六以下，并不许典卖田宅。"（《清明集》卷五：141页）

《清明集》中关于寡妇与契约纠纷的判词均出于同一位法官——翁甫（1222年进士及第），他曾在处州、衢州（二州均在浙南腹地）任知县。在每一份判词中，翁甫都试图努力平衡寡妇的生计需求与其夫家保有田宅的要求之间的矛盾。在13世纪，人们对妇女是否有财产权有不同意见，而翁甫倾向于认为夫家的财产权重于妇女的财产权（Birge，1992：180页注46、251页）。也有一些非常敏感的案子，都是些错综复杂的家庭冲突；之所以发生这种冲突，是因为人们不再注意坚持传统的家庭价值观。引人注目的是，这些案件中的家庭与旧式的核心家庭迥然不同：它们都是再婚和收养形成的家庭，这让我们想起在那个生活期望如此低下的时代里，产生一个男性继承人竟如此大费周章。

法官翁甫曾责备一个男子诉告其继母，从而有违他作为子女的义务与责任。那个男子不愿接受其继母(他父亲的后妻)和妹妹对他家财产的分割:男子分得了产谷170硕的田地,其继母与其父亲生的女儿分得31硕产量的田作为嫁妆,继母留下57硕产量的田以养老。翁甫裁定:女儿所分得之田(通常是其兄弟的一半)自当归其所有;继母所分得之田亦归她所有,但不得典卖、随嫁,也不能留给女儿。他利用这个机会阐释了自己对妇女财产的看法:"妇人随嫁奁田,乃是父母给与夫家田业,自有夫家承分之人,岂容捲以自随乎?"在这里,她的田地在她死后要还给其儿子。在这份判词的结尾,翁甫劝告那位后妻和继母与其继子融洽相处,而给予那个儿子以"小杖二十",以略加惩戒(《清明集》卷五:141—142页)。

一个儿子向翁知县状告其继母非常令人讨厌:一个寡妇与其大伯子通奸成婚,这确实值得憎恶,而且根据宋朝法律也是非法的。法官翁甫解释说:寡妇应当为其丈夫服丧,"耕故夫之田,祭死者以养其孤"。在这个案件中,更为恶劣的是:寡妇阿邵与其大伯子自智成奸之后,竟将前夫的所有子女尽数弃逐。翁知县感到无法容忍:"破人之家,灭人之子,绝人之祀,虽行道之人所不忍为,而自智、阿邵忍为是乎!"至于被他们卖掉的六块田地,法庭除了允许其中的一块仍留给阿邵的第二任丈夫自智之子保有外,其余的五块均归还她已故的第一任丈夫的子女。她的大伯子被勒令离开处州,寡妇也割断了与他的关系(《清明集》卷一〇:389—390页》)。

法官翁甫的判词恰如其分地捕捉住了社会对寡妇及其动机的怀疑。这些案件都涉及再婚、通奸,也显示出前妻留下的孩子们和父亲第二个妻子之间的敌意与对抗。现代美国人对此种敌意与仇恨已经习以为常,但对于一个受到严格的儒家教育、尊敬父母并因之而扩展为尊敬继母的社会来说,这还是非常令人烦恼的。

在13世纪,买田置地是一件很靠不住的事。如果法官判定所发生的是一宗不正当交易,那么,买主将没有追索田款之权,除非他对判决提出上诉;即使是他与卖主已完成田地买卖的全部程序,包括交纳契税,也无济于事。在上述案件中,翁法官根本就没有考虑买主的权利。这里发生了一宗不正当的交易——并非因为它违反了契约法,而是因为它违背了道德伦理,那么,只有一种办法可以纠正它,即将田地还给其合法主人,而不管这宗交易是否立有契约。

因为人们普遍认为田地首先是家庭财产,其次它属于某一社团,只有无其他办法可用时才能作为可交换的商品,所以迟从唐代始,转让土地的优先取舍权就限于血亲和四邻。到了《清明集》的时代,优先取舍权则被限制在既有血亲又是至邻的范畴内。如果某人的房屋或河渠、道路分隔在两块地里,而这两块地并不相邻,则其相邻者并无优先取舍之权。同时,还要适用年限规定:相邻之血亲须在三年之内提出要求,否则其优先取舍权即自动丧失(《清明集》卷九:308—309页;郦家驹,1988:27页;Schurmann,1956a:514页)。

由于墓地是一个家族与田地联系的最显著的自然象征,法律特别授权允许家族墓地尽可能靠近某一特定的地块。虽然不必遵守三年内提出要求的时间限定,但提出要求必须在介入纠纷的各方均在世时(《清明集》卷九,323页)。1142年,都省规定:墓田依法置方十八步,在其范围内其他人可以建造房屋或别的建筑,也可以开成田园、种植桑果,但不能再安新坟墓(《清明集》卷九,323页)。1173年,另一条"指挥"要求在坟墓禁地内,任何人均不得掘土填垒,因为挖掘坟土会破坏坟墓(《清明集》卷九,324页)。当然,人们可以伪装他们原先在那块地里埋了祖先坟墓(《清明集》卷四,133—134页;卷九,318—319页)。也并不是每一个人都尊重法律对祖先墓地的敬意。刘克庄就曾以蔑视的口气说到:一个儿子挖开了他祖父的坟墓,却并未找一个吉穴重葬,而是取其棺中之物以至砖石、棺钉、墓山,皆行卖钱(《清明集》,附录三,619页)。

撰写《清明集》判词的法官裁定,田地与其他可以买卖的商品不一样。一户人家有权不让与自己无关的人染指自家的田产,社团也有权不让社团外的人占有社团所属的田地。有些观点认为曾经有过一个土地频繁买卖的时期,但那个时期并未出现在吐鲁番和敦煌,实际上,它只存在于传说中遥远幽邃的中国上古时代。然而,正如《清明集》中的那些讼案所反映的那样,土地频繁易手,特别是由于人们越来越进入面向市场的生产活动中,逐渐离开了自给自足的农家庄园。在这个案子及许多其他案例中,法官的看法与那些将自己的争端带到法庭来的平民百姓的看法不一致。一些法官,特别是像胡颖那样的法官,更愿意将"人情"置于契约之前。然而,他们没有任何手段强制执行其对契约纠纷的判决。很难相信他们会劝说那些诉讼人为了更具道德感,而不去严肃认真地考虑使用契约,也更难预言这就是他们所提倡的发展方向。

八 徽州土地契约

由于《清明集》中见到的所有法官均更倾向于忽视契约,所以判词也都忽略了争议契约的文本。事实上,只有很少几份宋代契约保存下来。现存的五份宋代契约均出自徽州,一个商业发达、以木材和利用木材造纸而闻名的安徽山区。① 最早的一份是1215年的,记录了祁门

---

① 出自徽州的宋元契约有14种收在《明清徽州社会经济资料丛编》第二辑中,另有8份未公开发表的契约藏在北京图书馆善本室,制成缩微胶卷,题目是《宋元地契集存》。张传玺(1982:28—29页)和姜锡东(1991:94页)引用了部分北图藏未刊契约。北京图书馆的缩微胶卷中有3份宋代契约,其中两份所署日期分别为1242、1248年,是从《明清徽州社会经济资料丛编》中转录而来的。这两份契约的彩色照片分别见于《徽州千年契约文书》的图版1和图版2。

县一宗出卖山地的交易:

> 录白附:产户吴珙,神伸户,有祖坟山一片,在义成都四保,扬字号,倾七山后坞,贰拾柒号,尚山。在坟后高山,见作熟地一段,内取叁角,今将出卖与朱元兴。系拱分,并买弟捍等分,共计一半,计价钱官会陆贯省。其山地东止高尖降及三保界,西止坟后山,北降(北界及南界均模糊不能辨认)。元买倾七山长墙为界,已坦。今从卖后,一任朱元兴闻官受税,锄作,变种杉苗为业。如有外人栏占,并是拱自祇当,不及受产人之事。所有本户元买张敏中并弟捍等官印亲契,共计贰道,一并缴付朱元兴执照。其契内别有照使,拱即不别立领,于朱元兴名下领去。今恐人心无信,立此卖契为据。
>
> 嘉定捌年四月初一日。
>
> 吴拱(押)
>
> 今于契后批领:倾七山后坞高山山地价钱前去足讫,并无少欠。今于契后批领为照。同前年　月　日。吴拱(押)
>
> 助押契人黄德和(押)
>
> (《宋元地契集存》,未编页)

虽然较长,但这份契约其实非常简单。其中大部分是罗列这块地的位置及其四至、边界。它用了一个不太常见的称呼表示保人或联署保证人,即"助押契人"。吴珙与黄德和的画押,与契约其余部分的笔迹相同,说明抄写契约的人也代卖主和保人画了押。它也提到一种可能性:如果有人无理争夺这块田地,卖主,而不是买主,必须负责解决。吐鲁番和敦煌契约也包含的同样的条款,虽然其具体表达不太相同,因为安徽居民有其自己的契约地方格式。与其他四份宋代徽州契约一样,这份契约也用了印。在契约末尾注明田地钱款已经交讫,这在所有的徽州契约中都是如此。这是为了预先防止可能提出的欠款诉讼。

一份1142年卖山田契也包括田地的四至及其价钱。它还特别要求买主以后要交纳全部赋税,并用了这样的句子:"三面评议价钱",说明当买卖双方议定价钱时,牙人是在场的。然后,出现了一个不同寻常的条款:"其田、山内如有风水阴地,一任买主胡应辰从便迁葬,本家不(在)[再]占拦。"(《明清徽州社会经济资料丛编》:3—4页)显然,田地里有墓穴可能会给出卖田地带来一些麻烦。1248年一份稍简短一些的契约要求卖主要对田亩尺寸方面的误差负责,而买主则要负责以后交纳赋税(《明清徽州社会经济资料丛编》:4页)。最晚的一份宋代徽州契约是1270年的,宋朝已快要灭亡了,除了解释原主之所以出卖田地是因为缺钱外,与另几份契约相类似。它还加上了一条规定:如果四至疆界不明,要由卖主负责。而除了有关赋税的条款之外,这些契约都保留了吐鲁番、敦煌契约中的许多条款。

九 结语

当宋王朝于960年取得政权时,它沿用了唐王朝对待契约的政策,这种政策早在唐律中即已表达清楚。现存的一份出自河北定县10世纪后期的契约,就像吐鲁番的契约那样,也强调将私契与官政分开。与唐代不同的是,宋朝试图把契约开发为一种财源。

10—13世纪是商业高度发展的时代,与之相适应,契约的使用也日渐增加。福建乡下的百姓用契约记录只有两贯钱的借贷,同时,行商为了价值数万贯的寄售买卖也使用契约(《夷坚丁志》卷五:575页;《夷坚乙志》卷七:242—243页;Elvin,1973:162—163页)。农民每年都要与那些在收获季节来买他们谷物的牙商订立契约。一位救荒手册的作者伤心地谈到,村民们不愿把稻谷卖给其饥饿的邻居们和负责救荒的官府,因为他们订立了契约,只能以低廉的价格卖给从外地来的商人(《救荒护民书》卷二:十一页上、下)。宋代的史料说明,人们买卖盐、茶、稻米、荔枝都会使用契约,甚至还有一份契约是为了买卖每枝价格高达 5000 贯钱的珍贵牡丹(《宋会要·食货》三十一之二六上;三十二之十上;《夷坚志补》卷七:1609 页;《荔枝谱》卷一:二页下;《牡丹记》卷一:六页下;姜锡东,1991)。人们每次典当财产、雇用女仆、收养子女、宣告结婚、买一头牛或马,当然,还有租赁或买卖土地,都会签署契约。

官府一次次地提高契税,又一次次地延长契约签署与登记之间的时间,但人们仍然不去交纳契税。在很大程度上,宋王朝的历史就是官府千方百计地试图登记土地,而老百姓们则想方设法逃避登记,从而互相冲突的历史。在征收契税方面的纠纷也是这些冲突的一部分。《清明集》的判词记下了最后一些契约使用与契税征收之间的冲突。人们泰然自若地伪造契约,并加上虚假的价格,以将其责任减少到最小地步。有时,他们会签署两份契约——一种是可以赎回的抵当契,一种是间接出卖同一块地的卖契——并把两者都保存起来,如果告官的话,哪种对自己有利就用哪一种。而判官们自有对策,他们逐个审查契约可能涉及的每一个人,仔细检视契约,并传唤书法专家当堂验识契约的书写笔法墨迹,以判断其真伪。

在宋代,官府与民众在这个问题上的看法一直不甚吻合。对于得到普遍使用的契约,官府一直试图加以规范甚至征税。《清明集》中的判官们就发现过很多不正当的交易类型,但平民百姓们却一直自行使用契约,而且用契约的人数也在不断增加。

朝廷一直在给地方官员施压,让他们去征税,因为朝廷需要收入以支持军队,坚持对北方的战争。1126 年,华北沦入金人之手后,宋廷对收入的需求越来越大。到 13 世纪,在中国北部边疆地区又出现了一个更强大的敌人。1234 年,蒙古人从金人手中夺取了华北,因为那里南方的地形不适合蒙古骑兵作战,所以又打了 40 年的仗,才最终于 1276 年夺取了南方。他们之所以能够征服南方,是因为他们建立了自己的水军。1279 年,宋朝的最后一个皇帝去世,宋祚终结。征服了中原的蒙古人同样也要面对宋王朝曾经遭遇到的挑战:征收契税。

第五章　元统治时期及其以后的契约

1276年,蒙古人最终成功地征服了中原地区,直到1368年明王朝建立。尽管不足100年,但他们在征收契税问题上的态度与宋王朝迥然有别。例如,将税率降低到交易物品总价值的1/30。虽然很多学者怀疑元统治的效率,并把这个世纪看作混乱无序的世纪,但分析有关材料——有些是契约,有些是民间白话文献,我们发现,蒙古人在征收契税方面比此前的统治者做得要更好一些。

蒙古人没有按照传统的方式重新任命有关官员。1315年之前,他们一直未开科取士;因此,古代经典既无所用处,以教授经典和识字为生的教师也就渐渐星散,学校也大都关门大吉。即使是在科举考试恢复之后,也只有很少官员是从科举进身的。更多官员是由地方官举荐上来的,或者是在做了很多年胥吏之后晋升为官员的。一直拖延开科取士导致了一个意想不到的后果,那就是白话的繁荣和"类书"的大量出版。较早的类书署的日期是宋代的,但大部分类书成书于元代或更晚。编写这些类书的目的是为了帮助识文解字的平民百姓——有的受过较好的教育,有的则只有很少的教育背景。其读者可能需要帮助别人起草一封呈送给官府的适当的诉状,做一种特别的菜肴,使用某一种药品,或起草一份契约。这些一般佚名的类书作者在抱怨他们生活的社会好讼的同时,也给读者提供了一些可以用于打官司的标准样式。

第五章 元统治时期及其以后的契约

在经典学问衰落的同时,产生了一种新的文学类型,即戏剧。戏剧在金人统治华北时即逐步繁荣起来,到蒙古人统治时期更得到普遍发展。有一些戏剧对契约特别着意,反映出听众热衷于打官司的争论与狡辩;同时,也非常清晰地表明了当时的老百姓(包括妇女和不说汉语的人)在日常生活中是如何使用契约的。也许,最有启发意义的材料是一群从高丽到北京来的马贩子随身携带的汉语课本,其中用相当篇幅记载了他们如何去找牙侩、商定价格、写立契约以及悔约、取消这宗买卖的过程。这些材料使我们能够了解在蒙古人统治的世纪里及其以后实际使用的各种类型的契约——不仅有土地买卖契约,还有买卖儿童、妇女、牛马的契约。

当蒙古人占领南方时,他们已统治北方达 40 年了。他们继承延续了金人的许多做法,而金人于 1201 年颁布了唐律的修改本,并保留了中原王朝大部分有关契约的法规(Ratchnevsky,1937:9—11 页;陈高华,1988:45 页)。蒙古人允许被征服的人民仍尽可能地继续其原有的生活方式,准许他们祭拜自己传统的神祇,利用当地官僚管理政府,也倾向于遵循被征服王朝所实行的税收政策。虽然也任用蒙古人和中亚人做官,但他们大都配有汉人做副手,而胥吏更主要是汉人。

关于蒙古人统治华北时期契约的使用情况,很少实际证据留存下来,但在山西大同发现了一方为一位道士购买墓地的契约,其时间正在 1234 年蒙古人征服北方之后不久,说明了蒙古人征服北方、尚未取得南方这一时期所发生的一些变化。契文云:

> 城西祖师坟买地契。西京刘宣差下武君福,今为要银使用,别无所得,遂将本户下宋家庄村西南地壹段,南北畛记地贰拾伍亩,东至韩老地,南至官道,西至韩大地,北至小道。其地四至,立契出卖与本京龙翔观冯大师永远为主。两议定

价银贰拾伍两。立契日,各交分付讫。如日后但有诸般违碍,有人争占,卖地主武君福一面代当无词。一定已后,各不番悔;如有先悔者,罚银壹拾两。恐人无信,故立此文字为凭。乙巳年九月二十八日。①

  卖地人武君福 押。

  同卖地母阿贾 押。

  邻人韩老 押。

  邻人韩大 押。

  见人王贞 押。

  西京都税使司给 年 月 同使 押。

(《文物》1962年第10期,40页)

  这份契约大部分都与我们所见过的契约模式很吻合:卖方应对四至疆界的准确性负责,并要解决以后可能发生的所有权纠纷。值得注意的一项条款是它解释如何确定价格的:它是"商定"的。这一条款涉及蒙古人的做法是卖方有权先出价,然后买方再给予回应。署名人包括两个邻居,他们没有选择行使自己优先承买出让土地的权力;还有一位税官的代理人。在发表的契约抄本中没有转录他们的画押。最后一个署名人显示出蒙古人统治下最有新意的一个变化:蒙古人将土地买卖与收税联系起来,以确保在买卖土地的同时即征收契税,并重新估算此后的土地税。

  皇帝颁布了好几道诏书,命令改变土地买卖的程序。与唐、宋法一样,蒙古法体系也包括皇帝的诏谕,有很多重要的政府部门负责执

---

① 这里只给出了干支纪年,但墓碑碑阴的墓志铭记载了死者的殁亡之年为1265年。Thomas Lee 对这份契约的翻译提供了帮助。

法,但都要根据地方情形做出调整。因为在某一地区做出的决定需要其他各地区参照执行,所以朝廷定期将其决定向全国发布(竺沙雅章,1973:30 页)。每隔一段时间,中央政府会把案例和诏旨汇编成册(Ch'en, Paul, 1979:30—33 页)。《元典章》就是这种汇编之一。它编集于 1320—1322 年间,保存了很多可以反映蒙古人引进的契约法所带来变化的诏旨。

1271 年,忽必烈汗宣告创立了元朝,在此前后数年间,他的官员们公布了好几个告示,以阐明对待契约的政策:他们将银钱与谷物借贷的利率限定在 100%以下,禁止利滚利;允许牙人对买卖奴婢牲口和土地提取 2%的费用(《元典章》卷二二:八六页上;卷二七:四页上,七页上;卷五七:五二页上;Clerves, 1955:48—49 页);他们禁止民、奴之间通婚,也禁止卖妻(《元典章》卷一八:二十页下,二一页上、下,四四页上,四五页上、下;卷五七:十二页上,十五页下;《南村辍耕录》卷一八:十八页上—十九页上);他们允许男子因为"七出"之罪而休妻,但不包括同样受到唐宋法律保护的三种情况——甚至把这些情况列了一个简要的表格(《元典章》卷一八:二九页上)。

蒙古人治下的百姓就是那些曾经蒙骗宋朝官员的智计百出的平民的后裔,因此,元朝官员们也同样对《清明集》中见到的那些诡计与判决而深感头痛。债权人为了霸占借债人继承来的祖产,在契约中加进了伪造的金额,其数目甚至是实际数目的 10 倍(《元典章》卷二七:四页下—五页上)。他们把一张白契粘贴在已经盖过印的红契上,以逃避契税(《元典章》卷二二:八四页上)。地方官府想方设法提留比中央政府更大的契税份额,因为他们被授权征收契税(《元典章》卷二二:八四页上)。官府一直在谴责因为未签署土地和婚姻契约而引起的大量诉讼(Ch'en, Paul, 1979:124 页)。而且,如同此前的宋朝官府一样,他们也适当延长了签署契约到交纳契税之间的时间,希望更多的人能够遵守(《元典章》卷一九:二四页下—二五页上;Ratchnevsky,1972:101—102页)。

这些与此前一样的不满,掩盖了蒙古人统治时期所发生的真正变化。元朝统治者把人口分成四类:蒙古人、来自中亚的人(即色目人)、北人及南人,这些称谓也都出现在《元典章》里。有一份判决特别禁止色目人用自己的孩子去偿债,另一份判决则禁止出卖蒙古人以偿债(《元典章》卷五七:十四页上,十五页下)。官府对汉人如何结婚作了详细规定,这也许正暗示着蒙古人与色目人遵从他们自己的结婚习俗(《元典章》卷一八:一页上)。《元典章》中有很多涉及逃人的案件,官府始终规定:如果一个男子逃走六十天或一百天以上的话,他就可以成为一个游牧的武士,与其原主人间的契约也就终止了(《元典章》卷一八:十一页下—十二页上)。

蒙古人还在契约法方面带来了一些重要改变。其中最引人注目的,乃是将契税降低到土地、牲畜或奴婢价值的1/30(《元典章》卷二二:八五页下,九六页上,九九页下;Schurmann,1956A:218—219页)。他们强烈要求那些以自己的劳动抵偿债务的人每年都要更新契约(《元典章》卷五七:十三页上)。他们还要求对于特别指明交换礼物价值的约定要及时订立契约(《元典章》卷一八:三页上;《通制条格》卷三:39页),还规定放妻文书或收养文书必须到当地官府去登记(《元典章》卷一七:十九页下;卷一八,四四页上)。他们也同样授权亲戚和邻里可以优先购买要出卖的土地(Ratchnevsky,1972:103页注2)。卖方要对准备出卖的土地作出全面的描述,提供给感兴趣的房亲邻人。其无意购买者限三日内批退,有意购买者限五日批价(《元典章》卷一九:二一页上)。在这方面,元朝统治者沿用了金朝的做法,而没有像《清明集》所记载的宋人那样,试图限制亲戚邻里优先购买土地的权力(Schurmann,1956B:514页;陈高华,1988:36页)。

最令人惊奇的,也是元朝统治者愿意延续宋朝政策的最强有力的证据,则是他们决定承认宋朝时的契约。1286 年,中书省在回复瑞州(今江西高安)知州提出的疑问时规定,允许持有宋代契约的人买回土地,只要其契约不是伪造的(《元典章》卷一九:二四 24 页上)。

1299 年,中书省接受了礼部的建议,修改了此前允许根据宋朝契约赎回土地的决定。考虑到从宋朝到当时已发生了很多变化,而且很难辨明契约的真假,中书省规定:对于赎回宋朝时已抵押土地的要求,要严格把握,一般不予同意。这也可能就是因为已经意识到有些人利用 1286 年的规定,从而给地方官府带来了无穷尽的诉讼案件。因此,中书省规定不必再尊重宋朝时订立的契约(《元典章》卷一九:三十页下—三一页上)。

重要的是,这两个规定都只是关注典当土地的赎回,而不是关于土地买卖的契约。1302 年,一个谭州(今湖南长沙)的汉人百姓控告一个蒙古高官侵占了他的桔园。这个案子被呈送到了礼部,可能是因为它涉及到蒙古人与当地汉人之间的关系。礼部判决将争议土地归原告的汉人所有,因为他出示了一份 1241 年的印契,还有一份允许他购买这块土地上房屋的文书。虽然这个桔园从前的主人,一位参政,声称他在 1289 年被授予了这块土地,但他未提供任何书面证据。现在占有这块土地的是一位中级政务官员(平章),只是被简单地没收了土地。礼部判决说:"即是官豪势家,欺遏小民,不肯交业,以致逗留到今,不能结绝",命令将这块土地归还给最初的主人(《元典章》卷一九:三一页上—三二页下)。蒙古人虽然已经发现很难尊重宋代的典当契约,但他们又完全接受宋代的买卖契约作为所有权的凭证。礼部用来作出其判决的原则是证据:谁拥有契约,哪怕是来自宋朝的,比起没有任何书面证明的另一方,就更有权拥有那块土地。

人们仍然一直逃避登记他们的契约,并非因为契税太重,而是由于蒙古人成功地将税收评估与土地买卖的价格联系了起来。1300年，中书省公布了买卖土地的程序，并一直到1368年元朝灭亡均未改变。各地州县官府都要制作登记册，上面记载每一块地的所有权和赋税额。当有人要出卖某一块土地时，就要到官府去，要求出具那块要出卖的土地属于他的证明文件（地籍）。虽然并没有特别作出规定，但这时候亲戚邻里仍然有机会优先购买这块土地。至于亲邻决定购买与否的时间限定，因为不愿买者三日批退、愿买者五日内批价的规定实在太过短促，所以1315年分别延长到了10日和15日（《元典章》卷一九：二二页下—二二页下）。这可能是由于假定人们买地需要时间去筹措资金。然后，官府就会颁发一个证明文件，证实那块土地经过调查，可以出卖。那份证明文件是纸质的，由官府登记部门精心制作。其上盖有官印，官印的一半盖在证书上，一半盖在登记存底上，以备后来核查。然后，买卖双方要到税务部门去，确定那块土地应缴纳的新税额。为了鼓励地方官遵守这些规定，朝廷授权他们可以没收未登记土地的一半——如果买卖双方没有得到盖有一半印章的证书或者他们未到税务部门去的话（《元典章》卷一九：二七页上—二八页上）。

在安徽徽州留存下来了15份契约，其年代从1289年到1353年，从而使我们对元朝的政策究竟在多大程度上影响了契约的签订形成了某些认识。① 所有契约文书都非常密切地追随宋代的文本样式，说明宋元之间的延续关系非常强烈，这也有助于解释蒙古统治者何以决定承认宋代的契约（刘和惠，1984：32页）。在15份徽州契约中，只有1份未盖官印。还不是很清楚这些契约何以得以保存下来——是官府

---

① 北京图书馆藏有5份未公布过的契约，可以使用《宋元地契集存》的缩微胶卷阅读。《明清徽州社会经济资料丛编》第二辑抄录了10份元代契约，《徽州千年契约文书》则提供了这些文书的照片。另外还有4份文书（一个税收收据，一份墓券，一份分家产的协议，还有一份木材的收据）也见于《徽州千年契约文书》中。

还是私人将它们保存了 7 个世纪之久？但 Joseph McDermott（1994年 7 月私人交流时）认为，很可能是单个家庭保存了它们，因为在土地纠纷中可能会有用。又因为盖过官印的契约具有更高的证明价值，所以比起那些未用官印的白契更有机会保存下来。因此，不能根据徽州契约大多盖有官印来判定整个帝国范围内交纳契税的比率。

这些契约中有一份是 1315 年的，在给出了土地的四至丈尺之后，这样写道：

> 今无钞支用，情愿经官给据，立契将前项四止内田山及山内大小杉木，尽行出卖与同都人李□□□，三面商议中统价钞壹拾叁锭，其钞当立契日壹并交足。契后别（不）立领。其田山并杉苗木，今从卖后，壹任买主收苗管业。未卖之先，即不情（曾）与家外人交易。如有四止不明及家外人占拦，并是卖人之当，不涉受产人之事。其上手赤契共贰纸，壹并缴付。今恐无凭，立此卖契文书为用者。
>
> 延祐贰年七月拾伍日
>
> 汪子先　［押］
>
> 代书契男　汪有德　［押］
>
> （《明清徽州社会经济资料丛编》第二辑：8 页；《徽州千年契约文书》：10 页，图版 4）

这个父亲的画押歪歪扭扭的，但儿子的书写很清楚，显然受过较好的教育。这份契约以几种方式给出了所卖土地的位置：地块的名称、所在地块的编号（可能是官府为了征收田赋而编组的）以及四至。出卖土地的原因是缺钱使用，几乎所有徽州契约都是这样，也都有"三面商议价钞"之类的句子。所谓"三面"，当指卖方、买方以及牙人——

他只有在亲邻们拒绝优先购买之后才会出价。其后的所有契约都宣称,如有四止不明及外人拦占之事,并不涉买主之事(《明清徽州社会经济资料丛编》第二辑:7—13页)。

一 郑胜一之死

《元典章》和徽州契约文书均表明,如果发生土地纠纷的话,是可以解决的。但有一个非常少见的报道记载了当土地所有权冲突未能得到解决时所带来的后果:凶杀。宋元时期,只是由于非常偶然的原因,才有部分原始文书得以从地方官府的档案中幸存下来。有些官员利用废弃的文书背面印刷书籍,这在很大程度上是因为通过卖纸张给他们自己的书坊可以获得额外的收益(竺沙雅章,1973:12—13页)。一种这样印刷的书,元人据宋版印刷的《欧阳修本末》,在静嘉堂文库被拆开装订后,竺沙雅章得以检视每一个夹页的背后。竺沙雅章转录了有关郑胜一被杀案的所有记录,包括主犯朱万七和他的妻子、儿子贤五及其妻子、两个帮助他搬运尸体并悬挂在树上的人以及死者的兄弟胜二——是他控告朱万七——等人的供词。地方官并未以谋杀罪起诉朱万七,而是控告他从犯罪现场搬移了死者的尸体,这可能是因为尸体已经严重腐烂,不能作适当的检查从而无法支持谋杀的控告,但更可能是由于朱万七在当地拥有较高的社会地位。

这些供词使我们有可能弄清谋杀之前所发生的事情。1318年四月,浙江丽水县为了准备提高田赋,对本地的田亩及其产量作了一次调查。四月十九日,朱万七提出来对一块土地拥有所有权。他出示了一组契约,表明他的父亲从郑胜一之父、郑曾一那里买了这块地。两名低级官员查验了这项要求,朱万七送给他们一些酒以示酬谢。朱贤五供称:八天后,胜一到他们家,大骂朱万七,因为朱拒绝见他,并对贤

第五章 元统治时期及其以后的契约

五说：

> 据郑胜一言称：有田八十把，坐落本县□□一都，地名……。我父郑曾一卖与你祖父朱四八。在后，前田……泛涨，沙石淤塞。你伯朱万七回赎还我。开修……业多年。
>
> 你父如今又于都官处入号。我来问……见本人风疾，无□于顾。①

朱贤五证实：胜一决定就在属于他兄弟寿五的房子二楼空房间里过夜。他是想明天一早就去见朱万七吗？还是朱万七假装生病以陷害胜一？贤五没有说。他的叙述只是简略地提到，半夜时，他的兄弟叫醒他，告诉他胜一死了。他起床后，看到他父亲举着一个松油火把，而胜一的尸体则已挂在谷囤的旁边。

案件的从犯们供称：他们在木板上用床单把尸体裹好，送到山脚下，挂在一颗杉树上，使他看起来像是自杀。从犯中有一个是朱万七的佃客，另一个住在朱家的院子里，很可能是雇工。作为从属于朱家的佃客、雇工，他们无法拒绝主家的要求，尽管他们确实知道搬移尸体是违法的。由于做事要适合其社会身份，所以是他们搬运尸体，而朱万七举着火把。在郑胜二第一次到朱家去寻找胜一之后的第四天，胜二才发现他哥哥已经腐烂的尸体。审讯持续了很长时间——四个多月，因为凶手与被害人居住在两个府的交界地带。负责审讯的一位蒙古官员，带着被告到受害人家中去与其邻居、家人对质。

这些证词使我们得以窥见元代地方层面的法律程序之一隅。涉

---

① 由于这本书的出版商切掉了一部分，每行最后两个字均已脱失。此处据竺沙雅章之杰出释文与文本复原译出。

案人的姓名都是乡下人的姓名:贤五、寿五以及胜一、胜二分别是兄弟。他们都没有采取那种根据辈分、同辈人都用同一个字作为标识而精心命名的做法。这些人都只是选择一个"寿"、"胜"、"曾"之类幸运吉祥的字,然后加上他们作为儿子出生时的排行。不同的数字在中国姓名中很常见,但其意义却不易理解:"朱万七"是什么意思?也许他家里的其他兄弟都以"万"命名,也可能这个名字是由官府指定以免弄错身份的。有时候,父母亲用他们生儿子时的年龄之和来给孩子命名,朱贤五的祖父朱四八可能就是这样得名的(Hansen,1990:100页注2)。

这些供词文白混杂,因为它是用文言记录的口头表达。他们用"把"作为田亩的计量单位来描述那块地的面积,而没有把它转换成用标准的亩,所以我们无法知道那块土地的大小。

郑家人即便在将土地卖给朱家之后还是觉得那块地与自己家有联系。郑家必定是在困难时卖掉土地的,并在洪水过后、沙石填塞田地时又能买回它。当他们出卖、买回时,一定没有签署契约;因为如果他们曾签有契约的话,当然会拿出来支持他们的要求。买卖土地是相对简单的交易,而典卖土地则肯定要复杂得多。一点都不奇怪元朝的官员拒绝承认宋代的典当契约了,也可以理解他们为赎回土地定了一百日的期限了(《元典章》卷一九:21页)。但法律并不能根除民间的做法。人们可能典当甚至是出卖土地给比自己更有钱的人,但却一直认为那块地还是自己的,并希望有朝一日能再次拥有所有权。这就是为什么当朱万七宣称拥有那块土时郑胜一如此激愤的原因,而且正是这种强烈的愤慨导致了他的死亡。

大约编纂于1330年的元代故事集中有一个显然是虚构的故事,证明人们与其田地之间确实有一种强烈的联系,即便是他们放弃所有权并迁移之后也是如此。农夫司某是江苏扬州泰兴县一户富人陈氏家的佃户。有一年,司某家贫无力交纳田租,遂把自己佃种的田地转质于他人。他的邻居李某也是佃户,贿赂陈家的儿子,要他把司某佃种田地的租佃权转卖给自己。于是,司某丢失了自己的佃种权。李某立租契时,邀请司某去饮酒吃饭,司某拒绝了。立契时必须设宴的习俗根深蒂固,即便是在这种情况下,卖、买双方也要一起吃顿酒饭。司某非常愤怒,当夜,他打算拿着火把去烧李家的房屋;但当他听到屋内正有妇人分娩时,他放弃了自己的计划。他自忖道:"吾所仇者,其家公也,何故杀其母子?"

土地被夺走之后,司某开始沿街叫卖豆乳酿酒,逐渐富裕起来。同时,李某却越来越贫困。十年之后,农夫司某用李某当年曾用过的同样办法又买回了那块土地的租佃权。他们签署了一份新契约。这一次,愤怒的李某也打算拿火把去烧司家的房屋。他听到司某的妻子正在分娩,扔掉了火把;但第二天农夫司某发现了火把,并在上面看到了李某的名字。司某认为这是上天的意旨,他拿了五千钱,去找李氏修好。两个男人喝了酒,并给孩子们定下了婚约。自此之后,两家一直"丰给"。(《南村辍耕录》卷一三:162—165页)

这个故事虚构的结尾正反映出郑胜一的经历是典型的。它代表性地说明了人们感觉中与土地的联系,即便是在他们已将田地典卖出去、离开了土地并失去了合法权利之后。同样,人们对夺取其土地的人,即使其夺取是合法的,也感到非常愤怒,这一点也很有代表性。很有典型意义的还有:即使是非常贫穷的佃户,甚至是那些贩夫走卒,也会签订契约以记录土地权的转让及其子女们的婚约。

二 类书里的契约样式

即使是乡下的穷人也经常性地使用契约,意味着确实需要一种标准文本，类书正满足了这种需求。有些类书显然是针对文人读者的，所列的条目都是面向少数人的：有的以较雅致的方式要求一份赤契（《新编通用启札截江网》，甲八），有的包括百余份根据父母职责需要的精心拟定的书信（《新编事文类聚翰墨全书》，丁七），有的按照不同事类编集了吟诗作赋时引用的经典词句（《古今合璧事类备要》，外集，卷二六：一页上—十四页上），也有的包括了可用于撰写法律判词的内容（《重刊书叙指南》卷一八：三六页上—三八页下）。

另一些类书则包括了更具实用性质的内容。1324年刊行的《新编事文类要启札青钱》就提供了许多契约样式，包括卖断和典卖土地的、雇佣男女仆人的以及买船、马或牛的。它也提供了向保人支付谷物或租金的承诺书、出卖山林的告示、禁止他人侵占某家墓地的通告、借钱和谷物的借据以及收养文书等文书的样式（《新编事文类要启札青钱》，外集，一一；《元代法律资料辑存》，1988：238—250页）。这些样式表明：自从吐鲁番和敦煌时代以来，日常生活中使用契约这一点基本没有变化。获得土地、仆隶、牲畜或商品，无论其时间长短不一，所处环境亦各不同，都依然都使用契约。这种类书里的契约与早期的契约有很大不同，我们从这份为卖断或典卖土地的样式中可以窥见一斑：

典卖田地契式

厶里厶都　姓厶。

右厶有梯己承分晚田若干段，总计几亩零几步，产钱若干贯文。一段座落厶都，土名厶处。东至[　]，西至[　]，南至[　]，北至[　]。系厶人耕种，每冬交米若干石。今为不济，差役重难，情愿[　]到厶人为牙，将上项四至内田段，立契尽底出卖（或云典）与厶里厶人为业。三面言议，断得时直价中统钞若干贯文，系是一色现钞，即非抑勒准折债负。其钞当已随契交领足契,更无别领。所卖(或云典)其田,的系梯己承分物业,即非瞒昧长幼,私下成交,于诸条制并无违碍等事。如有此色,且厶自用知当,合备别业填还,不涉买(或云典)主之事。从立契后,仰本主一任前去给佃管业(典云:约限三冬备元钞取赎。如未有钞取赎,依元管佃),永为己物。去后子孙更无执占收赎之理。所有上手朱契,一并缴联赴官印押。前件产钱仰就厶户下改割供输,应当差发。共约如前,凭此为用。谨契。

年　月　日
出业人　姓厶　号
知契　姓厶　号
牙人　姓厶　号
时见人　姓厶　号

(《元代法律资料辑存》,1988:238—239页)

可以相信,这种契约是要交税的。据其记载,地价当由买方、卖方和牙人三方商定,并给出各方的姓名和"号"——应当是官府用于界定其身份的号码。保人被称作"知契",也要签名画押。契约要排除因为四至不明而引发的诉讼。它试图堵塞那种通过强制手段获得钱财或榨取债务人田地的诉讼要求。它也承诺卖主对于用于出卖的土地拥有出卖的全权,买主可以买它,也明白这块地将成为他所有的恒产,他也将有义务交纳这块地的田赋。这种契约是经过审核程序的,而审核程序严格按官府要求进行的。这种契约样式是设计来树立一种国家标准的,按照这个标准,胜一反对万七的要求或其他类似的要求,就完全没有实现的余地了。敦煌习书中由学生们练习书法而抄录的契约,就没有给人留下同样的印象。那些敦煌的契约也许会因为书券人的失误而产生一些歧义,但它们简明扼要而且实用。这是一种官方希望的土地契约,但它实在是太长了些,不适于日常使用。稍晚的徽州契约虽然也都适当地盖了印并在官府税务部门作了登记,但并未包括这个样式所有的规定和附加条款。

其他类书也都具备《新编事文类要启札青钱》那样的样式性质。一部类书《事林广记》曾多次刊行并重印(森田宪司,1992)。其1330—1332年的版本(至顺本)在刑法目下即包括一部分内容,条列了对未能准确使用土地契约的惩罚(《事林广记》,别集,卷三)。它抄录了有关法律条文的具体规定,对于那些在规定时间内没有给予亲邻或典当土地的人行使拒绝购买或赎买之权以及买主未能获得官府准予出卖的适当证明(公据),均要笞若干(《元史》卷一〇三:2641—2642页;Ratchnevsky,1972:103—104页)。①

确实,只有官员或代写判词的胥吏才会使用这种类书。1699年日本重印的1325年本《事林广记》(至元本),更强化了我们对类书读者的印象。它警告说,有的契约在立契之前就盖好了官印,从而暗示有的契约所表示的交易从未发生,而有的所有权转让则从未在官府登记(卷七:二七页上)。它在建议它的读者如何定立契约时,也以同样的怀疑口气谈到平民百姓,并解释说:"细人之争讼,多由此"(因为遗嘱和契约中对田产四至说得不准确)(卷七:二八页上—二九页下)。作者并未说明这些人是什么样的人,但他罗列了他们有意歪曲契约的各种做法,当然也就暗示着他们与读者不同。有以地势不平、分一丘为两丘者,有并两丘为一丘者;有以屋基山地为田、有以田为屋基园地者;有改移街路水圳者。官中虽有经界图籍,然多坏烂不存。这些弊

---

① 1331年的法典《经世大典》在元代正史《元史》中作为刑法专条得以保存下来,Ratchnevsky已将它译成了英文(1937,1972,1977,1985)。

病层出不穷,所以它劝告读者只接受盖过印的遗嘱和契约。这一部分在最后总结说:"此小人之用心也。然遇官司清明,必正其罪矣。"这里的"小人",我们可以理解为"平民百姓";"清明之官",则可理解为这本书的"读者"。《事林广记》这种类书多次得以重印,正说明在元统治时期乃至其后,官府一直在为强化契约及尽可能减少契约纠纷而努力。

同一种类书的1330—1332年本,则可能是面向官衙之外的平民的,包括了一些撰拟不同类型的诉状的格式(《元代法律资料辑存》,1988:227—237页)。大部分是因为发生了某些导致不可能交纳平常的田赋或不能负担原有徭役的不幸事件——遭受了蝗灾或丧失了劳动力——而要求官府减少或宽免赋役负担的。这些诉状样式会报告调查所见到的情况及受灾的范围,希望引起官员及其幕僚的注意。但也有一些诉状是为了提出反对另一些人的诉告。有一种诉状样式要求向欠债人讨还钱款——他多次拒绝支付利息。另一种诉状样式则描述了此前挨打的冤屈。当时攻击者正在喝酒,而不是喝醉了酒,当受害人拒绝给他买更多的酒喝时,他用棍棒打了受害人。这些样式就包括了那些经常发生的事件之后要撰写的诉状。这本类书的同一个作者竟然在一章之下责骂平民百姓喜欢打官司,而在另一章中却又收录了很多打官司的诉告样式。尽管儒家学说中有许多关于自由解决纠纷的理想社会的美妙解说,但生活在元统治下的官员,却更能认识到日常生活中的诉讼是如此之多,所以非常希望其读者明白这些诉讼是怎样产生的。

三　元剧中的契约

没有其他资料能比在元统治下创作、并在其后几个世纪里一直表演的戏剧更生动地反映契约在日常生活中的重要性了。这些戏剧用时常夹杂着诙谐语的白话描述普通百姓的生活，也描述那些官员以及他们无能或没有兴趣仕宦的儿子们的生活。这些戏剧的语言非常生动活泼，可以感受到剧作家很喜欢使用突破一直居主导地位的文言文习惯的表达方式。试图准确地确定这些戏剧最初创作于何时，势必引发很大的困难。有一份1330年的资料——钟嗣成的《录鬼簿》，列出了100多种戏剧的剧目，但没有录出剧本。元刊杂剧的部分剧本与唱腔留存至今者只有30种，当时演员可能还需要临时准备场上的对白。两百多年后，1573—1619年间，出版了包括整个剧本的《元曲选》——这个版本为了迎合谙于世故的读者作了某些修改（Idema，1985：33页）。直到明朝末年，实际演出戏剧的基本情节可能均接近元曲的原本。

有三种元曲的情节是围绕着不太典型的契约而展开的，就像《威尼斯商人》中的夏洛克为了一磅肉那样让人难以置信。因为剧情完全根据非正统契约的兑现而展开的，所以，这三种元曲反映了观众们所熟悉的契约用语和逻辑。对契约一无所知的观众也许不会看这几种戏，但那些熟悉契约的观众一定会很有兴趣地听这些关于契约的故事：一个是立契时没有大声朗读契约，一个是无限期延迟分家的文书，一个是出卖孩子却未给出价格的契约。这些戏曲引人入胜之处正在于观众或读者可以观看或读到这些不同寻常的契约是怎样得到兑现的。

在戏曲《东堂老》里，契约是一条主线，但与习见的做法不同，自始至终未见大声朗读契约。在开场的楔子里，一位垂死的商人给了他的老友和邻居李氏一纸契约，李氏非常正直而且博学，人们都称他"东堂老子"。商人在已经准备好了的契约上画了字，并让名唤"扬州奴"的儿子也在背后画了字（仁井田陞，1937：352页）。他没有朗读契约。然后，商人把契约交给东堂老子，留下不知契约内容的儿子（还有观众）离开人世了。

父亲一去世，不成器的儿子就开始出卖他继承的东西。剧作家技法娴熟，他没有罗列每一宗交易让观众厌烦，只是表现了一宗卖房屋的详情。当扬州奴在茶房里缺钱用时，他决定出卖房屋。一个酒肉朋友给他提供了官府的交易凭证①，另一个则拟定了契约（《元曲选》：210 页）。扬州奴把房子卖给了李老子，而李老子给了他 250 锭现钱，余下的部分以后再给，徒劳无益地希望能约束扬州奴的花费。实际上，扬州奴把所得的钱都花在酒宴上，所以家道日衰。他的钱用尽了之后，当初的两个酒肉朋友也抛弃了他。最后，扬州奴住在破砖窑里，以卖菜度日。

李老子邀请众人参加他的寿宴，并要求扬州奴大声朗读他父亲留下的契约。观众希望在立契时就朗读，从戏剧一开始就等着：

> 今有扬州东关里牌楼巷住人赵国器，因为病重不起，有男扬州奴不肖，暗寄课银五百锭在老友李茂卿处，与男扬州奴困穷日使用。（《元曲选》：226 页）

这份不同寻常的契约并不是借贷给他的朋友（那是常见的），而是要他保存钱财以供独生子需要时使用。它也并不是一种委托另一个成年人照顾一个 30 岁的孤儿的标准委托书。虽然这份契约也依照标准格式，交代了提出这个要求的原因，而且有父子二人的画押为证。李老子说明他是如何处理这笔钱的。扬州奴每卖一次遗产，李老子就暗中把它买回来。这样，李老子给扬州奴买回了宅子、田地、油房、磨坊、解典库以及牲畜、奴婢、家具、琴棋书画等。这本戏以大

---

① 原文"起功局"中的"功局"，可能是手民之误，当作"公据"，意为"官府凭据"。

团圆结尾,当初的契约得以兑现,人们都赞美李老子保全钱财的美德。这个故事说明社会上普遍存在着契约的意识,即便是商人把钱财委托给他最信赖的朋友保管,也要订立契约。这个故事本身比起他们订立的契约来说,更难以置信。

另一本题为《合同文字》的戏剧则因其主要反映了一种非同寻常的契约而得名:那是一份农夫订立的、没有明确时间的未来分家文书。其最有趣味的地方也正在于观众非常想知道这个契约的规定(不管它多么地非正统)是如何实施的。①《合同文字》讲述了一个开封农夫带着妻儿在荒年逃荒的故事。他离家之前,与其兄长订立了一个契约,一式两份,声明他们尚未分割家产。当立契之时,兄长预言式地提示说,这可以作为两个兄弟见面时的凭证。下面就是他前一晚上拟定的契约文本:

> 东京西关义定坊住人刘天祥,弟刘天瑞,幼侄安住,则为六料不收,奉上司文书,分房减口,各处趁熟。有弟刘天瑞,自愿将妻带子,他乡趁熟。一应家私田产,不曾分另。
>
> 今立合同文书二纸,各收一纸为照。
>
> 立文书人　刘天祥
>
> 同亲弟　刘天瑞
>
> 见人　李社长。
>
> (《元曲选》,421页)

---

① 因为这个剧目在另一本有明确日期的包公戏《壶中鬼》中曾提到过,所以剧情的主要梗概当形成于1398年以前(Hayden,1978:118,179—181页;209页注释3;岩城秀夫,[1959] 1972:458—460页)。其早期的情节也被另撰写为短篇小说,今存有1498年版。这篇小说中两个兄弟的名字均与戏曲中相同,他们也订立了一个同样的契约,只是小说中没有契约的全文。

那位兄长大声朗读了合同,所以所有在场的人(还有观众)都知道了它的内容。然后,社长——其职责是管理约50户人家,地位则低于村长,在契约上画了字。表面看来,这份契约并无特别意义。确实,正当两兄弟要分家产时弟弟离开了家。可是,观众接受戏剧的前提:由于灾荒之年家产卖不出好价钱,所以更有理由等待更好的时机。这就是为什么这份契约比起普通农民起草的契约要复杂得多的原因,而且,我们在后面才了解到,兄弟俩都曾上过学。

弟弟一家辞别而去。他们走得很远,在一家山西客栈里,弟弟和他的妻子患病亡故。男孩长大后,店主人让他带着合同去寻找他的伯父伯娘。他的伯娘设计赚取了他的契约,然后痛打了他一顿,不认他这个侄子。她想让自己的女儿和女婿继承田产家业,但继承法规定她的侄子在其女儿之前有优先继承权,所以她不能承认这个侄子。侄子向当初见证立契的社长诉怨,社长领他去见包公——一个以历史上的文官形象塑造的人物,第四章曾提到过他。包公传唤伯父伯娘,他们都不认这个男孩是亲人。然后,包公及其衙吏就散布消息说,男孩已死在狱中。如果是亲人打死的,则只要罚铜纳赎即可;如果是陌生人杀了他,那就要偿命了。这时,伯娘承认男孩是她的侄子,而包公表示怀疑;她于是拿出了两份契约。然后,包公宣布男孩还活着,并重新获得了全部家产。当然,这是自从立契以后观众就一直期待着的结局。这本戏剧最让人高兴的就是看到包公强制兑现了契约。

在另一种杂剧《看钱奴》发挥重要作用的一份契约则遗漏了价格。它这样做是因为观众比剧中的主角更了解契约。戏剧一开场,一个泥水匠向泰山神君祈求钱财,泰山神君允诺给他一些钱财用,并告诉他钱财在哪里。泥水匠偷了一个秀才埋藏起来的祖传家产。穷困潦倒的秀才被迫把自己的儿子卖给泥水匠。中间人建议他们立一份契约:

> 立文书人周秀才,因为无钱使用,口食不敷,难以度日,情愿将自己亲儿某人,年几岁,卖与财主贾员外为儿。

到这里时,中间人打断了话,对使用"财主"的说法提出异议。然后,贾员外不理会他,继续口述契约余下的部分:

> 当日三面言定,价钱多少。立约之后,两家不许反悔。若有反悔之人,罚宝钞一千贯与不悔之人使用。恐后无凭,立此文书,永远为照。(《元曲选》,1593页)

这份契约包括常见的条款:解释为什么要卖子、卖给了谁以及悔约人付出的罚款(仁井田陞,1937:375页)。这本戏剧的元刊本是在演出时直接让秀才在契约上签字画押,男孩的父亲也没有得到恩养钱(《元刊杂剧》,103页)。因为没有给出契约文本,演员就必须充分了解契约用语以即兴发挥出适当的内容。

每一个听到这份契约的人都会立即指出其主要的疏漏:契约没有给出卖孩子的价钱。作为中人的账房先生一再劝说孩子的父母,说贾员外非常富有,一定会给他们适当的价钱,于是他们同意立契。男孩的父母亲见到贾员外之后,填上了男孩的名字或年龄。贾员外问:孩子的父母为什么还不离开?账房先生解释说,他们还在等着给他们钱。贾员外假装很吃惊,并说:如果他们想悔约的话,必须赔偿他1000贯宝钞。他们当然没有钱,于是就被迫把孩子卖给了他。

故事这样发展是利用了观众的轻信。在这样一个契约意识强烈、易起诉讼的社会里,有谁会签署一份遗漏了价钱的契约呢?这出戏剧的教育目的非常明确。孩子的父母傻乎乎地签署了契约,他们相信了贾员外。他们要求账房先生去交涉争取他们的利益,可是他为他们只拿到了两贯钱,远比期望的要少,因为这里的中间人几乎完全没有能力干预已签署的契约。失望,当然也非常悲伤的父母亲只有走了,而且只是在最后一折中,他们才又见到自己的儿子——那时,他已继承了贾员外的财富。当初泰山神君的预言——20年后要把财富归还,毫厘不爽。

这三出戏剧中的契约都不是元代社会中使用的典型契约。明本的编者在进行文学创作时,可以草拟这种不符合实际的契约,以推动剧情按照其设想发展。这几出戏剧之所以成功,就在于观众知道契约是怎样一回事;而在另外一些戏剧中,当他们只是偶然涉及契约时,比如涉及买房或放妻时,则会反映出一些更真实的实际情况。

在一出稍晚的戏剧《货郎旦》——以山东小贩习唱的一种唱腔命名——中,有两个收养情节,一个有契约,另一个未立契。一个男子在妻子死后,娶了一个妾;她与情夫密谋,要害死他及其全家。他们全家在洛河上搭乘的船倾覆了,孩子和他的奶母却未淹死。一个军营里的千户找了一个中间人去买那个男孩(Idema and West,1982:283—298页)。那个千户名叫"拈各",不是常见的名字,说明他不是汉人;姓完颜,则正是女真统治者家庭出身。奶母的处境使她不可能拒绝;实际上,作为保护人,她接受了"一个银子"的价钱。然后,中间人问一位唱货郎儿的老人能否写一纸文书,因为奶母、千户和中间人都不识字。他要求奶母口述契约的内容,于是她大声说道:

> (这孩儿)长安人氏,省衙西住坐。父亲李彦和,奶母张三姑,孩儿春郎,年方七岁,胸前一点朱砂记。情愿卖与拈各千户为儿。恐后无凭,立此文书为照。
> 立文书人　张三姑
> 写文书人　张憋古

(《元曲选》:1645、1650页)

比起上文那份前泥水匠与秀才之间的契约,这份契约相当简单。它既未说明要出卖男孩的原因或价格,也没有规定如果悔约将受的惩罚。虽然如此,它仍然是一份合理有效的契约。有一点它给人留下深刻印象——甚至是太深刻了,那就是它是由不识字的奶母口述的。唱货郎儿的写下了她口述的内容,千户与奶母画了押。然后,那个唱货郎儿的又收留了奶母,但他们并未订立另一份契约。在戏剧的末尾,男孩长大了,承袭了他养父的官职,并让他父亲的妾及其情夫受到了应有的惩罚。

为什么唱货郎儿的没有用契约收养那位奶母呢?婚约与收养女孩之间的界线一直不是很清楚,而剧作家往往会忽略婚约情况下的契约,甚至在很长时间以后才结婚的情况下也是如此。在关汉卿的《窦娥冤》中,一个寡妇把一个秀才的借钱文书还给了他,又给他10两银子作赴考的盘缠,并说他们成了亲戚了。据此,她获得了7岁窦娥的监护权,而窦娥长大后要嫁给她的儿子(《元曲选》:1499页;Liu Jung-en,1972:120—121页)。交换礼物使它成为一宗合法交易,其特殊之处只不过是没有到官府去登记。这种婚约符合唐宋法,它们承认交换聘礼是一种约定,但却不符合元代的法律,它要求必须到官府登记。《窦娥冤》里的做法说明蒙古统治者并未能成功地强制推行这一规定。

就像元曲中提到的放妻文书一样(《元曲选》:203、866—868、937页),成书于元末明初的小说《水浒传》也证实在社会下层也都知道放妻文书。它叙述了一帮108个绿林好汉的冒险故事,其中好几个好汉在离开家加入帮伙之前都休了自己的妻子(仁井田陞,1937:110—114页)。即使是那些仍然保留婚姻的人,谈起离婚来就像是家常便饭似的。卖炊饼小贩著名的妻子潘金莲捏造说她的小叔子调戏她,唆使丈夫赶他走。当她的丈夫问她弟弟的行为详情时,她回答说:"你还了我一纸休书来,你自留他便了。"(《水浒全传》卷二四:287页;Shapiro,1980:371页)在另一个事件中,屠夫石秀劝他的结拜兄弟、在当地官衙里做节级的杨雄要提防妻子的谋杀并休了她(《水浒全传》卷四六:581页;Shapiro,1980:743页)。这几个实例事实上都没有休妻——而代之以杀掉他们的妻子。

最详细的休妻情节发生在林冲身上——他受到一个高官之子的陷害,被发配到沧州(今河北沧县)。林冲当着岳父的面写了一纸休书,但没让其妻子知晓。喝酒时,他让人找个会写文书的来,买了一张纸——这两件事很快就办妥了,正说明酒馆里经常会发生写立契约的事。他口述了如下内容:

> 东京八十万禁军教头林冲,为因身犯重罪,断配沧州,去后存亡不保。有妻张氏年少,情愿立此休书,任从改嫁,永无争执。委是自行情愿,即非相逼。恐后无凭,立此文约为照。年月日。(《水浒全传》卷八:98页;Shapiro,1980:133页)

书契人一写完,林冲即抢过笔,画了押,打了手模。当他写休书时,其妻并不在场,也就是未与她商议。当他告诉她他已立下休书时,她的反应是她从未对不起他,为什么要休她呢?她的父亲和林冲都安慰她,说会准备充足的钱,让她不用再嫁。可是,当她见到休书时,还是突然大哭起来。当丈夫违反她的意愿决定休掉她时,妻子完全无能为力,这种场景的确让人伤心欲绝。

四　非汉文文献中的契约

　　这些主要面向说汉语的读者或观众的中文文学资料反映了中国社会各阶层对契约的使用。一些资料表明，不说汉语的其他人也很快采用了汉人的契约。我们已经看到一个非汉族的千户通过中间人拟定一份收养契约的事例。在一个到处都有职业书信人和识文解字的人可供雇用的环境里，即使不懂中文，像那些不识字的人那样，写立契约也没有任何困难。书契人既可以按照口述写下契约，就像收养那个落水男孩和林冲休妻时那样，也可以新起草一份契约。我们已注意到，无论哪种情况，他们都会大声朗读所写下的内容。

　　一组 8 份元代契约饶有趣味，因为它们都是由居住在东南沿海的主要港口福建泉州的阿拉伯人签押的。这些阿拉伯人组成了一个独立的社团，使用他们自己的习惯法，但在这种情况下，要遵从已成文的中国契约法。这 8 种契约抄件本是作为家族土地所有权的凭证附在《丁氏家谱》中的，1949 年后公开发表出来；这些原始文件的系年从 1336 年到 1367 年，记录了元代土地买卖的详细步骤（施一揆，1957：79—82 页；陈高华，1988：36—47）。①

　　第一件文书是一份半印勘合公据，就像 1300 年法规规定的那样。在收到当地里正、主首关于麻合抹（很可能是 Muhammed 的中文译写）及其父对财产拥有完全的所有权、并无他人"违碍"其出卖的报告之后，县衙颁发了这一公据。第二件文书，所署时间是 1336 年七月，是正式通报要出卖一块花园、一所亭台、一处房屋及坐落其上的树木

---

① 陈高华在文章中(1988:36)强有力地证明，这些文书在公布时顺序弄错了，在散发正式的"问账"之前，要先得到允许出卖的公据。因此，第一件与第二件、第五件与第六件文书应当颠倒过来。

以及另一处房屋基的"问账"。其出价是 150 锭中统钞。想买的人表示同意,叫"批价";不愿买的人表示拒绝,叫"批退"(Ratchnevsky,1978:104 页)。这份问账由麻合抹、他的母亲和官牙共同署名。这份文书的尾部是不愿购买这块田产的三个姑姑和一个叔叔的名字,反映出亲邻优先取舍权已扩大到非汉族群体中。第三件文书才是契约。在给出了四至位置之后,它解释说阿老丁——Aladdin——愿意以中统钞 60 锭购买这块地产,其价格仅及卖主出价的四成。契约声明:所卖物业确系麻合抹的财产,并非盗卖房亲叔伯之产,并无诸般违碍,此前也未将此地产典当给他人。这份契约还包括了一个标准条款,即:如果遇到上述情况,均由卖主而不是买主负责解决。买主同意缴纳这块地产当年的田赋——苗米二斗八升。在契约上签名的有卖主、他的母亲、找到买主的引进人、知见人以及代书人。作为通例,买主没有在契约上签字画押。这一组中的最后一份文书是麻合抹承认从阿老丁处收到六十锭中统钞的收据。这个收据是为了预防以后可能以未付款为由而提出的诉讼。

30 年之后,1366 年,阿老丁的孙子蒲阿友抽出一块山地去出卖。他经过与当年他祖父同样的程序,订立了契约,议定的价格是花银 90 两,连同当年的田赋,苗米一斗。这份契约所署日期为 1366 年八月,签署人是蒲阿友,但它肯定并未生效,因为有一份同样的契约署的日期是翌年二月。后一份文件把要卖的这块地产称作"荔枝园",并给出了新的南北地界。这块地一定比原先抽出出卖的地要小一些,因为其价钱少了 30 两,而田赋也只有原先的一半。

这份经过修改的契约,说明元朝官府能够监控这块土地的出卖,并确定其易手时田赋的额度。元代留存下来的契约实在太少了,不足以对人们究竟在多大程度上遵守法律有关土地买卖的规定得出某些可靠的结论,徽州与泉州的契约只能算是一些典型。因为担心受到驱逐,三代阿拉伯人——在泉州的外国人——可能比当地人更忠实地遵守中国的法律。确实有些人一直没有登记契约而在非法买卖土地,就像胜一从万七处赎回自家的田地时所做的那样。然而,除非发现有新的证据,从徽州与泉州契约中可以见出:在某些情况下,元朝官府成功地将田赋征收与土地买卖联系了起来。

两件居延残存下来的稀见契约反映了非汉族民众——这里是西夏人——使用汉文契约的蒙古文译本来记录其交易的情况。同时发现的共有17件蒙古文书,包括一部记述吉凶日子和如何医治马匹的小册子、几封致送礼物的信件、一封状告盗马贼的诉状以及两件借贷谷物的契约(Cleaves,1957:7页)。这些文书均由科兹洛夫(Piotr Kozlov)将军于1908年带到彼得堡。其中有一件契约得到公布,并由Francis Cleaves 译成英文:①

> 我说:"龙年四月初九日,我等逊屈立、逊亦失玛目、苏哥喀拉,为需用小麦,今从苏迭哥处借得麦三石五斗,以铁升斗量,并无利息。我等答允:将无条件地于同年七月十五日聚齐还清。若收麦人苏哥喀拉避不偿还,携其勒勒车和骆驼逃走,'内外不在',保人纳木不情愿无条件地代赔所借之数。"
>
> 这个手印是我逊屈立的。　　　　　　　　　　(押)
> 这个手印是我逊亦失玛目的。　　　　　　　　(押)
> 这个手印是我保人纳木不的。　　　　　　　　(押)
> 这个手印是我上都乌哥铁木儿。　　　　　　　(押)
> 证人:苏萨拉姆巴巴克。　　　　　　　　　　(押)

---

① 为了便于阅读,我将他的译文在文字表达上作了一些更合适的调整。译者注:这份文书似无中译本。译者勉强由英文译为中文,定有诸多不当,尚祈教正。

证人：张逊。 （押）

证人：苏德师。 （押）

(Cleaves，1957：24—25 页)

这份粮食借贷契约实际上是由汉文原本经过畏兀儿文本转化成蒙古文本的。这样一份蒙古文契约在西距吐鲁番 1000 多公里的额济纳湖畔发现，也就无须奇怪了。畏兀儿人进入吐鲁番若干年之后，畏兀儿语取代汉语成为当地的商业语言；当蒙古人进入这一地区时，也发生了同样的转变。这份契约仿照汉文契约，起首先叙日期，但它只给出了以生肖命名的年份，并没有给予出以年号表示的日期(Cleaves 将其定在 1368 年之前，那么，这份契约的系年就可能是 1304、1316、1328、1340 或 1352 年)。接着是借贷人的姓名(他们是兄弟或亲人)以及借贷的原因。与 9—10 世纪敦煌的民户向寺院借贷谷物契以及 1325 年敦煌的一份借钱契相同，这份借贷契也规定若按时偿还，则无须支付利息，说明借贷人对放贷人存在着某种形式的依附关系。

这里也有常见的限制性条款，即如果借贷人逃走了，"内外不在"，或者用更常见的表达方式，"如身东西不在"，那么，这里的表达也仍然是从汉语句式转化而来的。保证人的称谓，"baosin"，则显然是汉语"保人"的蒙古语音译。这份契约省略了"恐人无信，故立此契"之类必不可少的最后陈述，但在最后有每个人的签名和画押。画押看不清楚，但 Cleaves 认为可能是吐蕃字母。契约涉及的姓名说明，这是一个党项人借贷给另两个人，受益人为第四者，保人为第五者。第四个签名是一位名叫乌哥铁木儿的蒙古人，第二个证人是汉人。在这里，我们看到对汉语契约转化为非汉语的需求。这种契约非常方便，所以游牧族群会将其翻译过去并用来记录哪怕是像这宗粮食借贷一样很小的交易。

141

汉族以外的人们认识到契约对汉人的重要性,两种属于元代或1368年元朝灭亡之后不久的汉语课本中,就包括了很大一部分关于契约使用的内容。这两种课本——《老乞大》和《朴通事》,一直留存至今,用朝鲜文与汉语双语写就,但它们最初很可能是用蒙古文与汉语写的(Dudbridge,1970:60页;Dyer,1983:3—8页;Fang Chaoying,1969:258页;康实镇,1985:21—22页;承Ellen Widmer向我介绍这个线索)。1423年,朝鲜以这两本书的抄本为底本,予以雕版印刷;1480年再版,当时读者已抱怨他们不懂过时的汉语白话了。在17世纪这两种书又被译为蒙古文、满文和日文再次印刷之前,似乎一直使用。这两本书现存最早的版本是17世纪的,显然与其初始面貌有某些变化。有些地名作了改动,反映了明代中国的地理状况,而另一些地名则仍然保留着元代的旧貌(Dudbridge,1970:62页)。其18世纪的版本只是更改了个别句子和某些名词,而保留了行文的整体风格,说明虽然14世纪以来语言发生了一些变化,但契约仍一直基本相同。在明清时期,这两种课本还是有用的,一直使用着。

《朴通事》由一系列互不关联的对话情节组成,这些对话是设计来教给学生们使用其必须了解的短语的。本书曾引用《西游记》最早的版本,它也包括提出诉讼或告发偷盗行为、向职业代书手口述书信时所要说的话。它还给出了三种类型契约的全文:一种是租房的,一种是借钱的,一种是买孩子的(《朴通事》卷上:三四页上—三五页上;卷中:九页上—十一页上,三八页上—四十页上)。租房契与借钱契都规定,如果租借人欠债不还,房主或钱主有权没收欠债人的财产,其行文都简单易懂。那份买卖孩子的契约比元剧中所见者更详细具体一些。在这个课本里,买主解释说孩子的父母亲已经草就了文书,他想让一位职业书手检查一下是否合适:

大都某村住人钱小马，今将亲生孩儿小名唤神奴，年五岁无病。少人钱债，阙口少粮，不能养活，身为未便。随问到本都在城某坊住某官人处卖与，两言议定，恩养财礼钱五两，永远为主，养成驱使。如卖已后，神奴来历不明，远近亲戚闲杂人等往来竞争，卖主一面承当不词，不干买主之事。恐后无凭，故立此文为用。

某年月日。

卖儿人：钱小马。

同卖人：妻　何氏。

见人：某。

引进人：某。

(《朴通事》卷中：九页上—十一页上)

值得注意的是，这里使用了一个惯用的委婉说法"恩养钱"来指付给孩子父母的卖孩子的价钱，并明确说父母无力养活孩子。它也包括一个众所周知的条款，即由卖主而不是由买主负责解决以后围绕孩子而产生的纠纷。书手说所有细节均符合规定，并询问这个外国人还有没有别的问题。他还有问题："买人的文契只这的是，更待怎的？没保人中么？"书手解释说："买人的契保人只管一百日，要做甚么？五岁的小厮，急且那里走？"其他材料均未提到保人提供的担保只在一定时间内才有效，但看来实际上时间限定是常见的做法。

另一种课本《老乞大》记述了一群高丽贩马商人到中国做买卖的过程。陪伴他们的是一个"百事通"式的本地说话人，是在迄今仍使用的汉语课本中也非常熟悉的人物形象。它所使用的语言是老式的方言，但有些短语和句式却出奇的现代。这群商人遇到的每一个人都想知道他们在哪里、跟谁学的汉语。在去北京的路上,他们与总是想方设法欺骗他们的店主不断斗争,人们也总要求他们支付"实价"。他们遇到过一位好心的村长,他免费供给他们饭吃,还给了他们马料;他们也遇到过饥饿的农民,努力说服他分一些粥给他们吃。生意做完后,他们安排了一场丰盛的宴席。后来,他们有人生了病,请太医诊治;他开了一剂槟榔丸,说是可以帮助他康复。简言之,《老乞大》是1400年前后到中国做生意的旅行实用手册。

他们旅行的主要目的是去卖15匹马。他们遇见的一个店主建议他们不用中人即违法出卖马匹,他们礼貌地谢绝了他的提议(Dyer,1983:397页)。① 后来,一个店主将这些高丽人介绍给两位想买马的客商和一个"牙子"。在谈话时,买主列举了各种马——只有在意图尽可能全面地介绍、描述各种马匹的课本里,才会有这样的对话:

> 这好的歹的,都一发商量。这儿马、骟马、赤马、黄马、鹨色马、栗色马、黑鬃马、白马、黑马、锁罗青马、土黄马、绣脖马、破脸马、五明马、桃花马、青白马、豁鼻马、騍马、怀驹马、环眼马、劣马——这马牛行花搭步——又窜行的马、钝马、眼生马、撒蹶的马、前失的马、口硬马、口软马。
>
> 这些马里头,歹的十个:一个瞎,一个跛,一个蹄歪,一个磨砚,一个打破脊梁,一个热瘸,一个疥,三个瘦。只有五个好马。(Dyer,1983:408—411页)

作者成功地在一段话里包括了10种颜色、9种体格特征、6种独具特

---

① Dyer(1983)提供了这一原为中文的课本的英文全译本,并复制了其最可靠的奎章阁丛书本的封面页。我在核对原文之后,采用了她非常好的译文,只作了些微的改动。

色以及8种有缺陷的马！高丽人开价是140两银子——5个好马60两，10个劣马80两；对方的要价是100两。经过牙子居中调和，他们最后定为总计105两。旁边一群围观的人也都这样说，于是高丽人勉强接受了这个价格。

双方都认可了价格之后，牙子说他可以就所有马匹写一个总契。可是买主要求每匹马各写一份契约："总写时，怎么转卖与人？"在他将这些马贩到山东出卖之前，要必须有证据证明每一匹马都是正当买来的。那些牵着牲口要转卖的人有充分理由交纳契税，因为如果没有当初的买卖证明，他很难转卖这些牲畜。然后，牙人就问谁是各匹马的主儿，是家生的还是本来就是买来的？这种区别让我们回想起《唐律》有关出卖奴婢与牲畜的规定：如果奴婢或牲畜原是买来的，卖主必须提供原来的契约；但是，就像敦煌变文中慧远提醒那个绑匪的那样，卖主只要能证明那个奴婢或牲畜是家生的，也是可以的。

之后，牙子写了一个契，他大声地宣读，因为这涉及交易各方的利益：

> 辽东城里住人王某，今为要钱使用，遂将自己元买赤色骒马一匹，年五岁，左腿上有印记，凭京城牙家羊市角头街北住张三作中人，卖与山东济南府客人李五，永远为主。两言议定，时值价钱白银十二两。其银，立契之日一并交足，外没欠少。如马好歹，买主自见。如马来历不明，卖主一面承当。成交已后，各不许番悔。如先悔的，罚官银五两，与不悔之人使用，无词。恐后无凭，故立此文契为用者。
>
> 某年月日。
>
> 立契人：王某　　　　　　　　　　　　　　（押）

牙人：张某　　　　　　　　　　　　　　　　　　（押）

（Dyer，1983：408—411 页）

　　这份契约是迄今为止我们所讨论的所有契约的直接延续。其"远祖"是 367 年吐鲁番的换驼契，它包括先悔者罚毯 10 张的规定；"近亲"则是 822 年敦煌的卖牛契，它给出了卖牛的原因，指明在交易当日要付清全部价款，并要求卖主负责随后可能发生的所有权纠纷。《老乞大》中的契约也禁止任何一方悔约，规定对悔约者予以惩罚，并写明了立契的理由。价钱是先商定好的，对悔约者给予的罚款也是商定的。这份 14 世纪的契约没有包括《唐律》原先规定的要等三日再生效的内容，可能是因为这种规定难以实行。我们在上一章中已看到，佚名的《作邑自箴》作者已认识到三天的检验期非常危险。他提醒州县官员说，乡民仅据口头协议即可交换牲畜。如果某一头牲畜生了疾病，在随后发生的纠纷中并无契约可作调处之用。更好的办法是在立契同时即将牲畜易手，而无需检验期，就像《老乞大》中的买卖双方所做的那样。

　　外国人贫乏的汉语能力并未妨碍他们写立契约，因为牙人会为他们草拟的——通常是为了他自己的例钱。契约既已立定，就必然要算税费的问题了。一位熟悉汉语的高丽人同伴解释说，应当是买主管交税，卖主管交牙钱。高丽人自己计算，一百零五两的买卖，应该给牙子三两一钱五分牙税钱，也就是 3%，与 1271 年编纂的《元典章》规定的 2%法定牙税率不符。当高丽人问起契税怎样交纳时，牙子提议说马上就去缴，很快即可拿了收据回来，但他并未说明要交纳的税额。如果没有收据，买卖将是无效的。如果《老乞大》中描述的情节属实，那么，看来官府成功地将交纳契税这一步骤放进了正常的卖马程序中。当然，曾经有一个店主提议逃税，但从买主坚持每一匹马要分别立契这一点看,中国人以及外国人都很注意遵守法律。

这份课本里的契约省略了一条唐代契约中常见的条款,它没有再给买主三天的宽限以便发现马匹可能存在的某些缺陷,却声明如果马匹生病的话,由买主自己负责。我们还记得宋代《作邑自箴》的作者曾抱怨许多官司是由于当地乡民在三日检验期之后才立契,这样,如果有的牲口在三天内生病的话,就没有任何凭据了。新的契约格式要简单一些,也减少了诉讼的可能性。

《老乞大》是十分详尽的课本,虽然它并未着力解决如果买主发现马有疾病该怎么办这样的问题。牙子从税官处拿着盖过印的契约刚回来,买主就发现有一匹马在流鼻涕。牙子的回答是大声宣读了那条"如马好歹,买主自见"的条款,并说:"官凭印信,私凭要约。"(Dyer,1983:422—423页)他教卖主扯了那个马契,再要五两银子作为赔偿。买主付了五两悔约罚款,从高丽卖主处要回了八两马价,向牙子讨回了一钱二分牙钱(每匹马的牙钱是二钱四分)。钱数并不甚吻合,那匹马原价八两银子吗?习惯上只能讨回原来佣金的一半吗?《老乞大》没有解释。这本书的末尾是高丽人辞别他们的汉人伙伴,满载着贩卖的货物和书回到高丽去了。

在《老乞大》涉及的所有主题中,最重要的是有关卖马立契的场景。毕竟,对于外国商人来说,这是最有用的实用汉语,也是他们要在中国做生意必须了解的汉语词汇。

元代的史料进一步证明当时无论是汉人还是汉人以外的族群,都经常性地使用各种类型的契约。自从唐代以来,契约的使用即普遍了吗?现有的史料不足以支撑我们提出一个准确的数字,以说明究竟有多大比例的人口使用契约,但宋元时期市场经济的发展必然会促使人们比吐鲁番或敦煌时代更广泛地使用契约。在蒙古人统治下,比起唐代或宋代来,政府官员更成功地介入到买卖过程中:徽州、泉州留存下来的契约以及文学资料中的契约,都说明元统治者事实上在征收契税方面很成功。总之,在蒙古人统治时期,契约的语言与理念均已深深地渗透到中国人生活之中,而且,正如本书第二部分将要论证的那样,它在冥世也有着同样的意义。

第二部分
冥世契约

第六章　买地券

还有一种契约，不同于本书第一部分描述的各种契约。这些契约埋在坟墓里，其内容是向神明而不是向人购买墓地。通常称之为"买地券"，其字面意思就是"买地的契约"。虽然它们保留了很多人世间实用土地契约的特征，但某些迹象却显著地表明它们是阴间使用的契约。它们被用于解除一种在中国很古老的危险：人们掘地造墓，会冒侵占属于神明的土地之险。它们也用于预防阴间无休止的漫长诉讼，对此，我们将在第七章中展开讨论。公元1世纪到20世纪，买地券一直使用着，其中大多数是10—14世纪的。①

看一下"附录一"所示大部分买地券的清单，就可以发现，其中多数是属于宋、金、元三朝的，此前与此后者都没有这一时期的多。② 这个清单对买地券的时空分布提供了一个大致印象。首先，使用耐久材料的买地券容易得以列入，所以这个清单并不公正。其次，这个清单只列举了考古文献已经报告的买地券，而不是全部已经发掘的买地

---

① University of Würzburg 汉学系的 Ina Asim 于 1993 年发表了一篇讨论宋代买地券的论文，其中她翻译并解释了涉及到的许多术语。1994 年，她在一部研究中国墓葬文化的英文著作中，概要地叙述了她的研究结论——这部著作是在 University of Würzburg 的 Dieter Kuhn 领导下的研究群体编集的。Kuhn 首先于 1991 年阐述了这一研究计划。
② "附录一"给出了已知买地券的时间、地点与资料出版。在我收集的样本中，江西买地券特别多，这是因为陈柏泉于 1991 年公布了 40 种江西买地券，Ina Asim 又翻译了其中的大部分(1993,1994)。其他省份的买地券则均未编集。

券。Asim(1994:317—318页)曾谈到:"在四川,我曾请教考古学家,宋代墓葬中发现地券的几率究竟有多大。回答非常让人惊讶:几乎每一座发掘的宋元明墓葬中都有地券。但只有少数未受损坏、刻写文字清晰易读的,才被记录下来并归入档案。其余的都扔掉了。"在10—14世纪,买地券的使用也许相当普遍,但也并非所有人都使用。1963年,山西太原共发掘了59座宋墓,据报道,只有1座墓中包括了买地券(解希恭,1963:250—258页)。在宋代,火葬也是普遍的丧葬形式(Ebrey,1990),而且与骨灰埋葬在一起的买地券确实非常之少。①

可是,同时代的观察者却确认当时普遍使用买地券。最早记录买地券的一位文人陶榖(903—970年)在他的笔记中有关葬俗的部分里,以"土筵席"为目,写下了这样的内容:

> 葬家听术士说,例用朱书铁券,若人家契帖,标四界及主名,意谓亡者居室之执守。不知争地者谁耶?庵墓前凳石,若砖表之,面方,长高不登三尺,号曰"券台"。贫无力,则每祭祀以藉尊俎,谓之"土筵"(《清异录》卷二:六四页上)。

陶榖在讨论民俗时,通常采取一种置身事外的、略带讽刺的文人姿态,但他的评论说明,买地券和现世契约一样,包括墓地的四至和田主的姓名。他提出了一个十分重要的问题,但并没有给出答案:是谁、在什么样的法庭上争夺既定墓地的所有权呢?

陶榖的记载,为我们了解买地券的花费情况提供了全面的信息。他解释说:家境好的人家用朱书铁券,而穷人家则用草席与木板,因为他们用不起铁券。由于草、木均不能持久保存,所以穷人的墓很少留

---

① 1186年,一个赵宋宗室的妾是火葬的,她的骨灰连同买地券埋在一起。

下来。人们也使用别的材料。用于制作买地券的最便宜的材料之一当是纸;在较软的砖上刻字或用毛笔写在木板上,花费要多一些;而在铁板上或石头上刻字更要贵一些。

如果我们相信一份 13 世纪的记载,那么,买地券一直持续使用着,而且梓木成为最普遍使用的材料。宋朝灭亡以后,周密写道:

> 今人造墓,必用买地券,以梓木为之,朱书云:"用钱九万九千九百九十九文,买到某地若干",云云。此村巫风俗如此,殊为可笑。(《癸辛杂识》"别集",卷下:七页上、下)

周密用 12 世纪的术语指称这种契约:买地券。虽然这个术语沿用了契约的老式称谓,"券",而未用晚唐以后主要使用的"契",但它并未将墓地契约与现世契约区分开来。买地券非常严格地仿照现世契约的格式,给出了买主的姓名,而很少给出卖主的姓名,写明出卖土地的位置与所在区域、价格以及出卖的条件。周密正确地注意到九万九千九百九十九这个数字,很多买地券都用同样的数字。"三"是阳数,它可以抵消阴间的"阴气";"九"的力量更大,所以,"九万九千九百九十九"就是一个更有力量的数字了。同时,"九"还是"久"的谐音字。

在照例表达了某些怀疑甚至是嘲笑之后,周密在他有关买地券的条目下总结说:"此唐哀宗之时,然则此事由来久矣。"(《癸辛杂识》"别集"卷下:七页上、下)在中国历史上,宋代的文人们最早开始关注考古学。他们知道买地券有很长的历史,但直到近代,学者们才弄清可信的买地券最早出现在公元 1 世纪。

一　最早的买地券

在公元1—2世纪的早期例证中,买地券与现世实用契约之间的差别,有时仅仅表现在 Terry Kleeman(1984:3页)所谓的"尸身"条款上,这些条款特别规定此前埋在这块地里的尸身要作为奴或婢,服侍新埋葬的殁亡人。可是,很多早期买地券并不包括这一条款,所以要确定其性质非常困难。后世的买地券则很容易与现世实用契约区分开来,因为要么它的见证人是神,或邻人是神,要么支付的地价(九万九千九百九十九贯)根本无法理解为字面上的数量。

早在公元1世纪,王充(27—97年)在描述一种安抚因修建房屋而受到打扰的土神的祭祀活动时,就谈到中国人相信地表以下的土地属土神所有。虽然他并未提及买地券,但他的描述提供了一个可靠的证据,证明人们相信是土神掌控着地下的世界:

> 世间缮治宅舍,凿地掘土。功成作毕,解谢土神,名曰"解土"。为土偶人以像鬼形,令巫祝延以解土神。已祭之后,心快意喜,谓鬼神解谢,殃祸除去。
>
> 如讨论之,乃虚妄也。何以验之?夫土地犹人之体也,普天之下,皆为一体,头足相去,以万里数。人民居土上,犹蚤虱著人身也;蚤虱食人、贼人肌肤,犹人凿地、贼地之体也。蚤虱内知有欲解人之心,相与聚会,解谢于所食之肉旁,人能知之乎?夫人不能知蚤虱之音,犹地不能晓人民之言也。(《论衡》卷二五:六页下—七页上;Forke,1908:144—145页;Stein,1979:74页)

这段言论,特别是它将蚤虱与人画等号,恰如其分地反映了王充破除偶像崇拜的思想。其意义倒并不在于他的怀疑——这种怀疑论,后人很少予以关注,而在于他让我们了解了他同时代人的信仰。他们觉得,掘地会引发某种危险,只有先进行祭祀才能预防这种危险。

掘墓一定也会引起与造宅同样的危险,所以,从公元1世纪起,人们开始将买地券埋在坟墓里。专家们对何者为最早的买地券、何者为赝伪以及某一种地券究竟是现世实用的契约还是冥世使用的契约而争论不休,但看来可信为最早的冥世契约当是山西忻州所发现的公元82年的买地券(方诗铭,1973;Kleeman,1984;李寿冈,1978;Seidel,1987)。①

> 建初六年十一月十六日乙酉,武孟子男靡婴买马熙宜、朱大弟少卿冢田。南广九十四步,西长六十八步,北广六十五,东长七十九步,为田廿三亩奇百六十四步。直钱十万二千。东陈田比介,北、西、南朱少比介。
>
> 时知券约赵满、何非,沽酒各半。

这里有所有土地契约的实质性条款:日期、买主的姓名、土地类型、四至、价格以及邻人与证人的姓名。总价钱的数目也不同寻常,九万九千再加上三千,是特别吉利的数字。价格也正是它当是冥世契约的主要证据,因为这个价钱不是付的真钱,而是仿制的假钱——只用花其面值的一小部分就可以买到,然后把它埋到地下,当作是送给神祇了。只是迄今尚未在任何汉墓中发现这样的假钱。

在此前的150年中,大多数墓券文都表现为上天的通告——用

---

① 本章涉及的所有买地券的资料来源,均见"附录一"这一年的买地券条目下。

Anna Seidel 的说法,即由上天通告地下神祇某人已亡故。这里的上天,就是最高的神,通常是"黄帝"或"天帝"。人们认为,天帝负责保存生人与亡人的户籍(Seidel,1987:30—32 页)。因此,他知道某人离开阳世前往阴间的准确时间。这种通告采用皇帝"敕"的格式,通常由天帝的使者传送给下级的官员,包括丘丞、墓伯和地下二千石。"二千石"官每年的薪给是谷物 2000 石,在现实世界中一般担任郡守。"丞"则是地方官的副手。虽然它摹仿现实世界的官称,但阴间的官僚体系并非完全是汉代官僚体系的翻版——"伯"就不是官称,而是一种贵族封号,而且其存在的时间也是公元前 221 年以前中国尚未统一时,到了汉代,早已不用了(Hucker,1985:205、13、387 页)。

据 Seidel(1987)和 Kleeman(1984)考证,到公元 2 世纪末,随葬文书的性质发生了变化。天帝通告逐渐不再使用了,取代它的就是买地券,其内容是某人向地祇购买土地。可以明确定为买地券的最早的墓券是公元 161 年和 168 年的。161 年的买地券以九万九千钱的价格、去"买"(它用了这个动词)得一块墓地,而 168 年的买地券则把卖地的神祇称作"山公"。

二 组织性道教的兴起

是由于宗教原因导致了从天帝通告向买地券的转变吗? Seidel 认为,墓中的通告文,提供了认识公元 2 世纪末有组织的道教兴起之前中国本土信仰的基本证据。如果我们同意这一认识,那么,这里的答案就是肯定的。在此之前,学者们还不能确定是哪些因素构成了道教,或者是否存在某种形式有组织的道团。著名的道教经典《道德经》与《庄子》虽然可以证明人们相信长生之道以及养生可以延长人的生命,但它们并不能确切地说明存在着道教信徒的组织。除了知道有一些人以个人身份培育其弟子之外,我们对道教没有更多了解。

道教教派是在公元 2 世纪后期的两场宗教运动中形成的,那就是由张道陵领导、在四川活动的天师道,和 184 年左右在滨海地区形成的太平道。这些反叛性的、组织起来的教派,均奉老子为太上老君,并把通常认为是老子所作的《道德经》奉为"经"(Seidel,1989—1990:237—238 页)。道教教团之初立可推溯至 142 年,据说,这一年老子向张道陵显了灵。张道陵托言老子以帝师的身份,与他立了一个誓约(Seidel,1983:315、347 页)。按照当时的习俗,老子与张道陵刑白马为誓,书盟誓于铁符之上。一种 5 世纪的文献首次(也只有一次)记载了这个誓约,它可能是人与神之间最生动的盟约之一。这个盟约包括承诺道民只祭祀道教诸神而不祭祀其他神祇,以及承诺道教师父既不得血祭也不能因提供宗教服务而收取报酬。作为回报,神明将保佑其信众健康长寿(Seidel,1983:311—315 页;《三天内解经》卷一:五页下—六页上)。从此,道教努力将自己区别于原始的中国本土宗教,而这种努力只是取得了部分成功(Stein,1979)。不同的道教派别对造墓掘土提供了不同的解决方法,包括使用各种格式的墓券文。可是,我们将看到,并非每一个人都使用得到推荐的文本。

三 掘地之险

并非只有道教信徒承认掘地会引发危险。一位官至太子洗马、名叫江统的大臣写了一封劝谏太子的上书,劝太子过一种更合乎道德的生活,不要流连在园囿美宅之所,应禁止在宫殿区市卖"葵菜、蓝子、鸡、面之属"(《晋书》卷五六:1535—1537 页)。上书的最后一条涉及禁止所有掘土活动的禁土令:

> 臣闻：土者，民之主用，播殖筑室，营都建邑，皆有明制，著在经典，而无禁忌犯害之文。惟末俗小巫，乃有言：巫书乃禁入地三尺；有四时方面，不皆禁也。
>
> 窃见禁土令："不得缮治坛垣、动移屋瓦。"臣等以为此违典义，不可为永制。（《太平御览》卷七三五：五页下）①

江统没有说明那种禁止掘地三尺的"巫书"的名称是什么，但将其贬斥为"末俗小巫"之言。即便是这些小巫，也没有像官府那样，要求禁止所有掘土的活动；他们允许在某些时辰内掘土，而晋朝的禁土令却禁止任何时候掘土入地。

公元4世纪时活动在今南京附近地区的一个道教派别，对造墓动土所冒的危险提出了自己的解决方法。499年，陶弘景在所著《真诰》中转录了一组最初成文于364—370年间的口诀（Seidel，1989—1990：239页；Strickmann，1981）。真人杨羲建议：如依行如下之法，即可将掘墓所生之凶险转化为吉运：

> 侯王之冢，招摇欲隐，起九尺，以石方圆三尺，题其文，埋之土三尺也。
>
> 天帝告土下冢中王气五方诸神赵公明等：某国公侯，甲乙年如千岁生。值清真之气，死归神宫，翳身冥乡。潜宁冲虚，辟斥诸禁，不得妄为害气。当令子孙昌炽，文咏九功，武

---

① 这份上书在官修正史《晋书》中有不同的文本（《晋书》卷五六：1537页）。这段文字特别难懂，而且很可能有错乱。我发现Peter Nickerson的释读很有帮助（私人交谈，1992年2月）。他正在University of California at Berkeley撰写有关这些文献及其与现实官僚系统之间关系的学位论文。

备七德,世世贵王,与天地无穷。一如土下九天律令。①

这段文字虚张声势,但其总的意旨还是非常清楚的:天帝向地祇墓煞通告某人已亡,警告他们不得滋扰他,或使其子孙后裔受到伤害。他说明了亡人的姓名、居地与年龄,以免与其他人混淆。这个文本采用的是上天通告的形式,而不是买地券。造墓需要深掘入地,而这份告地策却只允许掘土三尺——茅山派道士赞同大臣江统所谓地祇之权始于地下三尺的说法吗?他们没有明确这么说,但他们同意江统所说无名"小巫"的看法:地下三尺之内的土壤属于生人,人们可以自由使用。如果他们掘得更深,以便造墓,就必须取得地祇的许可。按照茅山道士的说法,墓穴须深入土中,而这份给地祇的通告则是恰好埋在生人权限结止、地祇权力开始的"地下三尺"之处。

河南省扶沟县出土的一份8世纪的墓券,事实上就是根据这份茅山派道教文献的复本(Stein,1979:72页注67)。在较晚的样式和实用墓券中,道教徒一直在使用上天通告的形式(湖南资兴所出一种506年与两种520年的墓券)。令人感到奇怪的是,从墓葬中出土的采用道教格式的墓券却又相当少。也许,没有很多人按照道教的样式撰写墓券吧。也必须承认有这样的可能性,即道教在《真诰》中没有指示人们在地下埋藏石碑以代替将写有墓券内容的纸张烧掉,虽然在纸张缺乏的时代,这种可能性似乎较少。在20世纪的道教徒中间,化纸仍然是一种普遍接受的交流方式;在台湾,迄今仍将购买墓地的两份契约烧掉:给神祇的那份在葬礼的第一天化,给亡人的那份在葬礼最后一天化(Schipper,1974;1989:32页)。

东汉灭亡以后的数个世纪中,人们很少再使用告地策向地祇通报

---

① 我采用了Kleeman(1984:24—25页)对《真诰》原文很好的翻译,只是作了一些修改。

家庭成员之殁亡,而更多地使用买地券向地祇购买土地。考虑到卖地的神祇处于相对高的地位上,就像现世实用契约中的有钱人那样,在许多情况下,没有给出神的名字。给出神名的买地券则展示了丰富的区域多样性,从而使得不同地区的人们从不同的神那里买地,最常见的是"地主"或"土公",有时则是被认为治理冥世的神仙,比如西王母、东王公。

一种唐人笔记中记载的奇闻轶事证实,地表以下的土地确实属于各种不同的神祇所有。727年,一位翰林学士请假回乡安葬其妻子,他向一位当地人请教有关事宜,后者引用一位黄州(今湖北黄冈)僧人的说法:

> 平地之下一丈二尺为土界,又一丈二尺为水界,各有龙守之。土龙六年而一暴,水龙十二年而一暴,当其隧者,神道不安。故深二丈四尺之下,可设窀穸。墓之四维谓为折壁,欲下阔而上敛……铸铁为牛豕之状,可以御二龙。(《大唐新语》卷一三:195页;徐苹芳,1963:93页)

一丈约为三米,二丈就有六米,似乎许多人都不可能像那位僧人建议的那样,将墓掘到理想的深度。1022年,翰林院讨论帝陵应当有多深,他们提出了几种可能:90尺、81尺或200尺。他们无法确定冥界究竟从何处开始,但一致同意不应超过140尺(《宋会要辑稿》"礼"二九之二四:上、下;徐苹芳,1963:98页)。

中国各地区的居民可能都会同意,他们必须向地祇购买墓地,但他们对卖地给他们的神祇的身份却意见不一。他们也不都赞同使用同一种买地券文本。确实,绝大部分买地券都包含着同样的要素:价格、方位与四至、新占有者的身份,也许会有买主的姓名。有时候,从同一时期的墓葬中出土有几乎完全相同的买地券(广西所出 487、519年的买地券;湖南资兴所出 506 年与两件 502 年的买地券)。但还是有一些买地券的表述语言很不相同。河北涿县所出 814 年买地券即为一例,它直接用第二人称称呼亡人的魂灵:"如有忏悋,打你九千,使你作奴婢。"在正式汉人买地券的表述语言中,通常用第三人称;这一种买地券与之迥异,令人颇感奇怪(Gernet,1957:326 页注 3)。

四 最常见的买地券

大多数买地券在表述语言与意图方面都表现出惊人的趋同性。在已出土的 54 种买地券中(见地图 1),现存最早的纸质文本是从新疆阿斯塔那一座 769 年的墓中发现的,它充分地表现了买地券文本的这种一致性。墓中所出的另一份文书可以确定死者就是游击将军张无价。这座墓葬所出资料尚未全部公布,但初步报告已揭示出一件特殊的葬具:一具 2.3 米长的纸棺——其骨架用细木杆扎成,糊制的废纸是两个驿馆的马料收支账单纸,外表涂了红。① 这些纸质物品之所以得以保留下来,仅仅有赖于吐鲁番地区特别干燥的气候。死者平躺在苇席上,上面再罩以纸棺(新疆维吾尔自治区博物馆,1975b:12—13页)。正如陶毂所指出的那样,使用草席反映出死者很贫穷;实际上,张将军的女儿不得不请求朝廷支付其父亲的丧葬费用(《吐鲁番出土文书》第十册:8—9 页)。

一种 12 世纪的笔记,记载了唐代任职官员使用买地券的情况。一条系于 1255 年下的记事报道说:在曲阳县(河北),盗墓贼发掘了一座墓,得银百余星、一砚、一镜,以及由唐朝最后一个皇帝(904—907 年

---

① 这些文书整理之后,作为《吐鲁番出土文书》第十册公开发表。

在位)颁赐的铁券。券文云:"敕葬忠臣王处存,赐钱九万九千九百九十九贯九百九十九文。"(《续夷坚志》卷三:61页)王处存曾参与平定黄巢之役,年六十五卒,赠太子太师(《新唐书》卷一八六:5418—5419页;《旧唐书》卷一八二:4699—4670页)。这条记载证实了宋元士人热衷于金石考古(周密也把这条资料收录在他的笔记里),但它并未引录王处存买地券的全文。

唐代开始给殁亡官员赠送丧葬费用,并使用买地券。有三种出土的买地券——两种出自安徽(分别是946、953年),一种出自四川(955年),其内容与张无价买地契相同,说明五代时期一些地方割据政权的统治者仍继续奉行这种做法。宋朝于960年重新统一之后,也采用了这种做法。《宋史》摘录了1068年之前有关朝廷支付高品级官员丧葬费用的某些具体规定:

> 勋戚大臣薨卒,多命诏葬。遣中使监护,官给其费,以表一时之恩。
>
> 凡凶仪,皆有买道、方相、引魂车、香、盖、纸钱、鹅毛、影舆锦绣虚车,大舆、铭旌;仪棺、行幕各一,挽歌十六。其明器、床帐、衣舆、结彩床皆不定数。坟所有石羊虎、望柱各二,三品以上加石人二人。入坟有当圹、当野、祖思、祖明、地轴、十二时神、志石、券石、铁券各一。
>
> 殡前一日,对灵柩;及至坟所下事时,皆设敕祭,监葬官行礼。(《宋史》卷一二四:2909—2910页)①

要弄清这里提到的各项物事的具体含义以及使用它的原因,是非常困

---

① 虽然《宋史》引《宋会要》作为此条规定的来源,但今本《宋会要辑稿》并未见有这段文字。

难的,因为每项物事都必须回顾墓葬的发掘情况及丧葬书才能弄明白。尽管如此,这条记载仍然提供了一份非常珍贵的、11世纪厚葬所要求的丧葬用品清单。葬礼期间,由一辆上覆伞盖的车拖着棺木去墓地,神道两侧立有石雕动物,可能也有石人。写着故亡官员姓名的布幡迎风招展。香烟缭绕,焚化的纸钱四处纷飞。要立起丧葬用的仪帐,还要有16个专门唱挽歌的人。埋进墓中的有供死者身后使用的衣服、家具、守护俑、一组表示岁月的十二生肖俑(鸡、犬、龙等),以及主要记载亡人官品的墓志和两种墓券。这个规定未解释何以必须用两种墓券或者墓券上写什么。1068年后,这个详细的清单可能不再使用了,有关章程主要着眼于允许使用更多的"挽歌",并限制棺椁的种类,但现存文献中未再提及关于墓券的新规定。

1068年之后,官员墓中仍当继续埋藏券石。南宋时期非常重要而著名的官员、位至太师(在宋代,其地位相当于宰相)的周必大卒于1204年,其墓中就有一方券石。当他于79岁高龄亡故时,谥文忠,宁宗皇帝亲自"篆其墓碑"之碑首(《宋史》卷三九一:11971—11972页)。周必大的文集有五卷附录,收录了他葬礼的有关文书,包括祭文、行状、神道碑和谥诰(周必大:《周益国文忠公文集》附录卷一至五),其中并未提及墓券。因为周必大是宋代文献记载最为完备的官员之一,这种缺失很让人遗憾。如果他自己的文集中未提及墓券,其他人当然也就不会提及。要证明某座墓中是否包含墓券,唯一的办法当然是发掘那座墓葬;然而,迄今为止,只有很少的官员墓葬得到发掘。种种证据表明,与太师周必大一样,宋代官员都按照正式规章规定的那样,在自己的墓中埋有券石——尽管这些做法并未在历史文献中留下记载。

有宋一代,一直到元明清时期,有一种丧葬文书反复出现。它与阿斯塔那所出769年游击将军张无价买阴地契相同。在11世纪,这个文本使用了8次,其使用地点则散布在江西、江苏、河南、河北及四川各地。

时间最近的实例是19世纪的。在我所见到的54件这种文本的实例中，有的稍微简短一些，有的则增加了某些修饰语。这种买地券文本说：

> 某年月日，具官封、姓名，以某年月日殁故。龟筮协从，相地袭吉，宜于某州某县某乡某原安厝宅兆。谨用钱九万九千九百九十九贯文，兼五彩信币，买地一段，东西若干步，南北若干步。东至青龙，西至白虎，南至朱雀，北至玄武。内方勾陈，分掌四域；丘丞墓伯，封部界畔；道路将军，齐整阡陌。千秋万岁，永无殃咎。若辄干犯诃禁者，将军亭长，收付河伯。合以牲牢酒饭，百味香新，共为信契。财地交相分付，工匠修营安厝。已后永保休吉。知见人：岁月主。保人：今日直符。故气邪精，不得忏怆。先有居者，永避万里。若违此约，地府主吏自当其祸。主人内外存亡，悉皆安吉。急急如五帝使者女青律令。（《地理新书》卷一四：十三页上）

与《地理新书》的样式一致的买地券

时间	地点(省、县)	材料	随葬器物	亡人的社会身份
769	新疆，阿斯塔那	纸	一具2.3米长的纸棺（已扰乱）	游击将军
946	安徽，合肥	木	19件陶瓷器，6件银器，1面铜镜，19件木俑，6件金银发饰	品官之家的妇女
953	安徽，合肥	木	漆器与陶器碎片，1面铜镜，4个瓷碗	
955	四川，彭山	石	石棺1具，5件广口陶瓶，10件土偶，1件陶狗，1面铜镜（扰乱）	女性

续 表

时间	地点(省、县)	材料	随葬器物	亡人的社会身份
1055	江苏,江阴	杉木	11种佛、道经卷,33件木俑,漆器,铜镜	死后有诰封的女性,工部侍郎之亲属
1056	河南,郑州	砖	1件瓷瓶	
1069	四川,华阳	砂石	5件陶器	
1072	四川,蒲江	砂石(两方)	11件石雕像,4件陶鼓,86件陶俑	已婚夫妻
1086	江西,新余	石	10块瓷片,1件铜镜,1件石墓志,1个铁函	
1099	河南,白沙水库	砖	长方形铁板	
1104	湖北,襄阳	砖	1件陶罐,4件瓷器,2件漆器,1面铜镜,2件发夹	
1119—1123	江苏,江都	石		女性
1121	江西,德兴	石		中书舍人(正四品)
1126	湖北,孝感	铁	2件铁狗,2件铁牛,2个瓷盘	
1128	甘肃,陇西	石	砖雕,陶仓,1件瓷碗,3件漆盘	
1133	江西,瑞昌	石	2块瓷片,1件陶器,2件铜器	
1138	河南,焦作	铜	带有壁画的砖墓(已扰乱)	

续　表

时间	地点(省、县)	材料	随葬器物	亡人的社会身份
1162	陕西,汉中	石	2件瓷器,10件陶俑,7件陶兽,8件陶器	
1175	江西,抚州			
1183	内蒙,东胜			
1183	山西,垣曲	砖	1件陶碗,3件砖偶,精美的砖雕	
1186	福建,南安	铁	1件盛放骨灰的瓷罐,4件陶罐,4尊香炉,1方墓志	皇帝之妃
1188	江西,新淦	石		
1191	河南,洛阳	砖		
1198	江西,抚州	石	2面铜镜,5件金器,7件水晶制品,5件玉器,1件陶器,1件石枕,1件铜笔架,1方墓志,70件俑	知州
1210	山西,侯马	砖（两方）	1件戏台模型,5件瓷器,4件木制用品(已破坏)	兄弟二人
1226	浙江,温州	石		女性
1237	江西,余干	砖		提举吏部之乳母
1243	福建,福州	砖	334件丝织品,7件漆制品,7件银器(已残)	宗室之妻,知州之女
1272	江西,瑞昌	石	2件瓷器,1件首饰,1面铜镜,一些铜钱	礼部待省进士之妻
1288	河南,汲县	砖		
1298	河北,魏县	绿精砖	13件随葬瓷盘	
1301	江西,南昌	砖		织染局副提领
1303	山西,汾城	砖		

续 表

时间	地点(省、县)	材料	随葬器物	亡人的社会身份
1457	山东,蓬莱	砖		
1457	江苏,南京	石	铜灶 1 件,以及 53 件锡器(残)	司礼太监
1515	北京	石	12 件玉器,83 件丝织品	后妃之父
1553	江苏,江都	砖		
1568	江苏,扬州	石		
1631	江苏,太仓	木	2 面铜镜,1 件铜耳环,1 只玉杯,4 种经卷	
1714	江苏,苏州	砖		
1759	江苏,沭阳	砖		

这个契约文本非常切近于当时的土地买卖契约,而与道教的说法则有一定距离。它开头即写买主(亡人)的姓名、交易日期(实际上就是埋葬之日)以及墓地的位置。这个样式没有给出卖主的姓名;在现世契约中,当卖主之地位高于买主时,也经常省略卖主的姓名。安徽合肥出土的一件 953 年买地券,则对这一文本略加改变,成为从"土府将军"处买地的收据。

我们来逐句分析一下这份契约。

"九万九千九百九十九贯文"。地价由两部分组成:九万九千九百九十九贯文的纸钱和五彩信币。这个在其他墓券文中也时常见到的数字是吉数,因为"三"和"九"都代表着"阳"气;可是,和我们已讨论过的其他契约一样,这份契约并未解释现世的真钱与冥钱之间的关系。① 在太原出土的 1033 年买地券中(见图 6),则明确说明了将阳世

---

① 二者一直非常相近。1991 年夏,我在西安买到了两种反映现世货币流通情况的冥币:一种是千元人民币的大钞,一种是可以在冥间兑换的有息债券。

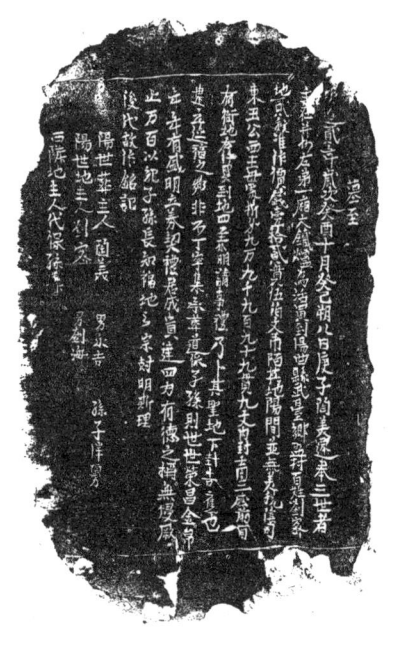

图6 阳钱与冥钱。这份1033年的买地券，出自山西太原，人们试图使它在阳世与阴间两种法律体系下均可通用。它记载说：一位在"大铁炉"工作的铁匠陶美，花十二贯五百文钱，买了一块墓地，以便安葬他逝去祖父的骨殖。他把这份买地券放在墓中，是为了如果以后有其他亡人的魂灵也来争夺这块地的所有权的话，可以作为法律凭证。因为阴间的土地更贵，所以陶美包括了第二个价格，声称按照当时流行的折换率，他的十二贯五百文可以折合冥钱九万九千九百九十九贯九文，足以买下阴间的这块地。"九"是阴间一个特别吉祥的数字，因为它是"三"的三倍。"三"是阳数，它让世界充满了阳刚之气和光明。"九"还是一个很有力量的数字，人们认为它的光明可以抵消阴间的黑暗。

这份买地券拓本（原石的规格为42×27厘米）的书法证明这个工匠的社会地位较低。各行都向左偏斜，显然说明书写不太熟练，其刻工也比较便宜。券碑没有任何装饰性花纹，应当也是为了节省费用。

实用货币转换为冥币的办法：

> 明道贰年岁次癸酉十月癸巳朔八日庚子，陶美遽奉三世者主。在并州左第一厢大铁炉为活。买到阳曲县武台乡孟村百姓刘密地贰亩，准作价钱壹拾贰贯伍佰文，足陌。其地阳间并无差税，阴司东王公西王母处，折钱九万九千九百九十九贯九文。内封土围二座，前面有衙地。右件买到地四至分明。请事礼，乃卜其圣地，下卦告应也。建立延福之乡，非不丁宁。集承葬道，保子孙则世世荣昌，金帛年年有盛。明立券契，礼居成贵，达四方有德之称。无侵厥止，万百以纪，子孙长知，福地之宗。刬明斯理。后代故作铭记。
>
> 阳世葬主人：陶美。男永吉。孙子：伴□。
>
> 阳世地主人：刘密。男刘海。

西邻地主人、代保：孙□。

这份买地券有些不同寻常：它不仅给出了买地人的姓名，还说明了其职业：一位冶铁炉工匠。券文区分了现世或阳间和冥世或阴间。它解释说这块地在阳间并未拖欠赋税。契约末尾所署的姓名都明确说明是"阳世"的（太原出土的另一份买地券，年代比它早一年，与此非常相似，其中为父母买葬地的买地人身份是店主。这里的书法非常平实，暗示那个儿子能够支付比契约所写更多的钱）。这位铁匠付给墓地的阳世主人十二贯五百文钱，作为二亩地的价钱，它在阴世即相当于九万九千九百九十九贯。这份契约使用了一个动词"折"字，这是将物品价值换算成货币的标准说法；在这里则是指将阳世的货币换算成阴间的货币。那位店主则花九贯钱买了一块一亩稍多点的墓地，也同样可以折算九万九千九百九十九贯。简言之，折算率是不固定的。不管阳世用多少钱，阴间的价格总是九万九千九百九十九贯。

"五彩信币"。这里所谓的"帛（币）"实际上是纸做的。"五彩"分指五个方位：东方尚青，西方尚白，南方尚朱，北方尚黑，中央尚黄。人们相信，五色彩衣也有法力，可以辟邪，并保佑穿着它的人。六朝时的一种类书说："五月五日，以五彩丝系臂，名曰'辟兵'，令人不病瘟。"（《荆楚岁时记》卷一：8 页下；de Groot，1892—1907：1059 页）

"东西若干步，南北若干步"。有两种方式界定地块的范围：一是丈量南北与东西的长度，二是指明四邻的名字。这里的四邻是与四方相联系的四种动物——青龙、白虎、朱雀、玄武，当然不能看作照字面理解为实际与这块地相邻的人。券文之意，也正在指明北面之邻，就是北方的保护神。依次类推。四川彭山 955 年买地券所出的墓葬中，在棺木的四面画了四个方位的保护神。

"内方勾陈，分掌四域"。巡视墓地领域是典型的侵占条款。早在汉代,丘承墓伯就是与墓葬联系在一起的神祇,作为一种天帝卫士,负责墓地的警戒。如果有鬼魂侵入墓地,券文明确规定了强制执行的措施。将军亭长(从汉代官制中借用来的)会将其逮捕,交给河伯。在现世实用契约中,买主从不需要负责解决对其已买的土地之所有权的争执。这里也是如此,不知其名的卖地之神必须负责解决随后发生的对这块墓地的纠纷。

"**合以牲牢酒饭,百味香新,共为信契**"。除了给神祇冥钱、五彩信币(帛)之外,还要供给肉、酒和其他各种各样的食物。

"**财地交相分付,工匠修营安厝。已后永保休吉**"。立契的时间与现世实用契约一样,都是在钱、地交割之时。这里,为了表示交易已经进行,必然是将纸钱烧掉、将亡人埋葬。而且,正如许多土地买卖契约宣称买卖纪录永远有效那样,买地券也确认了其永久性。

"**知见人:岁月主。保人:今日直符**"。契约末尾署上了证人的姓名,其责任是在发生某些争论时作为中间人;然后是保人,其责任是担保买主支付全部价钱。他们的身份显然是神祇。

"**若违此约,地府主吏自当其祸。主人内外存亡,悉皆安吉**"。因为这最后的一句接在知见人与保人姓名之后,所以它不当是契约的组成部分,而应当看作是对死者亡灵的进一步劝诫。四川彭山所出955年买地券,在见人、保人的姓名与最后一部分之间,有一个间隔(见图7)。它对契约中的侵入条款起到了一种补充、修饰的作用:先前居住在墓地周围一万里之内的魂灵,地府主吏将会惩罚他们。这里使用了一个不常见的词语:"忓悷",来表示"侵犯"之意,它在10世纪敦煌契约中经常见到(山本与池田,1987:♯277页)。这条处置侵占的条款,与我们讨论过的契约正文中的侵占处置条款略有不同:惩罚侵犯者的,不是将军、亭长,而是地府主吏。当然,地府主吏与将军、亭长都是阴间官僚体系的组成部分。这个附加条款强调,希望墓中的亡人将不

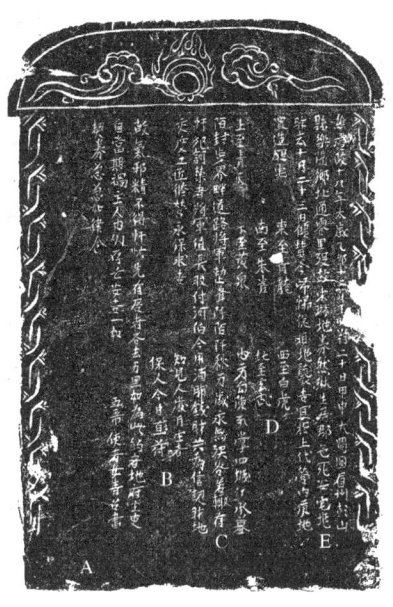

图7 最常见的买地券。在中国各地,共出土了50多种与丧葬书《地理新书》所载一致的买地券。这件955年的买地券,出自四川彭山,券文分成几部分,清晰易懂。拓本摹自红砂石券碑,原碑为长方形,64×43厘米,厚5厘米。

碑首两侧刻有云纹,中间烘托着燃烧的太阳;左右两边刻有装饰图案。券文第一部分(图中E所示),给出了亡人殁亡时间和墓地的位置。墓地的东西南北四至,向里缩进(图中的D所示)。其后一行的上半行又加上了两个维度:上至青天,下至黄泉。券文的第三部分(图中C所示),是警告所有亡灵不得侵犯的条款。左边靠下部分(图中B所示),是知见人与保人的名字,其位置与现世实用契约相同。最后一部分(图中A所示),是一段附录,劝诫各种魂灵不要去打扰亡人的安宁。(据《考古通讯》1958年第5期25页图版5复制)

受打扰地居住。

"急急如五帝使者女青律令"。这最后一句话说明,买地券之最后一部分确实遵从了五帝命令地下居住魂灵的形式。"如律令",频见于汉代法令中,暗示存在着很多针对某一情形的成文律令(Seidel,1987:40—41页)。根据汉代法律,官员们受命要遵循已有的皇帝诏令,除非皇帝的诏令与其他法律规定相冲突。在这里,亡魂也同样受命遵从这个命令,不要去打扰亡人。"女青"的身份是五帝的使者,也是一个在阴间使用的名字。[①] 道教经典中有一种《女青鬼律》,可能成书于公元400年左右,其中列举了众神的名单,信徒口念这些神祇的名字,即可获得法力(Seidel,1987:41页)。

---

① "女青"的来源不详。它被认为是一种有起死回生之功效的植物药种。(与Barend ter Haar的个人交流,1994年7月)。

五 《地理新书》

上文有关这一契约文本的分析提出了一些比这里的逐条分析所说明的更多的问题。究竟是谁在卖地呢？两则有关侵入的条款说明，地府或阴间的官府要负责解决任何以后发生的墓地所有权纠纷。在现世契约中，这个责任一般是卖主的；那么，买地券中如此表达，意味着地府是卖主吗？为什么这种买地券样式使用的次数要比其他契约样式更多呢？在中国各地，都发现有这个样式的复本：西面远至新疆、四川、甘肃，北至内蒙古、山西和山东，内地的湖南、湖北、河南、河北、安徽与山西，以及东南沿海的江苏、浙江与福建（见地图1）。

这份买地券文本是一部由朝廷负责编纂的阴宅相地书《地理新书》所推荐使用的文本。① 据是书序言说，《地理新书》的编纂直到1071年才最后完成，其时距4位学者受命负责编集并由其他学者审校已有20年，距仁宗皇帝要求重新修订此书更已有30多年。原来的宋本共32卷，另有图1卷，现已不存。到了金代，此书又经过修订，并以15卷形式印行，且附有1192年撰写的序，这就是现今可用的版本。《地理新书》的存留极大地有助于我们解释这份买地券，因为它提供了葬礼的背景。它非常仔细地指明了在地下放置两方买地券的具体方位。

《地理新书》是"五姓"家的相宅书，它把所有姓氏都归为五个音类，每类则依次与五行（火、土、水、金、木）相对应（Morgan，1990—1991：52页）。其卷一解释了如何选择适宜各种人群的墓穴。如同所

---

① 我最初了解到此书是在宿白《白沙宋墓》的注释里（1957：63页注98）。这本书很有价值，其1192年重印本世界上仅有北京图书馆、北京大学图书馆及台北"国立中央图书馆"三家图书馆有藏。我曾经检视过北京的两种复制件，而台北所藏则于1985年重印，便于使用。

有古代相占墓穴位置的占士一样，作者强调，合适的墓穴能决定家庭的命运。恶穴会导致女子淫奔，而良穴则主女子得嫁显官（卷二）。《地理新书》接着详细描述了水势的凶吉，解释了筮卦的释义，并列举了吉墓与凶墓的历史实例，又指示读者如何选择丧葬的吉日。所有这些都是堪舆书必有的典型内容，尽管不同流派所使用的堪舆书在具体做法上各不相同。

这并不是宋代第一部朝廷负责纂修的葬仪书，主编王洙（卒于1057年）提到：宋太祖（960—976年在位）就曾仿效唐太宗早在7世纪的做法，敕命修纂了一部较早的阴阳书（《地理新书》王洙序）。现存的769年买地券与《地理新书》的样式相同，说明至迟早在8世纪就有一种早期的阴阳书版本在流传；而且，敦煌还发现了一种10世纪五姓相地书《葬录》（S2263）。

编者王洙说，纂修是书之意图，乃在证明皇帝仁爱之心将"惠逮漏泉"也。金代的序言附和他的观点，说：官府之责，乃在"保生民跻于寿域，惠亡者安于下泉"。当是书刊行时，王洙是翰林侍读学士兼尚书吏部郎中。他在当时以通晓礼仪而著名（《欧阳文忠公集》卷三一：七页上—九页下）。其官品不高，应当是九品中的五、六品官，其职位可能也允许他全身心地投入到《地理新书》的编纂之中。

《地理新书》根据亡人的等级而给予了不同的指示。高品级官员使用一种特定的方式，低品级官员用的简单些，而普通百姓所用则更为简单（《地理新书》卷一四：十一页上）。这种朝廷编纂的地理书虽然是为了官员葬礼用的，但也考虑到普通百姓的使用问题。本卷卷末在有关葬仪的指示之后，特别声明："右并因官书旧文参定，皆世俗所用者。"（《地理新书》卷一四：十五页上）在图8所示的葬仪图解中，特别加上了一句："有封国者遣官祭，无官爵者孝子自祭。"（《地理新书》卷一四：十二页下）

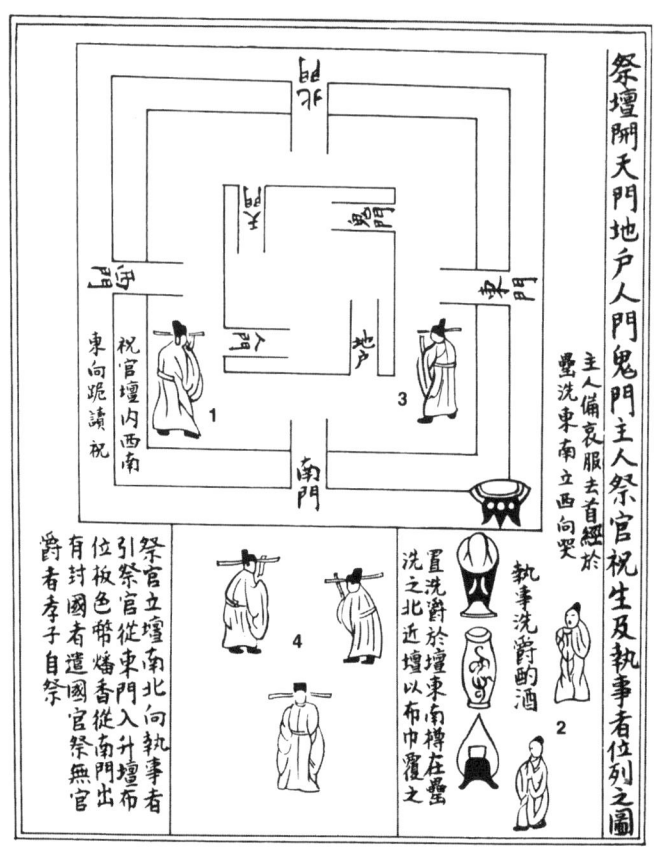

图 8 埋藏买地券的正确方式。葬仪书《地理新书》初版于 1071 年,对操办葬礼作出了详细规定。这个程序是为了尊贵的高官设计的,但低级官员乃至无官品之人亦可按照它的指示,一步步地准备墓地、制作祭品、颂读祭文以及使用买地券。《地理新书》指示孝子制作两方买地券:一方给亡人,一方给地下神祇。

这幅画描绘了祭主(孝子)、祝官、祭官及执事均位于中央祭坛——明堂之四周。明堂有四门,从右上方顺时针读,依次是鬼门、地户、人门、天门。葬礼之后,给地下神祇的那方买地券要埋于明堂位心。环绕明堂内室的围墙还有四门,从上方顺时针读依次是北门、东门、南门和西门。图中的文字则简要地说明了葬礼参加者各自的职责:

1. 祝官,坛内西南东向跪读祝。
2. 执事洗爵酌酒。置洗爵于坛东南,樽在罍洗之北,近坛,以布巾覆之。
3. 主人备哀服去首绖于罍洗东南立,西向哭。
4. 祭官立坛南,北向。执事者引祭官从东门入,升坛,布位,板色币(帛),燔香;从南门出。有封国者遣国官祭,无官爵者孝子自祭。(梁玮据《地理新书》卷一四:十一页上重绘)

只有卒后得到封赐公、侯爵的高品级官员,比如太师周必大,才有资格举办由朝廷支付费用的葬礼。没有类似封号的亡人之子,必须支付其父亲葬礼的费用,但可能他们不用自己主持祭礼。《地理新书》的规定非常琐细,以致几乎不可能严格地遵照其规定,尤其是在亡人之家的经济状况较差的情况下。这些葬礼费用当然包括雇请阴阳先生或道士提供服务的报酬。人们选择什么样的宗教从业者,根据是其名声、有效性及费用,很少考虑其宗教信仰。12 和 13 世纪经济的迅猛发展,比较充足的经费支持,使自学成才的各种宗教从业者人数大增,他们走乡串镇,出卖自己的服务。其中就有操办葬礼的阴阳先生(Hansen,1990:40—47 页)。

六　随葬品

与《地理新书》所载相同的买地券埋在一起的,有各种各样的随葬品,证明此书所谓它适用于不同社会阶层的说法是符合事实的。偶尔有些墓葬中的实物或买地券可以说明死者的等级,从而使我们可能准确地界定他在官僚等级体系中的地位,但这种情况在全部墓葬材料中还不到 1%。买地券的材料本身可能就很靠不住。我们还记得,出土的《地理新书》式买地券,最早的是 769 年游击将军张无价买地券,就是用纸做的,是最便宜的可用材料。

还有一些富人也使用便宜的材料制作买地券。比如,安徽合肥 946 年妇人墓所出买地券就是木质的,但墓中的随葬品,特别是四蝶银步摇簪,说明墓主非常富有,很可能是南唐皇帝的嫔妃。500 年后,司礼太监、内廷主事和锦衣卫指挥金英的墓葬也使用了《地理新书》式买地券。这座墓葬已被盗掘,但随葬的一座带有 53 件锡质器具的青铜灶,当是为了在冥间宴客时用的,它使我们相信:葬礼一定相当豪华。

与此相对应的另一个极端,是河南郑州出土的 1056 年买地券,砖质,墨书,极大的简化了《地理新书》的样式;同墓出土的也只有一件瓷瓶。

不同社会等级的人们都将《地理新书》式买地券埋在墓中,但在决定他们希望由哪些物品伴随他们到阴间去的问题上,则表现出其特殊性来。有时,他们会放一些读物在墓中。① 留存下来的书籍揭示了雕版印刷时代的个人藏书情况,而且看来书价相当低廉,以致人们可以把自己喜欢的一些书籍埋在墓中。江苏江阴 1055 年墓,墓主是一位工部侍郎(正三品)的女眷,就有 11 种常读的经卷,有的非常简短(《金刚经》和《心经》),有的则较长(《金光明经》)。她还有一种源自佛教经典将生年、月、日与北斗七星联系起来以祛病延年的算命书:《佛说北斗七星延命经》。此外,她还有一种来自道教的经书——《太上老君说常清静经》。这个图书清单说明,一个佛教信徒并不仅限于阅读佛经。她也并没有使用佛教葬礼:没有焚化,还使用了《地理新书》式的买地券,向地下神祇购买墓地。

另一个也使用《地理新书》式买地券的江苏墓葬(1631 年),随葬的书籍则属于完全不同的类型:类书和尺牍大全。墓葬所出物品相当简单,亡人也没有官衔。他可能只是卫所衙门里的一个胥吏。这批书籍包括两种初撰于宋代或元代的类书(《居家必用事类全集》和《古今考》——译者)、一种选自正史的信函样式集(《尺牍清裁》)以及一种给出各种字体、发音和意义的字典(《囗字文汇体》)。这些收藏品反映出对冥世的不同看法。殁亡人死后不打算念诵佛经,而需要这些参考书以撰写各种文书,甚至还包括草拟提交给阴间法司的诉状。

1210 年的山西侯马金墓也出土有《地理新书》式买地券,同墓所出

---

① 最著名的例子是湖南长沙马王堆汉墓中发现的大量帛书。这些帛书的发现,使学者们有可能复原几种此前未知的古代典籍和《道德经》。

随葬品包括一个精致的砖雕戏台模型,台上还有5个扮演金代杂剧中角色的砖俑(Idema and West,1982:11页),从而吸引了很多中国文学研究者的注意。戏台与买地券均砌进墓墙上方,正处于墓顶之端(刘念兹,1986:54页)。中国的戏台往往面对着庙,以便神明能看到表现其福祉的演出。在这里,墓葬的设计者也表现出同样的理念。他把戏台与买地券均放置在神明易于看到的地方。

研究纺织品的历史学者饶有兴趣地注意到出土《地理新书》式买地券的墓葬中包括很多丝织衣物。1228年安葬于福建的赵宋宗室成员之妻、知州之女黄昇,显然不能只穿纸做的衣服,所以墓中随葬了334件丝织的衣物。1515年葬于北京的皇后之父也随葬了83件丝织衣物。

这些人使用的买地券可能已经标准化了,就像现世实用契约也已标准化一样;但是,由于他们对阴间生活的想象并不完全相同(因为他们生活的条件并不相同),所以他们要随身携带的东西也各不相同。墓葬中有《地理新书》式的买地券,并不必然意味着亡人是按照《地理新书》的指示埋葬的。买地券文作为一种模式文本,也可能脱离于葬仪书而单独流传。压缩的或只用其中一部分的买地券文本,反映出人们觉得可以随意偏离固有的样式(946、1055、1072、1121、1128年的买地券)。我们无法知道究竟有多少使用《地理新书》式买地券的亡人确实是按照《地理新书》的规定安葬的。尽管如此,《地理新书》仍然有助于回答诸如何以要埋藏两方买地券,以及卖地神祇的身份等重要问题。

七 盗葬

《地理新书》规定,墓地位置与葬日选定之后,丧主要在选作墓地的地方搭建一个称为"明堂"的建筑物,它是冢神的临时住处,也是亡人亲友们向地下神祇和已逝去的祖先献祭之所——摆上一个祖先牌位,以代表祖先们。祭坛上设五方上帝和十二辰位神的神位。《地理新书》的作者警告说:不祭明堂是错误的,谓之"盗葬",会带来不幸。"盗葬"的观念显然直接对应着《名公书判清明集》的法官们经常引证的"盗卖"这一法律观念。盗葬会给粗心大意的买主(这里是亡人及其家人)带来危害(大凶)。这样的墓葬,因为违反了与地祇交往的基本规则,将不会得到地祇的保护。

《地理新书》经常引用青乌子之言。青乌子是据说成书于秦汉时期的第一部堪舆著作《葬经》作者的笔名。今存《葬经》是金刊本,它提到另一种盗葬:"葬不斩草,名曰盗葬。"(《葬经》卷一:六页上)敦煌所出10世纪丧葬书《葬录》也提到斩草(S2263,未编页)。在斩草仪式上,要将以五色丝线束缚的三束茅草或稻草(每束三茎)置于明堂祭坛的黄帝位前。金元时期流行于华北地区的《大汉原陵秘葬经》解释了草与黄帝之间的联系:"昔轩辕皇帝时,人间白骨遍野,夜间神鬼悲哭,皇帝敕令葬埋。生于草,死葬于草,故立制斩草也。"(《大汉原陵秘葬经》,十二页上)

《大汉原陵秘葬经》还解释了斩草仪式背后的观念。据传说中的周公说:"凡草,是地之毛衣、土之子孙,故斩之,是以亡魂宁、生人安乐。"(《大汉原陵秘葬经》:十二页上)《地理新书》的解释则略有不同:"斩草者,断恶鬼、安亡魂也。"(《地理新书》卷一四:十一页下)无论其解释如何,这个仪式本身是清楚的:通过斩草及其仪式,保护亡魂免受草中魂灵的侵扰与攻击。斩草意味着斩掉草中魂灵之首。

《地理新书》还引述另一种文献《鬼律》[①]说：不斩草就如同不立券，"葬不斩草、买地不立券者，名曰盗葬，大凶"（《地理新书》卷一四：十一页下）。江西出土的一些买地券，包括太师周必大买地券，都在起首引用同样的句子："按《鬼律》云：葬不斩草、买地不立券，谓之盗葬。"（1204、1232、1254、1260、1293、1319、1446 年买地券）因为这七种买地券并未依从《地理新书》给出的样式，但它们引述了《鬼律》同样的规定，说明《鬼律》可能是单独流通的丧葬书。

《大汉原陵秘葬经》还清楚地说明了葬不用买地券的直接后果："凡大葬后，墓内不立盟器神，亡灵不安，天曹不管，地府不收，恍惚不定，生人不吉，大殃咎也。"（《大汉原陵秘葬经》：二十七页下）

八　丧葬如仪

《地理新书》规定，在斩草当日，凡公侯及以下官品者，必丹书铁券二埋于地心，铁券长一尺，阔七寸。宋朝官方的规定也是指明用石券与铁券两个买地券。据《地理新书》之规定，其一券埋于明堂黄帝位前，另一券埋于墓中柩前（《地理新书》卷一四：十二页上）。

斩草时，各处都要焚上香，祭官设纸钱、纸绢以献神，送给亡人的信物则包括纸做的布丝、棉鞋、铜钱、纸笔砚墨等（《地理新书》卷一四：十二页下）。这些纸制明器，于仪式结束时全部焚化，这在中国各地均非常流行。1270 年一份呈给元世祖的上疏，请求禁止汉人在这些纸制明器方面过份铺张，其中提到的纸制明器包括钱、宅、仆婢、马、衣物和帐篷（《元典章》卷三〇：十页上）。（直到今天，世界各地的华人仍然沿

[①] 这种《鬼律》与道藏中的《女青鬼律》并不相同，但二者都使用"鬼律"这个词，说明应当还有其他未留存下来的鬼律。

用这个习俗,他们焚烧纸作的汽车模型,还有里面配备着最新家具的房子,以给他们死去的亲人使用。)《地理新书》还列举了仪式上使用的食品:米、马谷、酒、鹿脯、干鱼、黍稷饭、饼饵、韭菜以及三牲肉,都是为了确保亡人在阴间过得舒适。

《地理新书》介绍说,在斩草前一日,要立起明堂,并将诸神神位置于适当位置上。它画了一个图,以形象地说明祭坛的布局,以及主人、祝官、祭官和执事者的活动(图8)。祭官走过祭坛、焚香、酹酒之后,祝官祷曰:

> 维年月日,祭主某乙,致告于五方五帝、山川百灵、后土阴官、丘丞墓伯、阡陌诸神:某亲,以某年月日奄逝,伏惟永往五内分割。礼制有期,龟蔡袭吉,宜于某州某县某乡某原安厝宅兆,以某年月日迁底幽室。用今吉辰斩草,谨以制币柔毛刚鬣明粢嘉□,谨祭齐(当有脱漏),恭奠于后土神。既葬之后,永无咎艰。尚飨。(《地理新书》卷一四:十二页下—十三页上)

这段祷文与汉代告地策很相近:只是将亡人的殁亡时间、安葬时间、身份以及墓地的位置等信息通报给各位神祇,如上文先提到的五方五帝及后提到的后土神。然后,请求他们预防任何灾祸。其未言明的希望是,众神能保佑亡人与生者均不罹因掘土造坟而引起的祸害。① 然后,祭官跪拜于黄帝座前,并大声颂读两方分别从祭坛和墓中临时移置过来的买地券。

祭官将两方买地券放在一起,在两券的背面写上一个"契"字——

---

① 《大汉原陵秘葬经》中也有同样的祷文,见三十页上、下。

二券合在一起时,这个"契"字才是完全的(《地理新书》卷一四:十三页上;《文物》1989年第5期:70页)。这个仪式是摹仿自两人订立契约时的签字画押,不过这个仪式是在亡人与卖给他墓地的神祇之间进行的而已。在这里,是祭官代替亡人与神祇签字画押的。在他们写下"契"或"合同"的那一刻,神祇接受了亡人的献祭,把墓地卖给了他。神祇可能会拒绝这个"买地"契约吗?也许他可以通过制造某些麻烦以表示他的拒绝,但没有此类事件的记载。然后,再把两方券石放回墓中和祭坛上。

斩草仪式的最后,是向众神献祭,人们认为这些神祇住在不同的地方。祝官先至阡陌座前,祝曰:"某人今于阡陌之内,安厝宅兆,谨以酒醴信币,仰劳降佑,使无后艰。"次于黄帝座前,取前所斩之草,置于墓穴(幽堂)之前,曰:谨启幽堂亭长、丘墓诸神,谨以酒醴信币,仰劳保佑,"使幽堂清净,故气消除,来者安宁"。这个仪式将诸神分成三类:一是天上的(五方五帝),二是地上的(阡陌之神),三是地下的(幽堂亭长、墓伯、丘墓诸神)。然后,孝子持刀分别向天殃、地殃和人殃斩一下;这三种殃魂分别对应着祭坛的三个门;然后,孝子锁上第四个门,把那些殃魂隔离起来。祭官于黄帝座前祈祷,愿黄帝保佑亡人后嗣。然后,他们把剩下的纸钱、信币、肉、酒、果饼等和一枚铁券埋于明堂地下。这些东西都是献给神祇的。

将给神明的那份契约埋在地下,这种做法至少可上溯到公元前7—前6世纪(Lewis,1990:43—50页)。人们相信是神明发明了汉字,所以,给神明的那份契约可以用汉字书写。神明虽然可以读汉字,但他们会按不同的顺序来读,因为"阴间诸事,均按另一种方式运行"(Werblowsky,1988:154页)。人们认为,主持阴间法司的神祇、与生人正倒着站立的亡魂是从左向右(与标准的汉语读法正相反)或从下向上读的。有两种五代时期的买地券是从左至右写的。另一些买地券则从上到下、从下到上轮流交替着写(1099年白沙宋墓所出以及1139、1272年的买地券)。最有特点的乃是从左至右、从右至左轮流交替着读的(1104年)。所有变种都是为了便于神祇阅读。

葬礼的最后,焚化完剩下的纸钱和祭品,在墓上撒了土,众人都走了,才把一方买地券埋于墓中柩前(《地理新书》卷一四:十一页下—十三页下)。这方买地券是给谁的?《地理新书》没有解释,但今存的两方买地券提供了线索。

江西分宜县所出1199年买地券特别指明,一方买地券是给太上老君的,另一方则"与亡人冥中自执为照"。然后,它解释发生争执纠纷,"如有此色[指违反契约之事——引者],即仰立圹太神收押,赴蒿里[靠近泰山的一个里——引者]所司,准太上老君敕斩之"。江苏江都所出1233年买地券提出的警告与此相类,指明"给付亡人陈氏二孺人,永为执照"。

关于制作两方买地券之理念的进一步信息,则见于《茔原总录》,它可以看作是《地理新书》的简易缩写本。北京图书馆藏有严重破损的元本《茔原总录》。一定有很多摹仿《地理新书》的阴阳勘舆著作,《茔原总录》告诫其读者不要听信的伪书,就多达50余种。《茔原总录》也根据五姓学说选择墓穴,但它比《地理新书》简短得多(只有五卷),也更为朴拙粗劣,文中有些行左右错乱。

《茔原总录》所描述的葬礼与《地理新书》非常相像,葬礼开始时同样要斩草,结束时也要有三斩。其所载买地券文本也与《地理新书》所载相同,只是它用了一个元代的通用语——"梯己",以指称卖主拥有的土地。"券立二本,一本奉付后土,一本乞付墓中,亡父某人收把,渠备付身,永远照用。"第二方买地券是给亡人用的,他需要它来证明自己对墓地的所有权。"今合券,背上又书'合同'二字,令故气伏尸,永不侵争。"(《茔原总录》卷三,未编页)墓券乃是要保护墓地免受故气邪

第六章　买地券

精的侵扰,并提供一个证明墓地属于亡人所有的文字依据。通过暗示亡灵认识到亡人要有一份买地券,从而把阴间法司与他联系起来。

一份1454年的买地券则明确地说,放在墓中的买地券是为了将来发生纠纷时呈给阴间法司的。这方买地券出自江西鄱阳周宽(1361—1441)及其妻子的合葬墓中,他是明仁宗第七子淮王府的仪卫之一:

> 如有此等,仰周宽、田氏妙贞宜人①,一同执此地契碑牌,经赴三天门下陈告,依女青天律施行。

"女青天律"当是鬼律的名称。这方地券值得注意的是,书写此券的道士可以在阴间法司作见证人,而且其末尾有一句不寻常的表述:"今日今时情愿领地价。龙神守穴,土地领见钱六千贯,交足无欠。"这句话为免于法律诉讼提供了一种特别的保护。买地券本身就是为了预防争夺所有权的诉讼,而这句声明,就像现世实用的徽州土地契约在末尾所陈述的那样,特别加上一句声明,以预防有人声称未付足价钱而产生的争讼。

江苏扬州所出1568年的《地理新书》式买地券是现存唯一两方俱全的买地券:给死者夫妇的和给神祇的(均见《陶斋藏石记》卷四四:十五页下—十七页上)。② 两种券文恰好相背反,奇怪的是给亡人夫妇的那份要倒着读(从左至右),而同时奉给神祇的那份则正着(从右至左)读(见图9)。而亡人夫妇的那份应当自右至左读、神祇的那份应当自左至右。书券人显然了解神祇阅读的顺序与人不同这一惯例,但他

---

① "妙贞宜人"这个荣誉称号,是授给五品官的妻子的(Hucker, 1985:267页)。
② 图9是从《陶斋藏石记》上临摹下来的,我做了一点修补。奉给神祇的这一方买地券之最末一行,清代著名的金石家端方读作"□氏之神",但我认为更像是"地府之神"。因为两方买地券的正文基本相同(除了给付亡人夫妇收执的那份在其儿子的名字之上加了一个"孝"字之外),其原件现已不存,其模糊难以辨认者以空格表示,而我们很容易与样式比照,补上这些字。

183

把给神祇的那份与给亡人夫妇的那份弄颠倒了。这真是一个易于理解的错误！而且，他也没有修改错乱的文本以与其阅读顺序相适应。亡人夫妇的买地券最末一行说："右券给付先考宋公淳、妣陶氏收执。"而给神祇的那份买地券则说："右券上奉[地府]之神。"值得注意的是两个买地券都说"右券"，但亡人夫妇的券文是在左边。显然，要精通倒着写的惯例，并不简单。

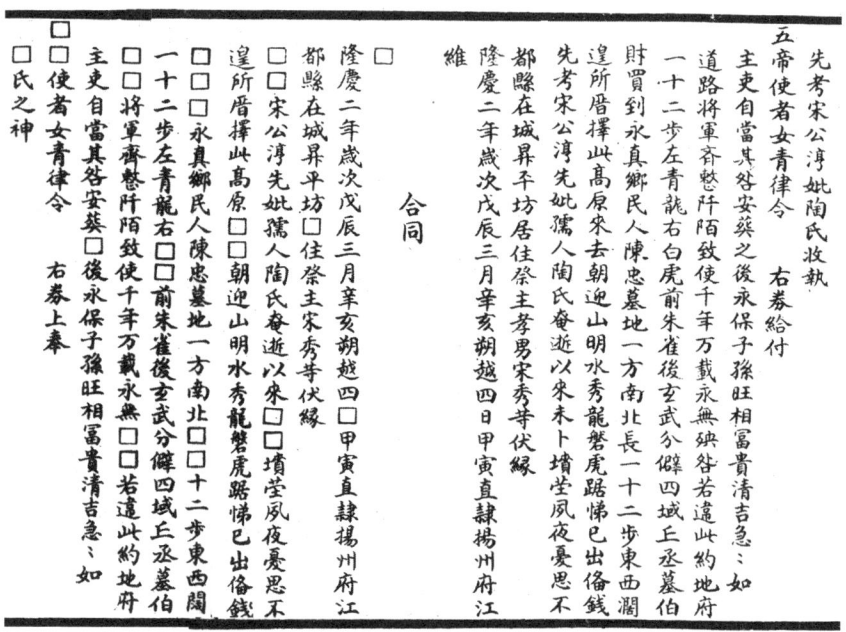

图9　一式两份的买地券：一份给神祇，一份给亡人。这种1568年的买地券是今见唯一一种描述孝子如何按照葬礼指南《地理新书》的指示、埋两方分别给亡人与地下神祇的买地券的。两份互相映射的买地券，通过"合同"二字相联系起来，在仪式上，把二者割开之后才一分为二。将来，人与神中的任何一方，如果怀疑买地券的可信性，可以将二者合起来，看它们是否吻合。

给亡人夫妇的那份买地券在右边最末一行给出了他们的姓名，而给神祇的那份上神祇之名在左边最末一行，读作"地府之神"。买地券的书券人知道神读汉字倒着读的观念，但在实际写的过程中弄混了。因此，他写给神祇的那份买地券要按照对人来说是正确的顺序读（从右至左），而写给亡人的那份则颠倒过来，要从左至右读——对神来说是正确的，而对于人来说则是错误的（临摹自《陶斋藏石记》卷一四：十六页上—十七页上）。

只有在司法体系高度发展的情况下,人们才会在墓中埋藏一式两份的买地券:一份给神,一份给亡人。我们已看到,中国人还在墓中埋藏其他的物事:书籍、衣物,甚至还有戏台模型和戏俑。几乎每一座坟墓都会有随葬的食物和钱。没有人能确切地知道死后会遭遇哪些危险、应当采取哪些有意义的预防措施。对于包括太师周必大在内的高品级官员,朝廷甚至会资助他们,而其他低级官员及普通家庭,就要自己负担这些费用了。

如果在现实世界中,购买土地充满着很多不确定因素的话,那么,在另一个世界上可能也是如此。只有通过制作两份购买墓地的买地券,记下交易的详情,才能使亡魂不致陷身于诉讼之中。人们希望亡人能避免打官司的苦恼。但如果他们不得不打官司的话,那么,活着的人也希望能够帮助他们,给他们带上最详细而有效的证明文书。显然,可以提供的最好的保护办法就是:分别给买主(亡人)和卖主(地府之神)各一份买地券。

第七章　阴间的法司

中国人想象中的阴间,与现实世界非常相似:官府控制秩序,到处都有法司,时不时地要打官司。所以,他们才会将契约随葬,以备打官司之需。由于契约本身并不能充分地显示出更多内涵,我们不得不求助于其他材料以阐释人们究竟是怎样看待阴间法司的。

早在4—5世纪时,人们就已普遍相信阴间也有司法系统,当时的道教科仪书就有关于如何处理阴间诉讼的解释。茅山派道士声称,他们知道如何作为生人的代理人而介入阴司。佛教各派均未声言有这方面的专长,但他们深信阴司会惩罚不遵佛法的行为,所以在经变故事中,也包括了关于冥世法司的描述。他们特别注意因果报应在这一系统中的作用,为那些吃荤犯戒和不愿施舍寺庙的人描绘出非常可怕的地狱惨景。其他一些较少明确宗教信仰的资料也描绘了游览地狱的情形,很多元剧中都有类似场景。在整个蒙古统治时期,道教一直声言,他们拥有对鬼魂的威权,并给他们设计了具体的法规。

许多故事是讲失去意识的人,拜访了其阴间的亲戚或熟人,醒来之后叙述了自己的经历(汉语中的"死",也有"昏倒"、"不省人事"之意)。这些记述对阴间法司的结构很少有相同的描述。虽然所有的叙述都会提到一个法官——通常是印度的死亡之神阎魔(Yama),或对译的汉字"阎罗"——对被带到他面前的人进行判决,但似乎每一个拜访者所描绘的阴司都各不相同。他们也都承认,提交阴间法司的诉讼能够影响到生者的福祉,无论他是涉案人还是涉案人的亲戚。虽然冥世法司的结构很像现世的法司,也移植了许多同样的腐败特征,但它在一个重要方面很不相同:其判决通常得到了执行。

一 早期道教的观点

声称了解阴间法司运作情况的道士杨羲(卒于364—370年间)是一个占卜术士,他把自己的教义传给了许谧(303—373年)——茅山派道教的宗师。陶弘景在其成书于499年的著作《真诰》中,修正、改造了杨羲、许谧的教义。《真诰》记载了许多家庭遭受"冢讼"的故事,这些家庭已经过世的亲人在阴间受到指控。冢讼一旦提出,无论其是否正确,活着的亲人就要开始遭罪(Strickmann,1981:144—169页)。《真诰》强烈主张:为了生人的福祉,只有在可能进行诉讼的过程中,聘请道士到阴司去交涉。"人家有疾病死丧、衰厄光怪、梦悟钱财灭耗",陷入冢讼之家应设法"分解冢讼"(《真诰》卷七:十六页下;丸山宏,1986:51页;Strickmann,1981:144—169页)。

真人许谧曾亲历其事:他的叔叔许朝做太守时曾枉杀了一个下属,被杀者将许氏全家——无论生、死——都告到了阴司。这是一个冢讼的典型例证:在现世未能予以惩罚的杀人案件,只有到阴司才能得到判决。许朝的妻子恰好死了,她受命将灾祸带到许家去。许家之所以能从这场冢讼中脱身,正是由于占卜术士杨羲适时地介入了这个案子(《真诰》卷七:六页上—九页上;丸山宏,1986:50页)。

《真诰》说到冢讼是因误葬所致(《真诰》卷八:二页下—三页下;Strickmann,1981:161、166页),但并未列举何者属于误葬。一种不详成书年代的著作——《赤松子章历》,则列举了八十一种可能发生的冢讼。①《赤松子章历》还提供了两章特别冗长的解决冢讼的章表。有一类冢讼会导致无后、疾病、所做不利、所居不安等问题。第一份章表即解释说，某些冢讼是由于违犯了书券人最担心的某些禁忌而引起的，如旧冢相重，或新冢相犯(《赤松子章历》卷五：十九页下)。当主持法事的道士要求众神之主强力驱散制造麻烦的鬼魂时，他就像墓券中所说的那样，命地下二千石收捕那些鬼魂，"一如女青律令"。这是一种道教科仪书，只在道士中传授，但它所关注的问题却并非只限于道教信徒。对冢讼的担忧是真实的；为了同样的原因，世俗的民众在其亲人的墓中埋藏墓券，并雇请道士表演《赤松子章历》中描述的大量仪式。

如果第一份上表未能解决原来的问题，那么，紧接着就要再上一表，第二表重复了第一表的内容，但篇幅要大得多(《赤松子章历》卷五：二十三页下—三十三页下)。篇幅之所以如此之长，是因为要说明生人的无可奈何，同时还列举了必须使用的材料，这反映出重新举行一次这样的仪式需要多么大的花费：布素一百二十尺，五方缯纹、白素各八十尺，扫帚五枚，粪筐五枚，朱砂一两二分，席一领，状纸二百张，笔墨各二副，书刀一口，钱五千文，油一斤，香三两，米二石四斗，并先宿备洗浣之具(《赤松子章历》卷五：三十一页上)。

第二表还列举了可能扰乱生人的八十一种可能发生的冢讼，从而提供了一份有关大众司法观念的概要性描述(《赤松子章历》卷五：二十六页上—二十九页上；丸山宏，1986：55—56页)。人们认为：非正常

---

① 有些道教学者将这本书的成书年代定在六朝或唐代，并认为其中包括了一些较早的材料；同时，另一些学者则认为它成书于公元2或3世纪。它在整个唐代一直得到使用；而在12世纪的宋本中，八十一种冢讼的顺序略有不同(《道门定制》卷一：二十七页下—三十八页下；Boltz, 1987：50—51页；Schipper, 1989：128页；丸山宏，1986：47页；Seidel, 1987：41页；Stein, 1979：63页)。

死亡的死者,比如饿死或因瘟疫而死,可以提出诉讼。如果死者未能得到适当安葬,如没有棺木或其尸体残缺不完整,他也可以提出诉讼(没有棺材,他们在阴间就没有安身之所;尸体残缺,他们在阴间也就没有完整的身躯)。他们还可能因为未能养育已经出生的孩子、未尽这一传统的家庭责任而提出诉讼。他们更会为了未生育儿子而兴讼,因为只有儿子才能担负起祭祀祖先的责任,并确保死者得到尽可能好的照顾。他们还可以因为悔约或爱憎之争而起诉。根据此前的法律——《唐律》,所有这一切都不能算作是犯罪,但都违反了道德秩序,是不应当发生的事情。

在列举了八十一种冢讼之后,赤松子把所有百千万宗冢讼均归结为死者对生人的祸害。然后,章表在末尾强烈要求不要再有冢讼祸害亡人的家庭。

章表这样说到冥司:"(亡魂或)辞诉鬼官,求引生人,代其剧苦。幽司虽明,亦有曲佞。"(《赤松子章历》卷五:三十页下)这种认为冢讼的判决往往拖拖拉拉、其结果也并不一定公正的观点,虽不妨看作是将现世法司的情形挪用到冥司,但反映的显然是道教对冥司公正性的看法。因为道士希望从仪式表演上收取费用,为了他们自己的利益,他们必须把冥司描绘得与现世法司一样贪污腐败,以暗示事主也要像在现世所做的那样去送礼行贿。冥司的运作虽然曲折难明,又易受花言巧语之左右,致生纷歧,但道士知道如何去应付这些事情。道士就如同阳世那些鼓动诉讼的"珥笔"在阴间的同行。

二 佛教的看法

一些材料表明,阴间的法司基本上是公正的,只是偶尔有些腐败。7世纪中期,一位高级官员和佛教徒唐临,在所著《冥报记》中收集了

57个这一主题的佛教故事(《冥报记》:787—803页;Gjertson,1989)。一些有关冥世的故事鼓励人们遵从佛教的教规,诸如禁止吃荤等;另一些故事则描述了佛教诸神的奇能异迹。与茅山派道教不同,佛教并未试图干预冥世法司,而相信冥世法司将根据佛教规则以评判亡人之功过是非:那些施舍素斋和主持或赞助抄录佛经的人将受到奖赏,而那些吃肉食荤的人将受到惩罚。访问阴间的人,常常为其罪孽而受到警告;回到人世之后,就会多做善事,以减轻将来在冥世的惩罚。《冥报记》的作者一一写明了他所记录的故事是什么人讲给他听的。这也许只是一种强化其故事可信度的文学表现方式,但某些有名有姓的故事确实有某些历史根据。这些故事虽然都是使用那个时代的书面语言、文言文写的,但却较少那种复杂的对偶,也未经常使用更为难解的暗喻等写作手法(Gjertson,1989:39页)。这些故事可能真的就是别人讲给唐临听,他记录下来的。

与另一些可以确证为六朝时期的有关阴间之行的描述相比,唐临的故事在细节上并不完全一致,但他们所描述的阴间官僚系统,都是按照与现世非常相同的原则组织起来的。阎罗王是地府的主宰,另有判官、记室、主司、使者、狱卒辅弼他(Gjertson,1989:136页)。一个县令到冥府权行判官,省读案牍即如人间案者,"即为判勾之有顷"(《冥报记》,801页中;Gjertson,1989:260页)。冥府还有权传唤阳世的证人,他在作证之后仍可回到人间(《冥报记》:769页下—797页上;Gjertson,1989:232页)。

冥府胥吏与其阳世的同行一样,也会受贿,只是用不同的钱币。一个贪婪的胥吏解释说:"吾不用汝铜钱,欲得白纸钱耳。"(《冥报记》:800页中;Gjertson,1989:254页)在另一个故事中,一位熟知冥府事务的人解释说:"鬼所用物,皆与人异。唯黄金及绢,为得通用。然亦不如假者。以黄色涂大锡作'金',以纸为绢帛,最为贵上。"(《冥报记》:792页下;Gjertson,1989:198页)这可能是文献中最早提及冥钱,即在纸上摹仿人世间所用之钱的样子,焚化以供亡灵使用(Seidel,1978:425页;Hou,1975:5—6页)。

这些故事几乎全都集中记载阎罗王对新死者的判决,但有一个故事涉及亡魂对生人的诉讼。一位妇人报告说:其夫无理杀她,故她将丈夫诉至天曹,但因为他得到强有力的庇护,不能拘传到案,所以将她的讼案延搁了三年。惟有将起诉的生人传唤至冥府,才能审理她的案子(《冥报记》:799页上;Gjertson,1989:245页)。《冥报记》收录这些故事,目的在于展示佛教诸神的神力以及信从佛法所带来的福祉;然而,对冥府司法体系的描述,既非佛教、也非道教所专有。

三 其他记载

在早期有关冥府的记载中,最常见的诉讼类型是被杀的人指控未受到惩罚的杀人者。唐代文学作品曾记载了一宗针对唐太宗(626—449年在位)的这种指控。这个故事最简短的版本说:太宗皇帝被召唤到冥府去,问以六月四日之事。就是在这一天,他在长安玄武门杀了自己的兄弟,并让其属下杀了另一个兄弟。然后,他迫使其父亲退位。太宗皇帝仍被允许回到阳世(《朝野佥载》卷六:148—149页)。敦煌变文《唐太宗入冥记》(《敦煌变文集》第二册:209—214页;Waley,1960:165—174页)则要长得多,作了很多润饰,但原本有不少缺字,不能字字通解。[①] 太宗皇帝到冥府之后,首先见到的是阎罗王;阎罗王指定了一位低级官员——著名的崔府君去审理他的案子。

[①] 抄本写定的时间是970年,但这个故事的源头或可上溯至7世纪或8世纪(1993年5月与Victor Mair的个人交流)。在明代小说《西游记》中,也有一个太宗入冥的故事,只是作了一些改动(Yu,1977:237—253页)。

敦煌本在保留了唐初小说中有关请太宗入冥府问话这一情节的同时，新增加了一些讽刺意味。负责推勘此案的崔府君为了保住自己的官位，对皇帝非常谦恭有礼。崔府君解释说：皇帝受到他两位兄弟的指控，一个兄弟是他亲自杀死，另一个是他利用权势杀死的。崔府君告诉皇帝，如果能够回答他一个问题，仍可以回归人世间："问大唐天子太宗皇帝，去武德七年，为甚杀兄弟于前殿，囚慈父于后宫？仰答！"（《敦煌变文集》第二册：213页；Waley，1960：172页）这个问题着实让皇帝心惊胆颤。因为他不能回答这个问题，所以也不能得到允许回归人间。

在故事的末尾，崔府君给皇帝想出了一个答案："大圣灭族［存国］。"于是，崔府君得到了升迁，而太宗皇帝在答允抄写佛经并做善事之后，也回到了人间。在这个讽刺小说中，没有正义可言；但它最值得注意的一点是：冥府的权力甚至可以延伸到皇帝身上。

太宗皇帝一到冥府，首先就被带到阎罗王面前。在这方面，太宗的经历很典型——大多数人都描述自己在冥府仅见到一位法官。但同样也是出自敦煌的描绘冥府的栩栩如生的绘画，则共有十个王，阎罗王仅是其中之一。在敦煌所出的一种手绘卷轴中，地藏菩萨四周围着十王。到12世纪末，宁波的画家分别画了十个王（Teiser，1988；1993：129页）。画上的第四王阎罗王手持照孽镜，用它可以照见每个来到他面前的人的前生与后世（ter Haar，1992：169页注155—157）。画上的镜子里显示出一个死者正在船上杀害一个人（Fong，1992：335—342页）。绘画中的十个王和文字描写中的只有一个王，二者之间的差异是个难解之谜。可能是每个人只会被带到一个王面前吗？①

---

① 这个解释得自Richard Barnhart所著《艺术史》，耶鲁大学出版社。1993年3月与作者的个人交流。

这也是何以十王在一起的情景难得一见的原因吗?

除了因命案引起的诉讼,较晚一些的材料还描述了其他类型的诉讼。在一篇唐代小说中,一位安徽农民让一个鬼魂搭乘他的船,那个鬼魂正是到各地去传唤生人赴冥府的。当这位鬼使到一个村子里致送传票时,那位农民匆匆地偷看了一眼传唤单,发现下一个就是自己的名字。他非常恐惧。鬼使回来后责怪他偷看了名单,并问他:"君尝负人否?"他认真想了想,回答说:"平生唯有夺同县张明道十亩田,遂至失业,其人身已死矣。"鬼使说:"此人诉君耳。"(《太平广记》卷三三九:2688—2689 页,引自《广异记》)这位农民在这里的反应,说明他意识到张氏之死会带来某种潜在的危险。事实上,正如鬼使所解释的那样,张氏死了之后,即获得了使用另一个新的司法体系的权力。然后,那位农民就采取了在现世法司上经常使用的办法:声称他的父母只有他一个儿子,请求给予宽免。鬼使让他留在自己家中三年,即可再延长十年寿命。

可是,他回家之后,他的父亲因为他不愿下田做活要打他,只得走出家门到田里去。他一走出家门,就遇见了那个鬼使,鬼使抱怨他未能遵守当初的约定。那位农民在一个月之内就死了,可以认为是去接受阴司对他侵占邻居田地而给予的判决了。

四 柏人

那位安徽农民立即就想起是谁在冥府控告了他,但究竟是有罪还是无罪并不总是这样简单直白。因为生人可能会为了其已过世的亲人所犯的罪过而受到阴司的惩罚,而他们可能不知道是谁、为了什么原因在阴司告了他们。承担连带责任的原则是从阳世法律中借用的,它要求对那些阴谋叛逆者家庭中每一个活着的人都要给予惩罚

(Johnson，1979：18 页）。

生人对这种诉讼并非完全不能防备。江西有三座墓葬，即包含了一些证据，显示出人们采取怎样的措施，以预防自己因为亲人的罪过而受到惩罚。第一种文献是 890 年的，出自南昌（见地图 1）郊区的一座墓葬中（《考古》1977 年第 6 期：401—402 页）。同墓出土了一件铜镜、一个瓷盘、一个瓷碗、三个粉盒和一把木梳，说明这是一位中年妇女的适度、并不怎样铺张的墓葬。她的墓中也有一方买地券，写在木方之上，说她用钱九万九千九百九十九贯和一些绢帛，从蒿里父老和武夷王处买得这块墓地。与标准文本一样，买地券余下的部分是警告鬼魂不得侵占她的墓地。不同寻常的是，在她的墓中还有另一种文字材料，写在一个柏人的背上。柏人双手抱于胸前，头戴黑帽，身穿长袍，用墨线勾画衣纹。给出了年月日之后，这份难以通解的文献说：

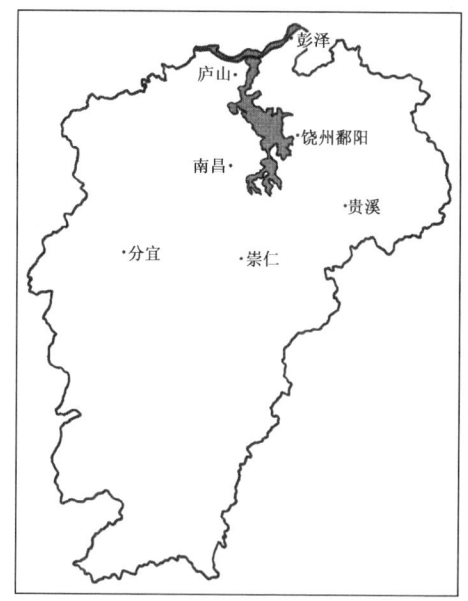

地图 1　江西省。在宋代，江西人以"好讼"著称，为了准备应对阴间的法司，他们采取了很多特别措施。他们在墓中埋藏买地券，有时还有柏人，以使自己及在世的亲人免受冥府的威胁（Donna Perry 绘）。

> 洪州南昌敬德坊殁故亡人熊氏十七娘，[年]五十四岁。今用铜钱九万九千九百九十九贯，已买得此地。地中有神，呼主人、长男、长女、中男、中女、小男、小女，并仰柏人当

> 知。……地中有神，呼主人、子丑寅卯辰巳午未申酉戌亥等者，并仰柏人当知。奴婢牛马六畜，并仰柏人当知。地中有神，呼长孙、中孙、小孙、曾孙、悬孙……并仰栢人当知。

这份文献的最后一行不完整，意思大约是要求鬼魂遵守"木盟"，"并随柏人觅食"。

买地券是用来预防因墓地买卖不合法而引起的诉讼的，但在冥府还可能提出其他类型的诉讼。这一与买地券部分重复的文本则使用咒语性质的言辞，强烈要求柏人预防这些诉讼，但却并未解释柏人是谁以及他们为什么能知道有鬼神在"呼"亡人或其亲人。柏人拥有怎样的能力能使熊氏十七娘的家人能够知道要传唤其某一个后代呢？

一个世纪之后，在江西还有一份同样的文字，刻在石板（长40厘米，宽30厘米）上，并埋在墓中，其拓本现藏北京图书馆（北图，《墓志》，3712），但因为不详其来源，也没有留下随葬品的清单，所以无法断定死者的居地及其社会身份。碑上的书法很粗陋，书写人经常把"柏人"的"柏"字简写成"白"字。在边缘还另外补上了一些字，整个行文冗长累赘。凡此，都显示出书写人未受过学校教育。碑的一面是995年的买地券，警告故气邪精不得侵扰墓地，并声明用钱万贯向东王公、西王母买得此地。另一面则进一步陈述柏人的力量：

> □□亡人后，地中合出高官显[爵]、聪明儿孙，仰柏人招取，送与阳道儿孙。地中合出金银万万余定，仰（白）[柏]人受取，将与阳道儿孙。地中合出蚕万倍，仰[柏人]受取。地中合[出]牛马六畜，资生万万余足，仰（百）人招取，与阳[道]儿孙。地中合出钱十万万贯文，仰（白）[柏]人受[取]。若有□□□取，急付太上老君。

这段文字证明，柏人可以给生人带来财富与成功。人们通常焚化钱、纸衣、纸马和纸扎的奴婢，以供亡人在冥府使用。这里却说到不同的做法。亡人的子孙送出这些纸做的钱、牲畜、蚕、金银锭以及官爵告身的仿制品，是希望柏人把这些东西转化成实在的事物、再送还给现世的家人。

> 准开元敕断次，勒一砖将与亡人。今……地中斩断凶神恶鬼。地中有神，来呼主人男……男小男名字，仰柏人斩□。地中有神，来呼……女中女小女名字，仰柏人斩女。地中有神，来呼……新妇中新妇小新妇名字，当了。地中有神，来……亡人同（床）[窗？]，仰[柏]人斩友。地中有神，来呼长男孙中男……中女孙小女孙名字，仰（百）[柏]当了。

这段文字就柏人何以能够防止某人被传唤到冥府去，给出了一个更好的解释。柏人要采取各种各样的措施阻止这种传呼，甚至将呼唤亡人亲人名字的邪神斩首。这段文字还展现了一幅家庭图画，它按照与亡人的亲疏关系，列举了亡人的亲属——可能恰与其辈份、年龄相对应：大男、[中男]、小男，大女、中女、小女，大新妇、中新妇、小新妇，长男孙、中男孙、小男孙，最后是[大女孙]、中女孙、小女孙。这些亲人都有可能会受到故气邪精的呼唤，而柏人则有能力处置任何可能导致他们被传唤到冥府去应讼的情况。如果柏人能够防止此类诉讼，那么，亡人家庭即可财源滚滚、年成丰穰、钱财茂盛，甚至高官厚禄。

最后一种出自江西的墓葬柏人书证实了柏人的作用是解决冢讼。这件柏人书出自彭泽县，写在一件八棱形柏木上，上端刻削似人头（图10）。这个造型很奇怪，不怎么像是汉人，与890年墓中所出柏木官人迥异。这个柏人的年代是1090年，出自易氏八娘墓。据随葬墓志，她出身于一个当地豪族之家。发掘报告只摘录了小部分墓志。其木棺外套石椁。随葬品包括两只陶罐、一件陶俑、青石质墓志铭、瓷碟、木梳、铁剪、一把铁刀、一柄铁棍、一面铜镜、一柄钺以及一些贴身细软：一件银梳、一对银手镯、一对金耳环。显然，这是一座奢华的墓葬。

图 10　保护亡人免受传唤。这件柏人出自 1090 年江西彭泽易氏八娘墓。在一件八棱形简单刻削的木条之上，刻削成头形，勾画出眼睛、嘴巴与鼻子。这件柏人身上的墨书文字，以冥府之主敕命的形式，命令柏人"宜绝地中呼讼"亡人易八娘之子、夫、家人、兄弟、戚门。
　　这件独特的柏人在形式与内容上均不同于典型的买地券，但使用它的动机是一致的：都是为了预防亲人和自己遭遇冢讼。（承陈柏泉提供照片，谨致谢忱）

与另两座江西墓葬不同，这个墓中没有随葬买地券，而代之以冥府之主敕命柏人应防止呼讼亡人易八娘及其夫家。它写道：

> 唯元祐五年岁次庚午癸未六月甲午朔二十二日，江州彭泽县五柳乡西域社傅师桥东保，殁故亡人易氏八娘，移去。蒿里父老、天帝使者、元皇正法，使人迁葬。恐呼生人，明敕柏人一枚，宜绝地中呼讼。
> 若呼男女，柏人当。若呼□师名字，柏人当。若呼家人，柏人当。若呼兄弟，柏人当。若呼戚门论诉，柏人当。若呼

温黄疾病,柏人当。若呼田蚕二业六畜牛羊,柏[人当]。若呼一木二木,柏人当。若呼不止,柏人当。急急如律令。
(《文物》1980年第5期:28—31页)

它多次重复同样的文字,列举了地中不宜呼讼的亡魂名单。柏人书未说明如果受到呼讼会有怎样的后果,但可以假定是文中提及的人——亡人的子女、夫、兄弟、家人、戚门——将会遭受某种不幸,甚或死亡。这份文献中包括了比990年券碑所列更多的保护人;不仅包括子裔,还包括了亡人的戚门和兄弟。更重要的是,"地中"还有能力带来瘟疫。而且,他们还可以呼讼田、蚕、六畜以及一木、二木,从而对人们的农耕造成严重破坏。显然,柏人就相当于亡人在冥间的亲随,其职责就是代替其主人应对任何呼讼。

在中国,松、柏在传统上常常与墓地联系在一起(de Groot, 1892—1907:卷一,294—300页)。宋谚有云:"千年松,万年柏",称赞这两种树木长生不老(《事林广记》1699年本,卷九:二十一页上)。人们也经常使用这两种木材作棺材,希望把它们的长寿转送给亡人。人们在墓地栽植这两种树木,并认为它们是亡人的化身。1152年,一个这样的树魂托梦给其子孙,告诫他们不要出卖自己栖身的某一棵冷杉(《夷坚丁志》:585—586页)。《名公书判清明集》的一个案例说:一个人的百余名佃客与其邻人之间发生了一场激战,就是为了争夺砍伐邻家墓地上的树木。械斗非常激烈凶猛,有一位伐树的佃客被杀死了。法官同情那个邻人,判决说:"爱护墓木者,所以爱护其祖宗也。"(《名公书判清明集》卷九:330—332页)

将柏木与防止冢讼联系起来,或许还可以追溯到一个更为古老的信仰,即冥府的官衙是用柏木建造的(Yu, 1987:391—392页)。汉武帝时(公元前140—前86年),一个宫廷倡优在回答何谓"隐"时说："柏者,鬼之庭也。"注者颜师古在注释中解释这句话说："言鬼神尚幽闇,故以松柏之树为庭府。"(《汉书》卷六五：2844—2845页)如果说在阳世官府或衙门是县官听讼之所的话,那么,人们自然就会设想,鬼魂也要在以松柏建造的廷府中听讼。正因为人们认为柏木具有可以帮助生人免受阴司呼唤的功能,所以才会随葬柏人书,有时甚至还会再放进去买地券。

五 道教的《鬼律》

就在江西居民将柏人放入墓中的同时,江西出现了一个新的道教教派——天心派,他们也致力于为人解除冢讼之厄。据说,天心派初祖饶洞天于994年在抚州崇仁县华盖山(见地图2)获得到第一部经书。① 天心派不用买地券或柏人以防止冢讼。它声称天上、人间和冥府都统归玉帝为首的官僚体系统辖,玉帝可以命令驱邪院、道士和鬼兵强制执行用以控制游魂的各种律法。立于这些行为不端的游魂之对立面的,是"正神",他们遵守律法,所以赢得了道教的赞赏和人们的祭祀。

天心派道士使用《地理新书》所用相同的一个术语来指称此类律法,即"鬼律"。我们还记得《地理新书》引用过一条《鬼律》："葬不斩草、买地不立券者,名曰盗葬,大凶。"(《地理新书》卷一四：十一页下)大部分俗世民众也许知道有一种鬼律,但人们只知道其中

---

① 学者们对这一道派三种重要经典的成书年代曾作过讨论。第一种《太上助国救民总真秘要》的"序"署的日期是1116年,没有问题。另两种经典——《上清骨髓灵文鬼律》和《上清天心正法》,据Robert Hymes的看法,当成书于北宋(未刊稿);据Judith Boltz(1987:33—35页)的说法,则当成书于南宋。由于《上清骨髓灵文鬼律》中有些章节与《太上助国救民总真秘要》相关章节字句完全相同,所以可以断定其成书年代当在北宋末年。

的一些条款。天心派的宗师对此采取了不同的态度,其做法与制订《女青鬼律》的早期天师道相同。他们都相信存在着这样的律法,而且道士应当了解其全部内容。

邓有功撰写了一部《上清骨髓灵文鬼律》,给出了鬼律的具体内容。他在序言中解释说:因为道士们热衷于画符和用符咒治病,很长时间里人们不再了解鬼律的具体条文。邓有功声称:《上清骨髓灵文鬼律》是以初祖饶洞天在官府做胥吏时留下的一个文本作为基础的。饶洞天认为:"天人虽异,理则一致,即仿以国家法律参校。"(《上清骨髓灵文鬼律》,"序":二页下)这位创派祖师说出了每一个人都很熟悉、但却向无人表达出来的一个观念:冥世的法律,其根本原则与世间法相同。天心派道士从不宣称他们创设了鬼律,只是说他们发现了鬼律。邓有功抄录完《上清骨髓灵文鬼律》的一百二十款条文之后,即将副本焚化,以使之上达驱邪院等处,请求他们给予"分明报应",认可他的版本是"完本"鬼律(《上清骨髓灵文鬼律》,"序":三页下)。我们可以设想:他收到了未予否定的"报应",所以他相信自己的版本确实是最正确的一种《鬼律》版本。

因为鬼律的基本法则与世间法相同,所以,邓有功在编纂他的《鬼律》时,可以参考刑律条文。刑律的影响显然有据可证。与《唐律》及其后世仿制的法律一样,《鬼律》首先是针对各种官府的(道法门),它们负责执行鬼律,却并一定是因为《鬼律》才有这些官府。有不少条文涉及违犯了官僚程式规章,诸如撰写的章表不合法式、或者未对上司指令作出敏捷反应之类。鬼律对冥司官员的晋升标准、任职时间等都作出了详细的规定。

刑罚的等级与刑律的规定相同:杖、笞、徒、流、处死(Johnson,1979:14—15页)。关于鬼魂的犯罪,规定得非常细致。针对所犯罪行,惩罚也各种各样。有条文规定:"诸鬼神妄摄人魂者,流三千里。因而致毙者,处死。"也有:"诸鬼神盗人财满千钱者,流二千里。不满千钱,徒二年。"(《上清骨髓灵文鬼律》卷一:六页上)

《鬼律》的一部分是针对亡魂的(亡祟门)。其第一条即涉及冢讼:

> 诸亡者有怨于生人,曾经地府陈理,未结绝,而擅于人家作妖异,克害他人,侥求功果为报,虽非损人命,而动烦立狱,仇对平人者,关地府灭形。(《上清骨髓灵文鬼律》卷一:八页上;Hymes,未刊稿,第二部分:16 页)

这一条款承认亡魂有充足的理由呈讼,但禁止他们在讼案未审理之前即擅自祸害生人。接着,《鬼律》规定了如何惩罚那些放火在人家居室、惊吓牲畜、想方设法停留人间不去、索要祭祀、拒捕或辄与追捕之吏兵斗敌的诸鬼祟。《鬼律》威胁说:要将那些假借新死之便、缠绕生人有所求索的无主邪鬼处以流刑,或处以灭形,但允许亡魂到自己家中显形作祟以求索供祭食物(《上清骨髓灵文鬼律》卷一:八页上—九页上)。天心派的另一种文献——《上清天心正法》,则指示"法官"如何书写符箓以帮助遭受冢讼之苦的人家。

作者在《上清骨髓灵文鬼律》中坦承,很难将惩罚付诸执行。"(初祖饶洞天)深得轻重之意,而定其刑罚之例。然则,鬼神有影响而不可执著,无所施其鞭扑,有罪犯则苦役之。"(《上清骨髓灵文鬼律》,"序":二页下)而且,在这本书里,他也未能解释一个神秘的惩罚方式:怎样把鬼神"灭形"?中国人偶尔会鞭打不能显灵的神像,甚或将其斩首,但天心派道士并不提倡这种粗率的做法。他们相信自己基本了解神界特别是驱邪院的运作情形,认为可以依靠他们去处罚阴间的无主游魂。

六　俗世的看法

与邓有功同时代的江西人洪迈(1123—1202年)是一位勤勉的奇闻逸事收集家,《夷坚志》即公布了他收集的部分奇闻逸事(Hansen,1990：17—22页)。《夷坚志》里有很多反映俗世观念的阴司故事。洪迈出身于一个官僚家庭,本人也曾做过官。当他及其家庭面临一些不易解决的问题或疾病时,曾经请过各种医生、僧人和道士,所以,他是一个持同情倾向的记录者。他的小说集收录了他所处时代全国各地的、大量的志怪故事。

有一个故事描述了对神的惩罚是如何进行的(Hymes,未刊稿：第二部分,19—21页;《夷坚志补》卷一五：1693—1694页)。一位奉化商人壮年亡故,死后魂魄附于其生前的侍妾身上,并借她的口说话。他解释说：他被一位本地神灵三堂神摄去,被迫给那个神灵做奴仆。两年后,他获准告假,得诉于泰山神君。东岳神府的一位低级官员告诉他,宜赴驱邪院。到了驱邪院,他陈述了自己的冤情,看见有片纸飞出,旋绕三堂神之身数匝,化为烈火焚之,立成灰烬。这正是邓有功在编纂刑律时心目中设想的惩罚：它将在阴间生效,焚灭犯罪的鬼神。在这个故事中,那位富商之妾显然非常了解天心道教义中关于驱邪院的知识。也许她本人就是一名天心道徒,但更可能的解释是一位不知名的天心派道士被请来解释这一事件,洪迈把道士的解释混作侍妾的话了。

因为天心派道士虽然掌握控制鬼魂神灵的手段,但他们既然依靠这种神秘手段以赢利,就不希望其潜在的顾客也了解他们的秘密。邓有功并不是为了俗世民众的利益而写下鬼律的。他设想道士应当学习全部天心道法,就像他自己在四个道观(三个在江西,一个在安徽)

所做的那样。道法是一种深奥的教义，它可以以正确的传播方式将法力转移到特定的主人身上。重要的天心道经书必须靠背诵，因为它们关于同一仪式的信息分散在几卷中，举行仪式时不可能拿书出来参考（Hymes，未著出版日期：第二部分，5页）。有些宋代的官员也学习神秘的道法，并掌握了道教科仪（Boltz，1993：256—264页）。但老百姓无权接触到这些经书——事实上，《上清骨髓灵文鬼律》中设立了一个专门保护其秘密的法官（《上清骨髓灵文鬼律》卷二：二页下—三页上）。普通百姓必须聘请天心派道士去协调他们在阴间的利益。

路时中是一位道教科仪书的作者，他将天心道法与12世纪其他道教派别的道法融会起来；在《夷坚志》中，他本人也是一位活跃的道士（Boltz，1987：36—37页；1993：260—262页）。1125年，一位曾在山东做过知州的人生了病。他请一个朋友给他写了一份青词，并设醮为他祈福。但之后不久，他还是死了。他的那位朋友昏迷了三天，醒来之后，报告他曾经到过一个公庭，看见死去的知州戴着枷锁立于庭下。知州告诉他："汝今归，便与吾妻说，速营功果救我。今只是理会郓州（今山东东平县）事。"他的妻子听见这话，恸哭着解释说：昔年她的丈夫曾杀了五百个已投降的贼人。然后，她就聘请道士路时中另做了一场大醮，为他谢罪请命（《夷坚乙志》卷六：232页）。在这个故事中，路时中直到知州之家决心谢罪之后才出现，他也没有对这个决定提出异议。

洪迈解释说：士大夫经常与路时中商讨遇见鬼的情形。1127年，北方沦入金军控制之后两年，一位知县邀请路时中去帮助他为鬼所祸的二女儿。她看见路时中，忽然恢复了知觉，而以她姐姐的口吻说话。她（姐姐）解释说：她曾需要一双金钗以作为嫁妆，而妹妹坚执不与，破坏了她的婚姻。听了她的叙述，路时中总结说："其词强。"他不能进行干预，建议她父亲以善力祷谢之，但那个妹妹还是于次日死去了（《夷坚乙志》卷七:237—238页)。为了他的声名,路时中承认他不能改变阴司作出的公正的判决。那么,他怎么能够帮助一个曾杀降五百的官员呢?对此,我们一无所知。

洪迈还记载了另一个道士无力改变阴司裁决的故事。一位怀州(今河南沁阳县)举子日形憔悴,卧室中又经常传出人声。其兄聘请一位天心派道士来帮助他。道士拘传来那位折磨举子的妇人,她解释说:"我乃尔三生前妻。此女,尔女也。尔为生往他州,顾恋倡女,不知还,我贫困不能自存,携此女赴之井。诉之帝。"天帝判决:那位举子虽有善业然不能抵其罪,即使那些罪行是前生犯下的;并判他十年之后当死。十年后,他确实死了(《夷坚甲志》卷一三:111—112页)。

这些故事都围绕着阴司对死者的判决而展开情节,这几个死者生前或杀害了五百降人,或阻碍姐姐的婚姻,或遗弃其妻女。并不是所有的判决都是绝对公正的,做善事就可以减轻已犯罪行所受的惩罚。值得注意的是,在阳世未受到惩罚的罪行,到阴间会受到某种方式的惩罚,而天心派道士却不能推翻相关的惩罚决定。洪迈把这些不利于天心派的故事也收录在书中,突出了《夷坚志》作为史料的意义:与此前的资料不同,《夷坚志》本身并无派别倾向,它既不偏向佛教,也不偏向道教有关阴司冥府的阐释。《夷坚志》也反映出,老百姓并不总是与天心派道士打交道。他们也会提出自己解决阴间问题的办法,并在梦中或无意识状态下到阴间去。他们经常独自这样做。

洪迈收集的故事说明:在他的家乡江西,阴司的信仰是普遍的。有一个故事说:一位贵溪知县,正与妻子坐在堂上,忽然看见上一年非理枉杀的一个士兵的鬼魂(《夷坚支癸》卷三:1244页)。还有一个故事与此相同:一个饶州(见地图2)妇人,经常遇见一个鬼魂。当妇人威胁说要请天心法师驱囚赴泰山治其罪时,那个鬼魂才道出自己的身份:原来她是邻家之妾的亡魂,因受其家妒妻之凌逼,自缢而死,尚未得托生。妇人允诺在附近的一家佛寺开办布施饿鬼的水陆大斋时,给这个亡妾设位荐拔。妇人践约设祭之后,亡妾之魂托梦给她,表示感谢(《夷坚三志辛》卷九:1456页)。

还有一些鬼魂为不同原因而提出诉讼。一位男子亡妻的鬼魂,使他住在长沙的继室患了重病。他们家邀巫媪测视,认为其前妻乃是致病之根源。巫媪劝那位官人写一份休妻文书,然后与纸钱一起焚化了,给他亡妻。在这个故事的末尾,洪迈评论说:"生人休死妻,古未闻也。"(《夷坚丁志》卷一二:639页;de Pee,1991:71—72页)

这一个鬼魂是想离婚,与此相反,其他鬼魂却是希望结婚。1196年,江西抚州有一位姑娘生了病,卧床两月,遂亡。死后十一天,她忽然回家对她万分惊讶的父母亲解释说:

> 去岁九月,林百七哥过门,见我而喜,归白百五郎,欲求婚聘。及媒人来议,父母不从。林郎因此怏怏成病,五月十九日身亡。凭诉阴司,取我为妻,今相随在门首。记我生时,自织小纱三十三尺,绢七十尺,紬一百五十六尺,速取还我。

她的父母取出这些纺织品之后,她拜谢二亲:"便与林郎入西川作商。"随语而没(《夷坚志补》卷一〇:1642页;Sheng,1990:137页)。

她父母的过错,就像那位舍不得给她姐姐金钗的妹妹一样,是阻碍她出嫁。他们得到的惩罚是失去了女儿和她给自己作嫁妆而准备的纺织物,那些纺织品可以在阳间与阴间交换。这个年轻女子虽然未曾明说,但读者可以推断:一位阴司的法官判决他们应当结婚,那位姑娘在阴间应与林郎团聚,因此,她需要陪送与阳间一样的嫁妆,两位有情人来生将在西川经商。

洪迈家乡鄱阳县的一个居民忽然有两天不省人事,其间他去了一趋冥府,从而给我们提供了一份有关阴司如何运转的最详尽的报告。他被带到庭上,看见同巷一位秀才与其妹妹皆戴着锁住脖子与手臂的木枷跪伏在冥王像前。两个狱卒持荆杖拷讯二人:"汝父存日,有官会一百七十道,今在何处?"后来,冥王发现这位居民是亥年生人,就拆责鬼吏:"错了错了!此是系追申生人,可速遣还。"(这里关于按生肖年份追讼的描述,与890年熊氏十七娘买地券所记相同。)这个人于是就被领出来,又在阳世活过来了。后数日,他往访那位秀才之家,得知那位秀才及其妹妹生前曾赌咒发誓不曾收得其父丢失的楮币,故未得重返人世(《夷坚三志壬》卷九:1540页)。在这个故事里,阴司显然不怎么光明正大。冥官错误地判定官员之子女盗用钱财,还传唤错了这个讲故事的人。

七　为阴司准备的文书

《夷坚志》里还有一个故事,详细阐释了在功过评价方面阴阳两法司的关系:

> 明州人夏主簿,与富民林氏共买扑官酒坊,它店从而沽拍,各随数多寡,偿认其课。历年久,林负夏钱二千缗,督索不可得,诉于州。吏受贿,转其辞,翻以为夏主簿所欠。林先令干者八人,换易簿籍,以为道地。夏抑屈不获伸,遭囚系掠治,因得疾。
>
> 郡有刘元八郎者,素倜傥尚气,为之不平。宣言于众曰:"吾乡有此等冤抑事,夏主簿陈理酒钱,却困坐圄圄,何用州县为哉?恨不使之指我为证,我自能畅述情由,必使彼人受杖。"

八人者浸浸闻其语,惧彰泄为害。推两人饶口舌者隔手邀刘,与饮于旗亭,摘语兹狱,曰:"八郎何必管他人闲事,且吃酒。"酒罢,袖出官券二百千畀之,曰:"知八郎家贫,漫以为助。"

刘怒骂曰:"尔辈起不义之心,兴不义之狱,今又以不义之财污我。我宁饿死,不受汝一钱饵也。此段曲直虚实,定非阳间可了。使阴间无官司则已,若有之,渠须有理雪处。"呼问酒家人:

"今日所费若干?"

曰:"为钱千八百。"刘曰:"三人共饮,我当六百。"遽解衣质钱付之。

已而,夏病棘,出狱而死。临命戒其子曰:"我抱冤以殁。凡向来扑坊公帖并诸人负课契约,尽可纳棺中,将力诉于地狱。"

才一月,八人相继暴亡。又一月,刘在家忽觉头涔涔颤眩,谓其妻曰:"眼前境界不好,必是夏主簿公事发,要我供证,势必死。然料平生无他恶业,恐得反生,幸勿巫敛,以三日为期,过期则一切由汝。"是日晚,果死。

越两宿,矍然起坐曰:"比为两个公吏追去,行百里,乃抵官府。遇绿袍官人从廊下房中出,视之,则夏主簿也。再三相谢曰:'烦劳八郎来,此处文书都了,只要略证明,切莫忧恼。'续见八人者,共着一连枷,长丈五六尺,而钻八窍以受首。

俄报王坐殿,吏引造廷下。王曰:'夏家事不须说,但楼上吃酒一节,分明白我。'

我供曰:'是两人见招,饮酒五杯,买羹三味,与官会二百

道,不曾敢接。'

　　王顾左右,叹曰:'世上却有如此好人,真是可重。须议所以酬奖。试检他寿算。'

　　一吏走出,须臾而至,曰:'合七十九岁。'

　　王曰:'穷人不受钱,岂可不赏?与增一纪之寿。'勒元追者且引看地狱了却来。既见,大抵类人间,而被囚禁者,皆本郡城内及属县人。有荷枷绑缚者,有讯决荆杖者,望我来,各各悲泣。更相道姓氏居止,嘱我还世日,为报本家。或云欠谁家钱,或云欠谁家租,或云借谁家物,或云妄赖人田产。皆令妻儿骨肉,方便偿还,以减冥罪。它或乞钱财,或求功果。我不忍注目而退,犹闻咨嗟叹美不已。

　　再到殿前,王曰:'汝既见了,反生时一一说与世人,教知有阴司。'我拜谢辞去。

　　暨出门,送吏需钱,拒不与。诟曰:'两三日服事你,如何略不陈谢?且与我十万贯。'又拒之曰:'我自无饭吃,那得闲钱。'吏遂捽脱顶髻,推仆地,于是获苏。"

　　摸其头已秃,而一髻乃在枕畔。济南王夷县尉,时居四明,亲见其说如此。淳熙中,刘年过八十而病。王往省问,甚忧之。刘曰:"县尉不必虑,吾未死。"后果无恙,盖屈指冥王所增之数也。

　　至九十一岁,乃卒。王今为饶州理掾。王司理说。(《夷坚志戊》卷五:1086—1088页)

故事起首记述了一个案子的事实:欠债的林某如何买通地方官府的胥吏,陷害本为债权人的夏主簿。刘八郎出来为夏主簿鸣冤叫屈。他义正辞严地拒绝了林某手下人的收买,提到阴间法司审理此案的可能性，认为那里可以改正错案。夏主簿在死前嘱咐其儿子，将与林某未偿还债务相关的所有契约文书都埋在他墓中，以便他"诉于地狱"。这一段记载非常重要，它提供了埋藏买地券的根本原理。一个人可以将同样的证明文书呈交给地上与地下的司法系统。把这些文书放置在棺材中，可以确保它们与亡人同一时间到达阴司。

林某的八个下属死亡之后，刘元八郎得到一个预兆，预示他将要被传唤去作证，于是他就昏死过去了。当他醒来后，故事才接着讲下去，叙述了他的经历。他看见那八个人戴枷立在那里。在回来的路上，刘元八郎参观了好几个炼狱。在那里受苦的人告诉他，他们"欠"别人的钱、租或田产。有的人乞求钱财，其他人则要求其家人给他们做功德，就像《冥报记》中所做的那样。这种要求反映了佛教的信仰——相信某人行善积累起来的功德可以转移到另一人身上，即便是其人已过世亦可。当陪伴刘元的鬼使向他索贿时，一向正直的刘元拒绝了；鬼使把他推倒在地，于是他就回到人世了。能证实他确曾到过冥府的证据有二：一是他的发髻落在枕畔，二是他在80岁之后又多活了10年。在结尾，洪迈解释了他是怎样听到这个故事的。

这个故事没有说明那个真正的坏人林某最后落到了怎样的下场，读者只知道夏主簿成功地让林某的八个下属受到了惩罚。也许，林某早已受到了惩罚，只是刘元不认识他，因为他未曾试图亲自收买刘元。也可能对林某的惩罚要到以后才会兑现，或者由他的子孙承受其罪孽带来的后果。

这个故事讲述了正义的胜利。夏主簿在人世间的法司上未能得到公正的判决，却正如刘元八郎所希望的那样，在阴间的法司得到了平反昭雪。许多访问冥府的故事讲到冥府官僚体系效率低下，但不过是传唤错了人、然后又让他们回归人世罢了。值得注意的是，在阴司，不曾有人为他不曾犯过的罪行而受到惩罚。与其同时代人一样，洪迈相信,报应的一般规律是:善有善报,恶有恶报,无论是今世还是来生——甚至在两世之后,就像那位遗弃其妻女的人一样。

洪迈讲述了江西抚州一个人及其六个儿子的故事,他们作了20年佃农,渐能自给。然后,每一个家庭成员都开始陷入麻烦之中,有的患病,有的因各种罪行而被捕。这位父亲向当地一位算命先生求教;算命先生告诉他:他们家的上一辈做了些坏事,陷入了"汤火公事";他还看见有两个鬼魂正在门庭上守候他们家。那位父亲承认:他的父亲以陶冶为生,曾借贷了价值二十千的纱帛,并允诺介时偿还。当两个客商来讨还他们的货物时,他的父亲将他们推入冶炉中,活活地烧死了。这场谋杀发生之后40年,他们家开始遭殃。

在这篇小说的结尾,洪迈总结说:"论者谓凶德本于冯父,既获善终,而其殃沴乃延诸孙,冥报亦为迂徐委曲,而讫无善脱者。积不善之家,必有余殃,信矣!"(《夷坚三志壬》卷一:1471—1472页)洪迈的语气表明他自己也是"论者"之一,而且他得到了这样的结论。那位祖父有罪行是多重的:他背信弃义,不愿偿还借债;又杀了两个无辜之人;而且,他以令人发指的手段将两个人的尸身焚化为灰烬,使他们得不到适当的葬埋,在阴间也因为没有身体而无法托生。让其子孙遭殃,实属理所当然。

一直到元代,世人仍普遍相信游魂栖息于墓地上。刘壎(1240—1319年)讲述了两家坟地同处一山的故事。他们数世和平共处,然在"傍人"撺促下,打起了官司。主审官决定不传唤里正邻保、重新划定两家坟地的界线,因为他认为"如是动众,山灵不宁"。于是,他拟定了一份盟书:

> 甲之墓以乙之山为保障,则乙之保是山犹吾保是山也;
> 乙之山以甲之墓为屏蔽,则甲之保是山犹吾保是山也。毋斩

一木,毋侵轶,毋以平常之地起争端。有渝此盟,山灵殛之,俾坠其家,无克祚世。

于是两家荐酒结券,"复以是载书盟于官,以重其信焉"(《隐居通议》卷一六:五页上—六页上。承 Barend ter Haar 提示此条资料)。这份盟书最后一款阴森可怖,说明人们相信"山灵"拥有毁灭一家的力量。

阴司接受埋入墓中的阳世契约和其他证明材料,以帮助他们更好地判断死者的为人。如果我们相信一种元代野史笔记所记的话,那么,阳世的法司也同样接受来自阴司的证据。1343年,陕西北部、靠近今内蒙古与陕西交界地带的一个小镇里,有一位居民控告一个算卦先生谋杀了三个人。按照固有的官府规定,此宗关涉巫术的控诉当然不能立案:控诉人与算卦先生之间显然有宿怨。控诉人引述三个鬼魂的证词以及在算卦人房间里搜获的法器(包括纸做的人形)作为指控算卦人的证据,调查也确证那三个人已失踪,于是,算卦先生被判决凌迟处死,其妻子则被发配海南(《南村辍耕录》卷一三:155—157 页;ter Haar,未刊稿)。

八　元剧中的阴司

在现世的讼案中,死去的受害人出来作证,帮助法官判定谋杀者的罪行,也可能成为艺术模仿的一个生活情节。在好几位元代戏剧家创作的公案戏中,都有鬼魂显灵作证,最终使州县官把即将逃脱法网的谋杀罪犯定罪的情节。有两种戏剧的明代版本就包括了这样的场景(Hayden,1987:10 页)。在关汉卿的《窦娥冤》里,主角被错判毒死了公公,她的魂灵就出现在公堂上。她的父亲赴考之前,把她卖给人家作童养媳;后来,作为提刑肃政廉访使回到其家乡,负责审理所有重要案件。当窦娥的魂灵来到公堂之上,帮助其父判定真正的罪犯时,每一个观众都看得见她(《元曲选》:1514—1515 页;Liu Jung-en,1972:154 页)。

在郑廷玉的《后庭花》中,鬼魂以一阵阴风的方式显身在包龙图面前,只有他一个人看得见(《元曲选》:941 页;Hayden,1987:158 页)。第四章已述及,包拯是现世一个著名的官员,声名卓著。据官修《宋史》记载,开封的民众甚至说:"关节不到,有阎罗包老。"(《宋史》卷三一六:10317 页;Hayden,1978:18 页)著名诗人和小说编集者元好问(1190—1257)曾讲述过一个故事,说 1180 年包公曾显灵解救了一个被金兵掠到宋金边界以北、靠近宋界不远处的姑娘:

> [彼女]颇有姿色,倡家欲高价买之,妇守死不行。主家利其财,捶楚备至,妇遂病。邻里嗟惜而不能救,里中一女巫私谓人曰:"我能脱此妇,令适良人。"即诣主家,闭目吁气,屈伸良久,作神降之态。少之,瞑目咄咤,呼主人者出,大骂之。主人具香火,俯伏请罪,问何所触尊神。
>
> 巫又大骂云:"我速报司也!汝何敢以我孙女为倡?限汝十日,不嫁之良家,吾灭汝门矣!"
>
> 主家百拜谢过,不数日嫁之。(《续夷坚志》卷一:2—3 页)

在这个故事里,包公假借女巫出面说话,其时他已过世百余年。元好问评论说:"世俗传包希文以正直主东岳速报司,山野小民,无不知者。"(《续夷坚志》卷一:2 页;Hayden,1987:20—21 页;高桥文治,1991:44 页)一方 1285 年的泰山石刻列举了三府六殿下的七十五冥司(《泰山志》卷一八:二十七页上—二十八页下;Chavannes,1910:

364—369页),在这个官僚层级中,包公是七十五冥司之一;但是,就像罗马神话中的Mercury一样,他作为使节,具有重要的地位。在一种元剧中,他也以同样的身份出现(《永乐大典戏文三种》:317页)。

阴间法司与阳世法司是紧密联系在一起的,这种看法非常普遍,所以,剧作家逐步确立了阴司的场景设计。郑廷玉的一本戏《崔府君断冤家债主》即讲到一个诉告土地神的故事。这个故事最初见于山东潍县崔府君庙碑记(《潍县志》卷四〇:三十七页上—三十八页上;高桥文治,1991:64页)。在13、14世纪,崔府君逐渐成为华北各地普遍信仰的神祇,各地都建起了崔府君庙。一篇元代的崔府君庙碑记讲述说:一位妇人到府里去,因为她的儿子为虎所食。崔府君牒告城隍——相当于州县官的冥府官员,摄取虎至,使之服罪。崔府君判决将它凌迟处死(《遗山文集》卷五:一页上—二页上;高桥文治,1991:58—59页)。

《冤家债主》演绎的故事发生在河北福阳县,据说那里是传奇人物崔府君的故乡。人们相信崔府君和包公一样,也可以在阴、阳两界自由往来。上章曾述及,唐太宗赴阴间遇到的正是这个崔府君。这本戏剧的主角张善友到崔府君堂上,控告阎罗王及其使者、当地的土地神,认为是他们过早勾去了其两个儿子和妻子的性命。张善友相信法司的判决可延及神祇,但崔府君拒绝在阳世审理此案,声称他不能审判阴府神祇。他断然表示反对:"我怎比得包待制,日断阳间,夜断阴间?你要告到别处告去。"(《元曲选》:1141页)而事实上,他也具备包待制那样往来阴阳两界法司的本领,于是,他安排张善友到阴府去。在那里,张善友见到了阎罗王;阎罗王把他的儿子、妻子传唤到他面前。他们解释说:他们之所以早死,是因为他们前生作了恶(《元曲选》:1141—1144页)。剧作家没有详细描绘阴司的情景,只是用几句必要的交代,即把观众引到了阴司场景下。

这些戏剧展现的阴司,与其他材料所描述者不同。它们取笑阴司官气十足,而其他材料则着眼于描述在阴司所见的种种不幸。更值得注意的是,这些戏剧甚至讽刺阴司的判决也不公正。

九　再看道教《鬼律》

由于元代人们一直相信阴司,所以,道教更着力纂修鬼律。大约在1356年之后不久编纂成书的《道法会元》共有268卷,汇集了许多不同道教派别传承的文献,每一道派都有自己的科仪(van der Loon, 1979:401—405页;Boltz, 1987:47—49页)。其中有两卷专述一种题为《太上混洞赤文女青诏书天律》的鬼律,它吸收利用了此前的诸种鬼律,包括天心派的鬼律。这部鬼律比天心派鬼律更加系统化,它分为正神、土地、灶神、人死鬼、邪神、山神、井神、厕神、地司官、天曹案吏以及诸法官等部分。每种神官法吏都规定了一套条例。比如邪神,因为比其他神更为有害,所以威胁他们:"诸邪神虚空中抛砖掷瓦于人家者,分形。"(《道法会元》卷二五一:十二页下)这部鬼律设计了一个层级制的神祇谱系,每一个神祇都要向自己的上司报告;而道士则被分为九个等级,就像中国文官制度中的官员一样。

《女青天律》的第一款即声称:"诸正神不得受民间词讼。违者徒九年。"同样,"诸邪神妄受民间词讼者,分形"。只有法官可以接受民间词讼,并尽快将讼状转呈泰山神君,"其不即行遣者,徒一年"。鬼律解释说:有生民合死,正神须承受阴司追取文状后,方得将此人交付前去。违者处以流刑。负责押送亡魂赴冥府的土地神,如果未将亡魂送至应赴之道场,将处以斩刑;沿路胁迫亡人、乞觅财物一文以上者,则予以"分形"(《道法会元》卷二五一、二五二)。

亡魂一旦到达冥司,就有许多规定等着他们。除非是"死日",他们不能归往凡间;他们不能因忌恨而伤害或致死任何生人;他们也不能妄入生人梦寐、现形作怪。有好几款规定涉及冢讼。死鬼生前非命而死、却讼生人者,处斩;死鬼有冤于生人、合乎情理者,得受审理一次;若阴司认为原告有理,判决令其托生者,听其自便;若死鬼捏造冤情,或妄以未识之人为相识,指非亲之人为亲人,或未有仇隙而妄以为有,阴司概不受理其呈诉(《道法会元》卷二五一:八页上—十一页下)。

冥司法官地司官所面对的规章比死鬼亡魂还要多。其中有很多条款均关系到使用正确的官僚文牒及敦促他们对道士的要求作出反应。章程规定地司官应具备广泛意义上的忠诚。法官妄受亡人财物、曲法不公者或不依公断罪者,处死;增减生民寿数者,徒九年;故意犯者,处死;不遵奉条律、欺辱已下卑官者,针决充替。

> 诸地司官妄以亡人无罪为有罪,无仇为有仇,无执对为有执对,无冤枉为有冤枉,无宿业为有宿业,及有善以为无,如此之类者,并各分形。故意拘留、希求财利,加一等。

这里列举的违法情形正折射出现世法司的黑暗。另一条款则云:

> 诸地司官取生民有罪□□,只许拘留五十日夜,罪重者不过一百日夜。若不合放令托生者,申上取旨。违者徒九年。

这一条款果真是针对地司官而写的吗?其要求不也恰好适用于现世的法官吗?确实,现世的法官往往全不理会拘留疑犯不得超过五十日的限制。司法复审制度确也不能保证所有将无罪判作有罪、有罪判作无罪的法官会受到惩处。这些规定都是人们特别希望得到的、理想主义的东西。鬼律的编纂者显然希望他们自己的司法体系能以某种方式发挥冥司的一些功能——尽管他们知道这并不可能。

十　结语

早在六朝时期，也可能更早一些，对于那些在现世法司上未得到公正判决的人来说，阴司就提供了第二次机会。虽然阴间的诉讼只是提供给亡人的法律选择，但有关冢讼的故事也一定给那些遭罹现世狱讼之苦的人们带来一种欣悦的满足感。值得注意的是，死者从未放弃申冤报仇。被害人回到阳世控诉杀害他的人，正是为了寻求正义。一个被邻人夺去田产的人死后仍坚持不懈地控告，以使其邻人能得到惩罚。五百名降后被杀的武士，婚事受阻不谐而死的姑娘，都持之以恒地在阴司寻求正义。夏主簿在弥留之际嘱咐其子将所有契据葬入其墓中，也是希望继续向欠债的林某追讨，直到获得公正的判决。这些故事里的所有死者都不曾谴责阴间的正义如此难得，又来得太晚。与读者们一样，他们只希望看到最终做出了公正的判决，而完全不管正义只有在阴司才能够得到这一事实。阴司提供了一个正义裁判所，在那里，正义能够得到胜利（也并不总是如此），而无论这种胜利是在事后，而且还是在阴间。

第八章　阴阳两界的法司

　　读了以上论述，读者一定都会承认：老百姓非常了解买地券，而他们有关阴间司法制度的认识，则来源于其有关现世司法制度的体验。现世实用契约往往纠缠的问题，也同样会出现在阴间，其解决办法也有诸多相同之处。人们试图在付款的同时订立一份契约，因为他们希望尽量减少诉讼的可能性。当然，人们也往往疏忽此事。只是在这一点上，老百姓的利益才与官府的愿望相一致——官府希望有更明确无疑义的契约，以减少诉讼，降低工作量。

　　每一个人也都尽力遵循正确的程序进行交易，除非完全置法律于不顾。撰写《名公书判清明集》的法官们把不合法的交易称做"盗卖"，并予以推翻；《地理新书》之类的丧葬手册则把不守规则的丧葬称作"盗葬"，并在鬼律中设计了防止盗葬的措施。现存的道教鬼律并非仅仅摘引改写现世法律条文，以编成面向亡魂的法律条文，还设计了一套规章制度，用以控制阴司的官僚主义陋习，与阳世法司已经实行的制度一样。生人可以写立买地券，因为他们相信阴阳两界的法司都是一样的，都会接受同样类型的文字性证据。

　　这样，现世实用契约与买地券在形式上就有许多共同特征。我们还记得第一章曾引述过的一份苏来曼人的契约，这位佚名的阿拉伯商人曾于851年到过中国。一式两份，画指为信，然后在骑缝处写上了一些字（可能是"合同"或"契"、"券"之类）。《地理新书》所描述的买地券书写仪式,与苏来曼人的描述非常切合。祭官作为代理人,在亡人与卖葬地的神之间的契约上签字,并在两份契约的骑缝处写上"合同"二字。如果今存一对1568年《地理新书》式买地券(见图9)是典型的话,那么,给神祇的那份买地券正与给亡人的那份反过来。在其他方面,买地券与现世契约也有诸多类似之处。与今见敦煌、吐鲁番所出契约一样,《地理新书》中的买地券也不写卖主的姓名,因为卖主的地位较买主为高。

和现世契约一样,买地券也特别规定了付款的时间。《地理新书》式买地券说:"财地交相分付,工匠修营安厝。"这句话意味着:买卖之成交并不是在两份买地券上写上"合同"二字之时,而是在仪式末尾焚化纸钱给神祇之时。

我们在讨论吐鲁番所出契约时,曾首次注意到这个时间问题。交易之成立究竟是在立契之时呢,还是在交付钱款之时呢?本书曾述及首次涉及所有权转移的契约是在638年,恰是唐王朝征服吐鲁番前夕。它特别将钱款交付与田产之转让联系起来:"钱即毕,田即付。"另一份673年的卖驼契则说:"其驼及练即交相付了",但它并未说明钱财交付究竟是在三日观察期之前还是在其后。吐蕃统治时期的敦煌契约还特别说明钱款已全部付清,"并无悬欠"。

虽然这些条款都是为了预防以后藉口未付清价款而发生纠纷,但唐代史料并无证据表明有很多这样的法律诉讼引起了官府的特别关注。《唐律》透露出来的信息是:官府并不愿干预民间的交易活动;而7、8世纪的契约也说明,很多做法实际上与朝廷颁布的法律互不相涉。人们用"契"这个词指称他们自己达成的约定,而用"政法"指称与之相对立的官府正式法律。即便是在官府权威如日中天时,人们也并不总是到当地官府去登记自己的契约;而且,他们的契约也经常拒绝适用朝廷的赦免之命。

据宋代史料记述,长期以来,卖主都很难在买卖成交当日收到全部价款。一件很突出的纠纷是一个男人以300缗卖掉了他的妻子,却只收到100缗。新夫未支付余款,却强行将那位妇女占留在家。这场纠纷最后诉至官府才算了结,其判决书收录在《名公书判清明集》中,使我们今天知晓这个案子。

宋朝政府采取了不少旨在减少讼案的积极措施,试图建立起一个更和谐的儒家理想社会,同时,也减轻官员的负担。983年,有一位官员呼吁采用一种准确界定四至边界的区域性契约式样。他还解释说:如果在卖地之前,先与邻里商量,看他们是否愿意行使其优先取舍之权,那么,诉讼将会大为减少。《作邑自箴》的佚名作者警告其读者,要注意有人交易而未立契,也有人虽立契却并未付足全部价款。这两种做法都会引发诉讼。买卖牲畜更有一层特别让人伤脑筋之处,因为地方土俗往往先付相当于牲畜价格之一小部分的定钱,然后试水草三日,以检验牲畜是否良健;然后,买主才会付清价款,买卖双方才会写立契约。他之所以对此表示关注,是因为如果牲畜(在三日内)罹疫患病,地方官就必须审理有关讼案,而他们又没有文字性证据以供调解此种纠纷。他的评论确实很有远见。

《老乞大》里的契约则废除了试水草三日这一很难实际操作的规定,并将牲畜过手和付钱收据联系在一起。买主在交易之时,就必须检视牲畜是否有伤残或疾病。当买主发现高丽人的马中有一匹在流鼻水时,因为是他自己的疏忽,他就必须支付罚金才能不要这匹马。在整个元统治时期,官员们一直在抱怨老百姓诡计多端,导致了太多的讼案。一份类书里的契约式样规定必需明确描述四至边界,写明在成交之时即已付清价款,并说明此宗交易并未受到强迫,试图藉此预防讼案发生。它还给卖主留下了"约限三冬备元钞取赎"的选择机会。

徽州居民则对这种时间问题提出了一个更完美的解决办法。他们认识到写立契约必然会在付钱之前,所以,他们加上了最后一条说明。现存最早的一份徽州契约是 1215 年的,就包含了一个"契后批领":卖主与保人声明他们已收到全部价款。卖主收到钱后,在这项批领之后又一次画了押。同样的解决办法也延伸到阴间。一位王府仪卫墓中随葬的 1454 年《地理新书》式买地券,对《地理新书》所载样式作了些修改,其末尾是一句不太常见的陈述:"今日今时情愿领地价。龙神守穴,土地领见钱六千贯,交足无欠。""土地"以卖主和见证人的双重身份证明收到了钱。这里还多出了一个问题,即支付的价款前后不符。买地券的正文说"用价银六两",而最后的批领则说是"领见钱六千贯"。这令人想到写立这份契约时,涉及到两种冥钱:一种模仿银两,另一种模仿钱缗,事实上都是焚化的。

这种试图确立契约与交易时间之关系的努力,对后世契约的形式也产生了很大影响。明清时期契约的写立,在很大程度上是对过去做法的因袭:买卖、租赁及典当契约的很多条款均与此前相同。Rosser H. Brockman(1980:128 页)曾描述说:在 19 世纪末的台湾,人们订立商业契约,还往往是订立那种较简单的、自我约束的契约,以避免官府的介入。钱款也是在当时即付清的。

如 Ramon H. Myers(1982:296—298 页)所说,在帝制后期,契约普遍使用的基础是中国经济的发展;那么,在 12、13 世纪,契约的普遍使用对经济的显著发展也一定发挥了某种助益作用。可是,Peter Perdue(1987:136—150 页)警告说,不宜高估 18、19 世纪所有权的理性化程度。与契约相关的问题是典当的长期存在。即使是在所谓"卖断"的情况下,在一块土地过手之后很长时间内,原主仍一直有权要求买主另外给予补偿。田地并非可以简单用钱来表示其价值的商品。像郑胜一那样,人们即使失去了对田地的合法所有权,但仍会觉得自己与他们的田块联系在一起。

明清时期,中国东南沿海地区还形成了一种更加灵活多变的租佃制度:同一块田地有双重主人的情况相当普遍,这就是所谓的"一田两主"。一家拥有"田面权"或"田皮权",同时,另一家拥有"田底权"或"田骨权"(Myers,Chen,1976;Myers,1982:291页;Kroker,1959:127页;Wiens,1982:5页)。

买地券也假定有双重所有权:亡人拥有田面权,神祇拥有田底权。这种分割所有权的想法,潜含着一种不忠于皇朝的理路:如果神祇拥有田底权,那么,皇帝如何可以声称"溥天之下,莫非王土"呢?抑或皇帝的所有权事实上只是指拥有田面权?这些问题显然事关皇权国法,当时无人敢于质问追究。

1400年后,买地券的使用并未完全停止。一位年轻的美国教友会信徒——Nora Waln,20世纪20年代曾在黄河流域与一位渠官家庭生活在一起。在《充军之家》(*House of Exile*)中,她描述了葬礼的全过程,包括向地祇买地的现代表达方式:"翁氏家族的男人们都穿着白孝袍,头戴白孝帽,脚穿麻鞋,走到土地庙,祷告土地神:他们的先人在地下需要一个地方安身。"(Waln,[1933]1986:63页)向土地神购买土地的买地券也偶尔见于记载,虽然其名称因地而异。

中国其他地方也仍然使用买地券。一位中国学者曾转录过一份1941年见于四川的雕版印刷的买地券,并谈到它是在葬礼上焚化的(台静农,1950:9—10页)。一位曾在四川生活过的传教士——David Crockett Graham,提供了同一文本的摘抄件,说明它曾得到普遍欢迎与广泛流通;他还介绍说:这种买地券"是在中国商店里印制并发卖的"(Graham,1961:44—45页;Asim,1993:232—233页)。在现代台湾,道教式的葬礼也包括这一步骤:将买地的钱、房屋模型、一份表明所有权的契纸,一并焚化;这样,亡人就可以证明自己在地下的所有权了(Lagerwey,1987:185—188页;Schipper,1989:132页)。在仪式上,要大声朗读买地券,就像《地理新书》所指示的那样;家庭成员要确认其内容的准确性(Hou,1975:51、66页)。当然,并无证据表明,向纸契的转变,已形成持久的传统,而较晚近的买地券也很少保存下来。

在中国各地墓葬中,无论墓主之贫富,也无论其生前是否拥有官职,甚至像太师周必大那样的大官,都发现了《地理新书》样式的买地券。在江西,死者亲属为了保护亡人,还采取了进一步的措施,即在墓中随葬柏人,负责防止任何不利于亡人的冥讼。

即便是那些未随葬买地券的人,也相信阴司冥府的存在——可能是佛教中的阎罗王作决定性的判决,也可能是道教据《鬼律》判决,抑或根据夹杂着大众正义观念的更折衷的办法进行判决。以著名的Joseph Needham 为代表的西方学者,认为中国没有高深的神灵观念,其名言是:"没有证据表明曾刊布或有人阅读过神法典,因为无人确信神的存在。因此,他们比我们更具理性,尽管我们拥有可供诵读的简明神示。"(1969:327页)

然而,对冥府阴司和鬼律的普遍信仰,与这一论断相矛盾。有些人,如《地理新书》的编者,声称只了解鬼律的一两个条款。但也有一些人,如天心派道士,则声言了解全部鬼律。这两种人都承认存在着一种鬼律,而且他们设想有一个司法体系会实施这种法律。因为人们认为鬼魂之域居于地下,所以我们可以得出这样的推论:中国人想像有一个阴间的神法典。

《地理新书》告诫读者,不立明堂、不斩草及不随葬买地券,均谓为"盗葬"。盗葬的想法正折射了《名公书判清明集》的判词中经常引用的"盗卖"观念。就判词而言,"盗卖"是一种违背法律基本原则的行为,往往涉及到保有家庭财产问题,而不论其是否执行了正确的交易程序。我们还记得有一位妇女与其死去丈夫的兄弟结婚,并卖掉了其前夫孩子们的田地。法官判决将所有土地归还原主,尽管所有交易都有契约记录在案。在这个案件中,契约未给买地的人以任何保护。据此类推,盗葬就隐约意味着放弃购买墓地。使用"盗葬"这个词的葬仪书作者均假定其读者都有较高水平的法律知识——相关证据显示出他们的水平,确与预设的水平一样高。

那些鬼律的编撰者,也同样都熟悉现世的法律程序。在连保制度下,一个清白无辜的人可能会为自己不曾犯过的罪行而受到惩罚,他们也同样可能受到冥司的惩罚——只是因为他们有一个亲戚做了某些恶事,就会将他们牵连于其中。亲人可能是在生前故意犯下了某种罪行,比如许谧的叔叔杀害了一个下属。但也可能是在死后无意中犯下了某种罪过,比如他正巧被埋在此前已埋在这块墓地上的某人的上面。江西人随葬柏人就是为了能阻止此类呼讼。

鬼律中的惩罚方式(斩、流、黥)均立基于《唐律》的刑罚方式,当出现某种不适用情况时,如斩杀鬼神,则作出了具体规定。根据后人的引述,一部鬼律的作者——饶洞天,在编纂鬼律时,即参考了人世间的法律条文。他做得非常对,人与鬼确无二致!我们已看到过:一个鬼魂要求与其仍在人世的丈夫离婚——他已再婚,而她认为重婚是有罪的。

元末期编纂的道教《鬼律》,则折射出1291年颁布的法规《至元新格》的某些影响(Ch'en, Paul, 1979)。《至元新格》反映了汉人试图给希望恢复社会秩序的元统治者出谋划策的心理。其"治民"十条之一曰:

> 诸理民之务,禁其扰民者,此最为先。……其令司、县选留廉能无过之人,多者罢去。仍须每事设法关防,毋致似前侵害百姓。(ch'en, Paul, 1979:120—121、161页)

可以将《至元新格》与《女青天律》中有关冥世判决的规定相比照一下。如果他们发现:

> 诸地司官妄以亡人无罪为有罪,无仇为有仇,无执对为有执对,无冤枉为有冤枉,无宿业为有宿业,及有善以为无,如此之类者,并各分形。故意拘留、希求财利,加一等。

当然,无论是世间法,还是鬼律,所列举的诸种作奸犯科均是不完全的。《女青天律》的编者出身道门正统,对元统治下诸多官僚弊端深谙于胸。他们与其官府中的旧雨新知都深信,必须革新司法制度。

然则,世间与冥府法司的关系若何?12 世纪洪迈的《夷坚志》给出了一个答案。腐败的官员陷害了夏主簿,只有一个人断言他是清白的,那个人相信阴司将会"须有理雪处"。夏主簿也相信阴司,在弥留之际,他告诉儿子:"凡向来扑坊公帖并诸人负课契约,尽可纳棺中,将力诉于地狱。"在现世法司上用的证据,同样可以呈交给阴司作为证据。

我认为,这种信仰,解释了阿斯塔那 673 年放贷人左憧熹墓中何以会埋葬有 15 份完整无缺的契约。这些契约写立的时间均在其死前 12—3 年间。为什么将这些契约埋在坟墓里?因为放贷人左憧熹生前未来得及收取这些欠账,他希望死后在冥府能够收取。他的一个亲戚写了一封信,表示拒绝对一宗 500 文银钱的盗窃案承担责任;这个人也同样相信阴司。因为他不希望自己被定为盗窃犯,所以将这封信放在其可能性原告的墓中,以设法打消这宗诉讼。

当现世法司未能给予应得的公正判决时,阴间的法司会提供另一次审理。直到今天,人们在难分曲直的争论结束时,常常说:"到时候,我们在阎罗王面前辩个明白。"阎罗王是负责冥司的法官。大凡有关冥司的小说中的主角,都抱持着强烈的正义感,他们情愿在死后仍继续追求公正。他们坚信,杀人而不受惩处、侵占邻人田地、杀害已降叛军以及破坏别人的婚约,都是不对的。令人感到惊奇的是,现世法司未能使这些正义的理想得以实现,却并未削弱这种理想,因为阴间法司的存在,使这种理想焕发了生命力。

附录一 已知买地券

时间	地点(省、县)	资料来源
76	浙江,会稽	池田,1981:213—214
82	山西,忻州	池田,1981:214
85	山东,莒县	池田,1981:214
100—200	——	池田,1981:274
100—200	——	池田,1981:224
100—200	陕西,宝鸡	池田,1981:275
100—200	河南,灵宝	池田,1981:275—276
100—200	河南,洛阳	池田,1981:223—224
133	陕西,户县	池田,1981:270
147	陕西,西安	池田,1981:270—271
150—200	河南,洛阳	池田,1981:223
151	山东,苍山	池田,1981:214—215
156		池田,1981:271
156	陕西,西安	池田,1981:271—272
161	河南,孟津	池田,1981:215—216
162	四川,万州	池田,1981:216
163	山东,峄县	池田,1981:216—217
168	浙江,萧山	池田,1981:217—219

续　表

时间	地点（省、县）	资料来源
169	河南,洛阳	池田,1981:219
171	河南,洛阳	池田,1981:219—220
172	陕西,西安	池田,1981:272
173	江苏,南京	池田,1981:273;《文物》1965.6:22
174	江苏,常州	池田,1981:261
175	——	池田,1981:273—274
176	江苏,扬州	池田,1981:220
177	——	池田,1981:220
178	山西,临汾	池田,1981:220—221
179	河南,洛阳	池田,1981:221
182	河北,望都	池田,1981:221—222
188	河南,洛阳	池田,1981:270
188	河南,洛阳	池田,1981:222—223
193	陕西,西安	池田,1981:274
200—400	甘肃,敦煌	池田,1981:276—277
226	江西,南昌	池田,1981:224
227	湖北,武汉	池田,1981:225
245	安徽,南陵	《考古》1984,11:975
252	浙江,杭州	池田,1981:225
254	江苏,南京	《文物资料丛刊》1980,8:3,5
262	湖北,武汉	池田,1981:225
274	安徽,当涂	《文物》1987,4:92
284	浙江,会稽	池田,1981:226
297	——	池田,1981:227
300	江苏,镇江	《考古》1984,6:540—541

续　表

时间	地点(省、县)	资料来源
300—400	——	池田,1981:228—229
302	江苏,南京	池田,1981:227
337	江苏,丹徒	《文物》1965,6:48
337	浙江,平阳	《文物》1965,6:48—49
369	敦煌	池田,1981:277
408	高句丽	池田,1981:263
424	——	池田,1981:229
432	江苏,徐州	池田,1981:229
472	山西,大同	池田,1981:229—230
477	陕西,长武	《文物》1983,8:94
481	广东,广州	池田,1981:230
485	湖北,武昌	池田,1981:230—231;《考古》1965,4:182—183
487	广西,桂林	池田,1981:231—232
499	样式	《真诰》卷一:十七页上、下
506	湖南,资兴	《考古学报》1984,3:355
507	河北,涿县	《陶斋藏石记》卷六:十一页上、下
514	广西,融安	《考古》1983,9:790—791
520	湖南,资兴	《考古学报》1984,3:354
520	湖南,资兴	《考古学报》1984,3:355
525	新罗	池田,1981:263—264
525	河北,无极	《文物》1959,1:44—45
552	——	池田,1981:232
610	湖南,长沙	《文物》1981,4:43
618—910	样式	《要修科仪戒律钞》卷一五:十四页上
618—910	河南	池田,1981:237—238

续　表

时间	地点(省、县)	资料来源
694	江苏,镇江	《文物》1965,8:63—54
700—800	河南,扶沟	《考古》1965,8:388
763	日本	池田,1981:265
769	新疆,阿斯塔那	池田,1981:278;《文物》1975,7:12,24
800—900	日本	池田,1981:265—266
814	河北,涿县	池田,1981:234
835	江苏,江都	池田,1981:234—235
837	江西,弋阳	《考古》1987,3:223;陈柏泉,1991:549
847	河北,定县	《陶斋藏石记》卷三三:一页下至二页上
883	江苏,华亭	池田,1981:235—236
890	江西,南昌	《考古》1877,6:402
900	浙江,上林湖	《文物》1988,12:90
939	江苏,扬州	《文物》1964,12:61—62
946	安徽,合肥	《文物参考资料》1958,3:88
953	安徽,合肥	《考古通讯》1958,7:57
955	四川,彭山	《考古通讯》1958,5:18—26
960—1000	河南,辉县	池田,1981:241—242
960—1127	河南,方城	《文物》1959,6:77
960—1260	陕西,略阳	《文物参考资料》1956,8:71
962	广东,广州	池田,1981:240—241
984	河北,定县	池田,1981:241
995	江西	北京图书馆,《墓志》3712
1025	江西,瑞昌	《文物》1986,1:71
1032	山西,太原	《考古》1963,5:252—253

续 表

时间	地点(省、县)	资料来源
1033	山西,太原	《考古》1963,5:260
1035	江西,瑞昌	《文物》1986,1:72
1055	江苏,江阴	《文物》1982,12:29
1056	河南,郑州	《文物参考资料》1958,5:54
1057	江西,南昌	《考古》1965,11:572;陈柏泉,1991:551
1062	江苏,无锡	《考古》1986,12:1140
1069	四川,华阳	《文物参考资料》1956,12:42
1072	四川,蒲江	《考古与文物》1986,3:45—46
1072	四川,蒲江	《考古与文物》1986,3:46
1075	江西,吉水	《考古》1987,3:224
1080	四川,洪雅	《考古》1982,1:38—39
1086	江西,新余	陈柏泉,1991:553
1090	江西,彭泽	《文物》1980,5:30
1093	山西,大同	《考古》1963,8:435
1099	陕西,蓝田	《文物》1965,5:57—58
1099	河南,白沙水库	宿白,1957:44—45
1099	江西,彭泽	《考古》1987,3:230
1104	湖北,襄阳	《江汉考古》1985,3:29
1105	江西,武宁	《考古》1987,3:230
1107	山西,大同	《考古通讯》1958,6:32—34
1118	江西,进贤	《考古》1987,3:225;陈柏泉,1991:555—556
1119—1123	江苏,江都	《陶斋藏石记》卷四十:十五页上—十六页上;北京图书馆,《墓志》,5082
1121	江西,德兴	《考古》1987,3:230—231
1124	河南,白沙水库	宿白,1957:3、83;《考古》1963,2:100

续　表

时间	地点（省、县）	资料来源
1126	湖北,孝感	《文物》1989,5:70
1128	甘肃,隆西	《文物参考资料》1955,9:90—92
1132	四川,成都	池田,1981:246
1132	四川,成都	池田,1981:246
1133	江西,瑞昌	陈柏泉,1991:558
1138	河南,焦作	杨育彬,1985:440—441
1139	陕西,宝鸡	北京图书馆,《墓志》5079
1141	高丽	池田,1981:264
1162	陕西,汉中	《考古与文物》1984,5:61—62
1175	江西,临川	陈柏泉,1991:559
1183	内蒙古,东胜	北图拓本,46册:163；《墓志》4911
1183	山西,垣曲	《考古通讯》1956,1:48
1185	江西,金溪	陈柏泉,1991:560
1186	福建,南安	《文物》1975,3:78
1188	江西,新淦	《考古》1987,3:231
1190	江西,丰城	《考古》1987,3:225；陈柏泉,1991:562
1190	江西,清江	陈柏泉,1991:562—563
1191	河南,洛阳	池田,1981:248—249
1198	江西,临川	陈柏泉,1991:563—564
1199	江西,分宜	《考古》1964,2:72,85；陈柏泉,1991:564—565
1201	江西,宜黄	《考古》1987,3:226；陈柏泉,1991:565—566
1204	江西,吉安	陈柏泉,1991:566—567
1204	四川,广元	《文物》1986,12:25
1204	四川,广元	《文物》1986,12:27

续　表

时间	地点(省、县)	资料来源
1208—1224	四川,绵阳	《考古通讯》1959,8:448
1210	山西,侯马	刘念兹,1986:54;《考古》1959,5:227;《文物》1959,3:71;1959,6:51;1959,10:50
1210	山西,侯马	刘念兹,1986:54
1211	江西,清江	《考古》1965,11:574;陈柏泉,1991:567—568
1224	江西,清江	陈柏泉,1991:568—569
1226	浙江,温州	池田,1981:250
1227	江西,清江	《考古》1965,11:573
1229	江西,进贤	陈柏泉,1991:570—571,199—200
1232	江西,进贤	陈柏泉,1991:571—572
1233	江苏,江都	池田,1981:251—252
1237	江西,余干	《考古》1987,3:231
1243	福建,福州	《文物》1977,7:1,14
1250	江西,清江	北图拓本,46册:163
1252	江西,景德镇	《文物》1979,4:23
1252	江西,南昌	《考古》1987,3:231
1254	江西,吉水	《文物》1987,2:68
1257	福建,金门	方豪,1974:187—188
1260	江西,夹江	陈柏泉,1991:575—576
1261	山西,大同	《文物》1987,6:88
1265	山西,大同	《文物》1962,10:40
1272	江西,瑞昌	陈柏泉,1991:577;《考古》1986,11
1272	江西,瑞昌	《考古》1986,11:1053
1288	河南,汲县	池田,1981:254
1293	江西,南昌	《考古》1963,10:57;陈柏泉,1991:578

续 表

时间	地点(省、县)	资料来源
1296	河南,三门峡	《考古》1985,11:1054—1055
1297	山西,孝义	《考古》1960,7:60
1298	河北,魏县	《考古》1983,3:284
1301	江西,南昌	陈柏泉,1991:579
1303	山西,汾城	《文物参考资料》1952,1:35
1314	山西,侯马	《文物》1959,12:48,49
1319	江西,永丰	《文物》1987,7:85—86;陈柏泉,1991,580—581
1321	江西,进贤	陈柏泉,1991:581
1325	江西,南昌	《考古》1987,3:231,219
1339	江西,进贤	陈柏泉,1991:582—583
1344	江西,南昌	陈柏泉,1991:583—584
1368—1644	江苏,扬州	《陶斋藏石记》卷四四:二十三页下
1446	江西,南昌	《考古》1987,3:229
1454	江西,鄱阳	陈柏泉,1991:585—587
1457	山东,蓬莱	池田,1981:255
1457	江苏,江宁	池田,1981:255—256
1476	江西,新建	《考古》1987,3:219
1513	江苏,铜山	池田,1981:256
1515	北京	《文物》1964,11:47
1533	江苏,泰州	《文物》1986,9:1—2
1542	上海	《考古》1985,6:544
1547	——	北图拓本,56册:130
1549	江苏,扬州	池田,1981:256—257
1553	湖南,凤凰	《文物》1962,1:58
1553	江苏,江都	池田,1981:257

续　表

时间	地点(省、县)	资料来源
1555	四川,华阳	池田,1981:257—258
1559	四川,岳池	池田,1981:258
1568	江苏,扬州	《陶斋藏石记》卷四四:十五页下—十七页上
1598	四川,成都	北图拓本,58册:86页
1622	江苏,太仓	《文物》1987,3:19
1627	浙江,杭州	池田,1981:259—260
1631	江苏,太仓	《文物》1987,3:20
1643	江苏,松江	《文物》1964,12:63
1714	江苏,苏州	池田,1981:261;《文物》1964,12:63
1759	江苏,沭阳	江苏省博物馆,南京
1941	四川,江津	池田,1981:262—263

附录二 买地券中的卖主——神祇

年代	地点(省、县)	神　　祇
168	浙江,萧山	山公
226	江西,南昌	东王公、西王母
252	浙江,杭州	土公
254	江苏,南京	天帝、土伯[1]
262	湖北,武汉	□□、丘父、土王
284	浙江,会稽	土公
300	江苏,镇江	天[帝]、土伯
337	浙江,平阳	天[帝]、土伯
485	湖北,武汉	土神
694	江苏,镇江	蒿里父老[2]、左右丞、墓伯、土下二千石[3]、武夷王、安都王[4]
837	江西,弋阳	张坚固[5]
890	江西,南昌	蒿里父老、安都丞、武夷王
962	广东,广州	武夷王
995	江西	东王公、西王母
1025	江西,瑞昌	土伯
1033	山西,太原	东王公、西王母
1062	江苏,无锡	东王公、西王母
1075	江西,吉水	开皇地主

续　表

年代	地点（省、县）	神　祇
1099	江西,彭泽	武夷王
1118	江西,进贤	[武]夷王
1139	陕西,宝鸡	皇天、后土[6]、社稷十二坛
1185	江西,金溪	开皇地主
1199	江西,分宜	张坚固
1201	江西,宜黄	开皇地主
1204	江西,吉安	后土阴官
1204	四川,广元	皇天父、后土母、社稷坛
1229	江西,进贤	后土富媪
1232	江西,进贤	后土富媪
1233	江苏,江都	皇天父、后土母、三十八将灵祇
1252	江西,景德镇	皇天父、后土母、社稷坛
1257	福建,金门	张坚固、李定度
1260	江西,新建	开皇土主
1293	江西,南昌	后土
1319	江西,永丰	开皇土主
1344	江西,南昌	开皇正主
1446	江西,南昌	后土阴官
1476	江西,新建	东王公、西王母
1553	湖南,凤凰	开皇父
1627	浙江,杭州	开皇、后土、青龙

注释

1　有些江苏与浙江的亡人从天帝买地,从土伯买宅。
2　蒿里是泰山附近阴间的一个"里"。人们认为:人死后有二魂,其中一魂将赴蒿里(Yü,1987:392页)

3 墓伯、土下二千石等神祇,均为早在汉代告地策中即已出现的墓葬神煞。
4 据广州出土 962 年买地券,武夷王当是土主。安都王与其身份相仿。
5 张坚固与其同伴李定度,早在广西桂林所出 487 年买地券中即作为见人出现。他们的名字作为见证人之名确实非常理想:固、度合韵,"坚固"与"定度"的含义则基本相同。"坚固"意思是支撑某一事物,"定度"意味着加固某一对象。这两个名字,经常作为见证人出现在买地券或告神衣物疏中,有时也会以保人、书券人甚至卖主的身份出现(《吐鲁番出土文书》第 2 册:62—63 页;第 3 册:21 页;Kleeman,1984:25—26 页)。叶昌炽([1909]1980:182 页)在引述一份买地券时,曾将李定度与张坚固界定为神仙。
6 后土是一位上古时代的地祇,往往与其配偶"皇天"一同出现。"社稷"是古代的谷物神。

征引文献

基本史料

由于基本史料均有各种各样的版本,易生混淆,故此处适当列出了不同的出版信息。每一种著作下均先用罗马拼音列出书名,然后是中文书名,并译成英文(中文译本径写出其中文书名,拼音及英文略——译者注)。然后是已知的编纂日期、作者姓名及其已知的生卒年份。已出版有现代版本的书,则于其目下列出出版地、出版社与出版日期。以文集形式出版的书,则于其目下列出文集编者的姓名。道教的经书,则按"哈佛—燕京引得"(Harvard-Yenching index,HY)列出了其在《道藏》中的卷次。至于手稿及珍本史料,则列出了收藏有副本以供阅读的图书馆名称。考古杂志,列出了出版地和编辑出版单位。

《八琼室金石补证》。陆增祥(1816—1882)。"石刻史料新编"本。
《北山文集》。郑刚中(1088—1154)。"丛书集成"本。
《北京图书馆藏中国历代石刻拓本汇编》。北京图书馆金石组编。郑州:中州古籍出版社,1990。
《续资治通鉴长编》。李焘(1115—1184)。北京:中华书局,1979。
《朱文正公校昌黎先生全文集》。韩愈(768—824)。"四部丛刊"本。
《朝野佥载　隋唐嘉话》。张鷟(约680—740)。北京:中华书局,1979。
《赤松子章历》。《道藏》三一五(HY615)。
《吹剑录全编》。1248。俞文豹(?—1250后)。北京:中华书局,1958。
《道法会元》。1356。《道藏》八八四—九四一(HY1220)。
《道门定制》。吕元素、胡湘龙(1188)。《道藏》九七三—九七五(HY1214)。
《大唐新语》。刘肃。北京:中华书局,1984。
《重校正地理新书》。1070,王洙。1192,张谦修订本。北京图书馆藏清代石印 1192 年本。

《图解校正地理新书》。1070,王洙。1192,张谦修订本。据台北中央图书馆藏 1192 年本重印。台北:集文书局,1985。

《地券征存》。罗振玉。见《罗雪堂先生全集》(第 83 册)。台北:大同书局,1976。

《董解元西厢记》。约 1220。佚名。凌景埏编。北京:人民文学出版社,1962。

《东京梦华录》。1147。孟元老(约 1090—1150)。北京:中国商业出版社,1982。

《敦煌变文集》。王重民等编。北京:人民出版社,1957。

《敦煌社会经济文献真迹释录》。唐耕耦。北京:全国图书馆文献缩微复制中心,1990。

《癸辛杂识》。约 1298。周密(1232—1308)。"学津讨原"本。

《新编事文类聚翰墨全书》。1307。刘应李(1311 年卒)。米泽市立图书馆藏有副本。

《汉书》。班固(32—92)。北京:中华书局,1962。

《蒿里遗文》。罗振玉。见《罗雪堂先生全集》(第 4 册)。台北:大同书局,1976。

《古今合璧事类备要》。谢维新、虞载。台北:新星书局,1969。

《后村先生大全集》。刘克庄(1187—1269)。"四部丛刊"本。

《厚德录》。李元纲(至迟 1170 年)。见《笔记小说大观》,台北:新星书局,1962。

《宋山谷先生全书》。黄庭坚(1045—1105)。1785 年版。

《徽州千年契约文书》,中国社会科学院历史研究所编。石家庄:花山文艺出版社,1991。

《江汉考古》。武汉:湖北省考古研究所。

《江苏金石志》。1927。江苏通志局编。"石刻史料新编"本。

《鉴诫录》。何光远(约 910—960)。"学津讨原"本。

《新编通用启札截江网》。熊晦仲。静嘉堂藏有副本。

《荆楚岁时记》。宗懔。"四部备要"本。

《金石萃编》。王昶(1725—1807)。"石刻史料丛编"本。

《晋书》。房玄龄(578—648)。北京:中华书局,1974。

《救荒活民书》。董煟(1194 年中进士)。"守山阁丛书"本。

《旧唐书》。刘昫(887—946)。北京:中华书局,1975。

《旧五代史》。薛居正(912—981)。北京:中华书局,1976。

《考古》。北京:中国科学院考古研究所。
《考古通讯》。北京:中国科学院考古研究所。
《考古学报》。北京:中国科学院考古研究所。
《考古与文物》。西安:陕西省考古研究所。
《老乞大谚解》。约 1400。"奎章阁丛书"本。另见 Svetlana Rimsky-Korsakoff Dyer, *Grammatical Analysis of the Lao Ch'i-ta with an English Translation of Chinese Text* (Canberra: Faculty of Asian Studies, Australian National University, 1983)。
《老学庵笔记》。陆游(1125—1210)。北京:中华书局,1979。
《上清骨髓灵文鬼律》。邓有功。《道藏》二零三(HY461)。
《柳宗元集》。柳宗元(773—819)。北京:中华书局,1979。
《荔枝谱》。蔡襄(1012—1067)。"百川学海"本。
《校订录鬼簿三种》。钟嗣成(元代)。王钢编。郑州:中州古籍出版社,1991。
《论衡》。王充(27—97)。"四部备要"本。
《洛阳牡丹记》。欧阳修(1007—1072)。"百川学海"本。
《新校正梦溪笔谈》。沈括(1030—1095)。胡道静校。香港:中华书局,1975。
《冥报记》。唐临(7 世纪)。《大正新修大藏经》第 50 册:787—803 页。
《明清徽州社会经济资料丛编》第二辑。徽州文契整理组编。北京:中国社会科学出版社,1990。
《大汉原陵秘葬经》。张景文。见《永乐大典》八一九九。
《牧庵集》。姚燧(元代)。"四部丛刊"本。
《南村辍耕录》。陶宗仪(卒于 1360—1368 年间)。北京:中华书局,1980。
《南史》。李延寿(卒于 629)。北京:中华书局,1975。
《能改斋漫录》。1157。吴曾。上海:上海古籍出版社,1961。
《女青鬼律》。《道藏》五六五(HY789)。
《欧阳文忠公集》。欧阳修(1007—1072)。"四部丛刊"本。
《盘洲文集》。洪适(1117—1184)。"四部丛刊"本。
《朴通事谚解》。约 1400。佚名。"奎章阁丛书"本。
《齐东野语》。周密(1232—1298)。北京:中华书局,1983。
《名公书判清明集》。约 1250。佚名。中国社会科学院历史研究所整理。北京:中华书局,1987。
《清异录》。约 960。陶穀(903—970)。"喜咏轩丛书"本。
《庆元条法事类》。谢深甫。北京:中国书店,1981。
《新编事文类要启札青钱附清明集》。1324。佚名。台北:大华书局,1980。
《全元戏曲》。王季思编。北京:人民文学出版社,1990。

《容斋随笔》。1162—1202。洪迈。上海：上海古籍出版社，1978。

《三天内解经》。佚名。《道藏》八七六（HY1196）。

《十驾斋养新录》。1799。钱大昕（1728—1804）。"四部备要"本。

《事林广记》。陈元靓（13世纪）。京都：中文出版社，988。据至顺（1330—1322）本影印。日本帝国图书馆藏有至元（1335—1340）本副本。米泽市立图书馆藏有1699年日本翻刻本。

《十三经注疏》。阮元编。北京：中华书局，1980。

《水浒全传》。施耐庵、罗贯中。上海：上海古籍出版社，1984。

《重刊书叙指南》。任广（卒于1102—1106年间）。1649年日本翻刻本。

《宋会要辑稿》。徐松（1781—1848）编。台北：新文丰出版社，1962。

《宋史》。脱脱（1313—1355）等编。北京：中华书局，1977。

《宋刑统》。窦仪（914—966）编，吴翊如点校。北京：中华书局，1984。

《宋元地契集存》。北京图书馆缩微胶卷。

《搜神记》。干宝。北京：中华书局，1979。

《涑水纪闻》。司马光（1019—1086）。邓广铭、张希清点校。北京：中华书局，1989。

《隋书》。魏征（580—643）。北京：中华书局，1973。

《太平广记》。李昉（925—996）编。北京：中华书局，1966。

《太上助国救民总真秘要》。元妙宗（卒于1086—1116年间）。《道藏》九八六—九八七（HY1217）。

《泰山志》。金棨。1801。1810重刻。

《唐大诏令集》。1070。宋敏求。"四库全书"本。

《唐会要》。王溥（922—982）。北京：中华书局，1955。

《大唐六典》。738。张九龄。"四库全书"本。

《唐律疏议》。737（653年编）。长孙无忌（？—659）。刘俊文整理点校。北京：中华书局，1983。

《唐人小说》。汪辟疆编。香港：中华书局，1987。

《棠荫比事》。桂万荣。"四明丛书"本。

《陶斋藏石记》。端方。"石刻史料丛书"本。

《铁菴集》。方大琮（1183—1247）。"四库全书"本。

《通典》。801。杜佑。北京：中华书局，1984。

《通制条格》。佚名。黄时鉴整理点校。杭州：浙江古籍出版社，1986。

《吐鲁番出土文书》。国家文物局古文献研究室，共十册。北京：文物出版社，1981—1991。

《潍县志》。1941。陈鹤侪等。台北：学生书局，1968。

《文物》。北京:文物出版社。

《文物参考资料》。北京:文物出版社。

《文物资料丛刊》。北京:文物出版社。

《文献通考》。1224。马端临。北京:中华书局,1986。

《文苑英华》。李昉(925—996)编。台北:华联出版社,1965。

《五代会要》。王溥(922—986)。上海:上海古籍出版社,1978。

《相山集》。王之道(1093—1169)。"四库全书"本。

《新唐书》。欧阳修(1007—1072)。北京:中华书局,1975。

《洗冤集录》。1247。宋慈。北京:群众出版社,1988。

《续夷坚志 湖海新闻夷坚续志》。元好问(金代)。北京:中华书局,1986。

《演繁露》。程大昌(1123—1195)。"学海讨原"本。

《要修科仪戒律钞》。《道藏》二零五(HY463)。

《夷坚志》。1161—1202。洪迈。何卓整理点校。北京:中华书局,1981。

《茔原总录》。佚名。北京图书馆藏元代副本。

《隐居通议》。刘壎(1240—1319)。"四库全书"本。

《一山文集》。李继本(元代)。"四库全书"本。

《疑狱集》。和凝(10世纪前期)、和㠓(951—995)。台北:商务印书馆,1974。

《永乐大典戏文三种校注》。钱南扬编。北京:中华书局,1979。

《元代法律资料辑存》。黄时鉴编。杭州:浙江古籍出版社,1988。

《大元圣政国朝典章》。1320—1322。台北:文海出版社,1974。

《元刊杂居三十种新校》。宁希元编。兰州:兰州大学出版社,1988。

《元曲选》。臧懋循。北京:中华书局,1958,1989。

《元史》。宋濂。北京:中华书局,1976。

《元氏长庆集》。元稹(779—831)。"四部丛刊"本。

《袁氏世范》。1179。袁采(1140—1190)。"四库全书"本。

《投辖录 玉照新志》。王明清(1127—1214后)。上海:上海古籍出版社,1991。

《葬经》。青乌子。兀钦仄(金代)编。"学海讨原"本。

《真诰》。499。陶弘景(456—536)。《道藏》六三七—六四零(HY1010)。

《折狱龟鉴译注》。郑克(?—1133后)。刘俊文译校。上海:上海古籍出版社,1988。

《周益国文忠公文集》。周必大(1126—1204)。"四库全书"本。

《州县提纲》。约1158。佚名。"四部丛刊"本。

《晦庵先生朱文忠公文集》。朱熹(1130—1200)。"四部丛刊"本。

《朱文公政训》。朱熹(1130—1200)。"丛书集成"本。

《作邑自箴》。1117。李元弼。"四部丛刊"本。

第二手资料

阿部隆一,1976:《中國訪書志》。东京:汲古书院。

赤城隆治,1985:《南宋期の訴訟について——"健訟"と地方官》。《史潮》16:4—25。

Asin, Ina. 1993. *Religiöse Landverträge aus der Song-Zeit*. Heidelberg: Ddition Forum.

——. 1994. "Status Symbol and Insurance Policy: Song Land Deeds for the Aafterlife." In *Burial in Song China*, ed. Dieter Huhn, 307—370. Heidelberg: Edition Forum.

Atiyah, P. S. 1971. *An Introduction to the Law of Contract*. Oxford: Clarendon Press.

Baker, J. H. 1990. *An Introduction to English Legal History*. London: Butterworth.

Balazs, Etienne. 1954. *Le traité juridique de "Souei-chou"*. Leiden: E. J. Brill.

Bechwith, Christopher I. 1987. *The Tibetan Empire in Central Asia: A History of the Struggle for Great Power among Tibetans, Turks, Arabs, and Chinese during the Early Middle Ages*. Princeton: Princeton University Press.

Birge, Bettine. 1992. "Women and Property in Sung Dynasty China (960—1279): Neo-Confucianism and Social Change in Chien-chou, Fukien." Doctoral dissertation, Columbia University.

Bol, Peter. 1977. "The Tso-I tzu-chen: A Twelfth-Century Guide for Subprefects." Unpublished.

Boltz, Judith Magee. 1987. *A Survey of Taoist Literature, Tenth to Seventeenth Centuries*. Berkeley: Institute of East Asian Studies.

——. 1993. "Not by the Seal of Office Alone: New Weapons in Battles with the Supernatural." In *Religion and Society in T'ang and Sung China*, ed. Patricia Buckley Ebrey and Peter N. Gregory, 241—306. Honolulu: University of Hawaii Press.

Bray, Francesca. 1984. *Science and Civilization in China. Volume 6, Biology and Biological Technology. Part II: Agriculture*. New York: Cambridge University Press.

Brockman, Rosser H. 1980. "Commercial Contract Law in Late Nineteenth-Century Taiwan." In *Essays on China's Legal Traditions*, ed. Jerome Alan Cohen, R. Randle Edwards, and Fu-mei Chang Chen, 76—136. Princeton: Princeton University Press.

Cable, Mildred, and Francesca French. 1987. *The Gobi Desert*. Boston: Beacon Press.

Cartier, Michel. 1988. "Dette et Propriété en Chine." In *Lien de vie, noeud mortel: Les representations de la dette en Chine, au Japon, et dans le monde indien*, ed. Charles Malamoud, 17—30. Paris: Editions de l'Ecole des Hautes Etudes en Sciences Sociales.

Chavannes, Edpuard. 1910. *Le T'ai Chan: Essai de monographie d'un culte chinois*. Paris: Ernest Leroux.

陈柏泉,1987:《江西出土地券综述》。《考古》3:223。

——.1991:《江西出土墓志选编》。南昌:江西教育出版社。

陈高华,1988:《元代土地典卖的过程和文契》。《中国史研究》1988,4:35—48。

陈国灿,1983a:《从吐鲁番出土的质库账看唐代的质库制度》。见《敦煌吐鲁番文书初探》,316—343。武汉:武汉大学出版社。

——.1983b:《唐代的民间借贷——吐鲁番敦煌等地所出唐代借贷契券初探》。见《敦煌吐鲁番文书初探》,217—244。武汉:武汉大学出版社。

Ch'en Li-li, trans. 1976. *Master Tung's Western Chamber Romance*(《董解元西厢记》). New York: Cambridge University Press.

陈梦家,1966:《东周盟誓与出土载书》。《考古》5:271—279。

Ch'en, Paul Heng-chao. 1979. *Chinese Legal Tradition under the Mongols: The Code of 1291 as Reconstructed*. Princeton: Princeton University Press.

陈智超,1987:《宋史研究的珍贵史料——明刻本〈名公书判清明集〉》。见《名公书判清明集》,中国社会科学院历史研究所编,645—686。北京:中华书局,1987。

竺沙雅章,1973:《漢籍紙背文書の研究》。《京都大学文学部研究纪要》14:1—54。

Chu Ron-Guey. 1989. "Chu Hsi and Public Instruction." In *Neo-Confucian Education: The Formative Stage*, ed. Wm. Theodore de Bary and John W. Chaffee, 252—273. Berkeley: University of California Press.

Clanchy, M. T. 1979. *From Memory to Written Record: England, 1066—1307*. Cambridge, Mass.: Harvard University Press.

Cleaves, Francis Woodman. 1955. "An Early Mongolian Loan Contract from Qara Qoto." *Harvard Journal of Asiatic Studies* 18: 1—19.

Doson, W. A. C. H. 1868. "Some Legal Instruments of Ancient China, ming and meng." In *Wen-lin: Studies in the Chinese Humanities*, ed. Chow Ts'e-tsung, 269—282. Madison: University of Wesconsin Press.

冻国栋,1990:《唐代的商品经济与经营管理》。武汉:武汉大学出版社。

Doré, Henri. 1911—34. *Recherches sur les superstitions en Chine*. Paris: Librairie Orientale et Americaine.

Dudbridge, Glen. 1970. *The His-yu Chi: A Study of Antecedents to the Sixteenth-century Chinese Novel*. New York: Cambridge University Press.

Dyer, Svetlanan Rimsky-Korsakoff. 1983. *Grammatical Analysis of the Lao Ch'i-ta with an English Translation of the Chinese Text*. Canberra: Faculty of Asian Studies. Australian National University.

Ebrey, Patricia Buckley. 1984. *Family and Property in Sung China: Yuan Ts'ai's Precept for Social Life*. Princeton: Princeton University Press.

——. 1990. "Cremation in Sung China." *American Historical Review* 95. 2: 406—428.

——. 1993. *The Inner Quarters: Marriage and the Lives of Chinese Women in the Song Period*. Berkeley: University of California Press.

Elvin, Mark. 1973. The Pattern of the Chinese Past: A Social and Economic Interpretation. Stanford: Stanford University Press.

Fan Sheng-chin. 1994. " Fan Sheng-chin's Book." In *The Columbia Anthology of Traditional Chinese Literature*, ed. Victor H. Mair, 626—627. New York: Columbia University Press.

Fang Chaoying. 1969. *The Asami Library: A Descriptive Catalogue*. Berkeley: University of California Press.

方豪,1874:《金门出土宋墓买地券考释》。见《六十至六十四自选特定稿》,187—202。

方诗铭,1973:《从徐胜买地券论汉代地券之鉴别》。《文物》5:52—55。

Fong, Wen C. 1992. *Beyond Representation: Chinese Painting and Calligraphy*, 8th—14th *Centuries*. New Haven: Yale University Press.

Forke, Alfred. 1980. "Lun-Heng. Selected Essays of the Philosopher Wang Ch'ung." *Mitteilungen des Seminars für orientalische Sprachen an der königlichen Friedrich-Wilhelms-Universität zu Berlin* 11: 1—188.

Franke, Herbert. 1981. "Jurchen Customary Law and the Chinese Law of the Chin Dynasty." In *State and Law in East Asia: Festschrift Karl Bünger*, ed. Dieter Eikemeier and Herbert Franke, 214—233. Wiesbaden: Otto Harrasowitz.

藤枝晃,1942:《沙州歸義軍節度使始末》。《东方学报》(京都)12:494—527。

——.1961:《吐蕃支配期の敦煌》。《东方学报》(京都)31:199—292。

Gates, Hill. 1987. "Money for the Gods: The Commoditization of the Sprit." *Modern China* 13: 259—77.

Gernet, Jaques. 1957. "La vente en Chine d'après les contrats de Touen-houang (Ⅸe-Ⅹe Siècles)". *T'ong Pao* 45:295—391.

——.1966. "Location de chameaux pour des voyages à Touen-houang." In *Mélanges de sinology offerts à Monsieur Paul Demiéville*. Paris: Press Universitaries de France.

Gjertson, Donald E. 1989. *Miraculous Retribution: A Study and Translation of T'ang Lin's Ming-pao chi*. Berkeley: Berkeley Buddhist Studies Series, University of California.

Golas, Peter J. 1980. "Rural China in the Song." *Journal of Asain Studies* 39:291—325.

De Groot, J. J. M. 1892—1907. *The Religion System of China: Its Ancient Forms, Evolution, History and Present Aspect, Manners, Customs and Social Institutions Connected Therewith*. Volume 1—6. Leiden: E. J. Brill.

Graham, David Crockett. 1961. *Folk Religion in Southwest China*. Washington: Smithsonian Miscellaneous Collections.

郭东旭,1990:《宋代之讼学》。见《宋史研究论丛》,漆侠主编,133—147。保定:河北大学出版社。

韩国磐,1986:《再论唐代西州的田制》。见《敦煌吐鲁番出土经济文书研究》,韩国磐主编,1—38。厦门:厦门大学出版社。

Hanan, Patrick. 1973. *The Chinese Short Story: Studies in Dating, Authorship, and Composition*. Cambridge, Mass.: Harvard University Press.

Hansen, Valerie. 1990. *Changing Gods in Medieval China, 1127—1276*. Princeton: Princeton University Press.

——.1992:《宋代的买地券》。见《国际宋史讨论会论文选集》,邓广铭、漆侠主编,133—149。保定:河北大学出版社。

原田正己,1967:《墓券文に見られる冥界の神とその祭祀》。《东方宗教》29:17—35。

Hartwell, Robert M. 1978. "Regional Economic Development and the

Transformation of Chinese Society, 750—1250 A. D." Paper presented at Conference on Regional and Economic Development in China, Subcommittee for Research on the Chinese Economy, Philadelphia.

Hayden, George A. 1978. *Crime and Punishment in Medieval Chinese Drama: Three Judge Bao Plays*. Cambridge, Mass.: Harvard University Press.

堀敏一,1980:《唐代におる田土の賃貸借と低當質人との關係——租佃契约から典地契约にいたるるまでの諸形態》。《东洋史研究》39.3:34—64。

——.1983:《唐代田地的租赁和抵押的关系——从租佃契约到典地契约的诸形态》。《中国社会经济史研究》4:76—87。

侯灿,1982:《开平十一年王念卖驼契及其说明的历史问题》。《考古与文物》5:104—111。

Hou Ching-lang. 1975. *Monnaies d'offrande et la notion de trésorerie dans la religion chinoise*. Paris: Press Universitaries de France.

胡戟,主编,1987:《吐鲁番》。西安:三秦出版社。

胡留元、冯卓慧,1983:《从陕西金文看西周民法规范及民事诉讼制度》。《考古与文物》6:72—78、63。

Hucker, Charles O. 1985. *A Dictionary of Official Titles in Imperial China*. Stanford: Stanford University Press.

Hulsewé, Anton F. 1978. "Contracts' of the Han Period." In *Il Diritto in Cina*, ed. Lionello Lanciotti, 11—39. Florence: Editore Leo S. Olschki.

Hymes, Robert. 1986. *Statement and Gentlemen: The Elite of Fu-chou, Chiang-his, in Northern and Southern Song*. New Work: Cambridge University Press.

——. n. d. "Way and Byway: Taoist Saints' Cults and Exorcist Masters in Sung and Yuan China." Unpublished.

Idema, Wilt. *The Dramatic Euvre of Chu Yu-tun (1379—1439)*. Leiden: E. J. Brill.

Idema, Wilt, and Stephen H. West. 1982. *Chinese Theater, 1100—1450: A Source Book*. Wiesbaden: Franz Steiner Verlag.

池田温,1973a:《中國古代の租田契》。《东洋文化研究所纪要》60:1—112。

——. 1973b. "T'ang Household Registers and Related Documents." In *Perspectives on the T'ang*, ed. Arthur F. Wright and Denis Twitchett, 121—150. New Haven: Yale University Press.

——.1979:《中国古代籍帐研究概觀·録文》。东京:东京大学东洋文化研究所。

——.1981:《中國歷代墓券略考》。《東洋文化研究所紀要》86:193—278。

——.1986:《吐魯番、敦煌契券概觀》。《汉学研究》4:9—40。

池田温、山本达郎、冈野诚,1980(合编):Tunhuang and Turfan Documents concerning Social and Economic History. Volume 1, Legal Texts (A): Introduction and Texts,东京:东洋文库。

稻垣久雄,P. G. O'Neill. 1988. A Dictionary Buddhist Terms: Based on References in Japanese Literature. Union City: Heian International.

岩城秀夫,[1959]1972:《元の裁判劇における包拯の特異性》。《中国戏剧研究》,452—481。东京:创文社。

姜锡东,1991:《宋代买卖契约初探》。见《中日宋史研讨会:中文论文选编》,邓广铭、漆侠主编,91—106。保定:河北大学出版社。

金维诺、卫边,1975:《唐代西州墓中的绢画》。《文物》10:36—43。

Johnson, Wallace. 1979. The T'ang Code. Volume Ⅰ, General Principle. Princeton: Princeton University Press.

Jun Wenren and James M. Hargett. 1989. "The Measure Li and Mou During the Song, Liao, and Jin Dynasties." Bulletin of Sung-Yuan Studies 21:8—30.

Kaltenmark, M. 1960. "Ling-pao: Note sur un terme du taoïsme religieux." In Mélanges publiés par 1'Institut des Hautes Etudes Chinoises, volume 2, 559—588. Paris: Presses Universitaries de France.

康实镇,1985:《老乞大朴通事研究——诸书之著成及其书中汉语语音语法之分析论》。台北:学生书局。

加藤繁,1953:《支那經濟史考證》。第二卷。东京:东洋文库。

Kleeman, Terry. 1984. "Land Contracts and Related Documents." 《中國の宗教:思想と科学——牧尾良海教授七十寿辰纪念》,1—34。东京:国书刊行会。

孔祥星,1983:《唐代前期的土地租佃关系——吐鲁番文书研究》。《敦煌吐鲁番文书研究》,沙知、孔祥星主编,236—276。兰州:甘肃人民出版社。

Kroker, Edward. 1959. "The Concept of Property in Chinese Customary Law." Transactions of the Asiatic Society of Japan, series 3, 7:123—146.

Kuhn, Dieter. 1990. The Mute Witnesses: Tombs Contribute to Studies in the History of China, Two Essays. Heidelberg: Würzburger Sinologische Schriften.

Lagerwey, John. 1987. Taoist Ritual in Chinese Society and History. New York: Macmillan Publishing Company.

Langlois, J. D. 1981. "Living Law in Sung and Yuan Jurisprudence." Harvard Journal of Asiatic Studies 41:165—217.

李幹,1985:《元代社会经济史稿》。武汉:湖北人民出版社。

郦家驹,1988:《两宋时期土地所有权的转移》。《中国史研究》4:25—34。

李寿冈,1978:《也谈"地券"的鉴别》。《文物》7:79—80。

李征,1973:《吐鲁番县阿斯塔那——哈拉和卓古墓群发掘简报》。《文物》10:7—27。

林甘泉,1989:《汉简所见西北边塞的商品交换和买卖契约》。《文物》9:25—33。

刘复,[1934]1957:《敦煌掇琐》。北京:中国科学院考古研究所。

刘和惠,1985:《元代徽州地契》。《元史暨北方民族史研究集刊》8:28—34。

Liu Jung-en, trans. 1972. Six Yuan Plays. Baltimore: Penguin Books.

刘俊文,1989:《敦煌吐鲁番唐代法制文书考释》。北京:中华书局。

刘念兹,1986:《戏曲文物丛考》。北京:中国戏剧出版社。

刘庆柱,1983:《陕西长武县出土太和元年地券》。《文物》8:94。

Liu Xinru. 1988. *Ancient India and Ancient China: Trade and Religious Exchanges*, A. D. 1—600. Dehli: Oxford University Press.

Loewe, Michael, ed. 1993. *Early Chinese Texts: A Bibliographical Guide*. Berkeley: Institute of East Asian Studies.

马世长,1978:《关于敦煌藏经洞的几个问题》。《文物》12:21—33。

MacCormack, Geoffrey. 1985. "The Law of Contract in China under T'ang and Sung Dynasties." Revue International des Droits de L'Antiquité 32:17—68.

——. 1990. *Traditional Chinese Penal Law*. Edinburgh: Edinburgh University Press.

Maine, Sir Henry Sumner. 1861. *Ancient Law: Its Connection with the Early History of Society, and Its Relation to Modern Ideas*. London: John Murray.

Mair, Victor. 1981. "Lay Students and Making of Written Vernacular Narrative: An Inventory of Tun-huang Manuscripts." *Chinoperl Papers* 10:5—96.

——. 1983. *Tun-huang Popular Narrative*. New York: Cambridge University Press.

——. "Tufan and Tulufan: The Origins of the Old Chinese Names for Tibet and Turfan." *Central and Inner Asian Studies* 4:14—70.

——. 1991. "Reflections on the origins of the Modern Standard Mandarin Place—Name 'Dunhuang'—With an Added Note on the Identity of the Modern Uighur Place—Name 'Turfan'." In Papers in Honour of Professor Dr. Ji Xianlin on the Occasion of this 80th Birthday(Ⅱ), ed. Li Zheng and Jiang Zhongxin,

901—954. Nanchang: Jiangxi renmin chubanshe.

丸山宏,1986:《正一道教の上章儀禮について:"冢訟章"を中心として》。《东方宗教》68:44—64。

Marspero, Henri. 1934—35. "Le serment dans la procédure judiciare de la Chine antique." *Mélange Chinois et Bouddhiques* 3:257—317.

——. 1953. *Les documents chinois de la troisième expédition de Sir Aurel Stein en Asie centrale*. London: Trustees of British Museum.

Mcdermott, Joseph. 1984. "Charting Blank Spaces and Disputed Regions: The Problem of Sung Land Tenure." *Journal of Asian Studies* 44:13—41.

McKnight, Brian, trans. 1981. *The Washing Away of Wrongs: Forensic Medicine in Thirteenth-Century China*. Ann Arbor: Center of Chinese Studies.

——. 1987. "From Statute to Precedent: An Introduction to Sung Law and Its Transformation." In *Law and the State in Traditional East Asia: Six Studies on the Sources of East Asian Law*, ed. Brain McKnight, 111—131. Honolulu: University of Hawaii Press.

——. 1989. "Mandarins as Legal Experts: Professional Learning in Sung China." In *Neo-Confucian Education: The Formative Stage*, ed. Wm. Theodore de Bary and John W. Chaffee, 493—516. Berkeley: University of California Press.

宫崎市定,1964:《宋元時代の法制と裁判機構》。见《アジア研究》4:179—305。京都:同朋社。初刊于《东方学报》24(1954):115—225。

——. 1980. "The Administration of Justice during the Sung Dynasty." In *Essays on Chinese Legal Traditions*, ed. Jerome Alan Cohen, R. Randle Edwards, and Fu-men Chang Chen, 56—75. Princeton: Princeton University Press.

Morgan, Carole. 1990—91. "T'ang Geomancy: The Wu-hsing(Five Names) Theory and Its Legacy." *T'ang Studies* 8—9:45—76.

森田宪司,1991:《关于在日本的〈事林广记〉诸本》。见《国际宋史讨论会论文选集》,邓广铭、漆侠主编,266—280。保定:河北大学出版社。

Mullie, Jos. 1947. "Les formules du serment dans le Tso-Tchouan." *T'oung Pao* 38.1:43—74.

Myers, Ramon H. 1982. "Customary Law, Markets, and Resource Transactions in Late Imperial China." In *Explorations in the New Economic History: Essays in Honor of Douglass C. North*, ed. Roger L. Ransom, Richard Sutch, and Gary M. Walton, 273—298. New York: Academic Press.

Myers, Ramon H., and Fu-mei Chang Chen. 1976. "Customary Law and the Economic Growth of China during the Ch'ing Period." *Ch'ing-shin wen-ti* 3.5:1—32.

Needham, Joseph. 1969. "Human Law and the Laws of Nature." In *The Grand Titration: Science and Society in East and West*, 299—331. London: George Allen & Uniwn.

仁井田陞,[1937]1983:《唐代法律文書の研究》。重印。東京:東京大學出版會。

——.《支那近世の戲曲小說見にたる私法》。見《中田先生還曆祝賀法制史論集》,石井良助主編,315—517。東京:岩波書店。

——.1938:《漢魏六朝の土地賣買文書》。《東方學報》(東京)8:33—101。

——. 1939. "A Study of Simplified Seal Marks and Finger-Seals in Chinese Documents." *Memoirs of the Research Department of the Toyo Bunko* 11: 79—131.

——.1960a:《中國法制史研究:土地法・取引法》。東京:東京大學出版會。

——.1960b:《吐魯番出土の唐代取引法關係文書》。《西域文化研究》3: 189—223。京都:法藏館。

——.1962:《中國法制史研究:奴隸農奴法・家族村落法》。東京:東京大學出版會。

——.1964:《中國法制史研究:法と慣習,法と道德》。東京:東京大學出版會。

西島定生,1959:《吐魯番出土文書より見たる均田制の施行狀態——給田文書・退田文書を中心として》。《西域文化研究》2:151—291。

小田義久,1984:《大谷文書集成》,卷一。京都:法藏館。

——.1990:《大谷文書集成》,卷二。京都:龙谷大学(善本丛书,十)。

小川環樹,主編,1968:《新字源》。東京:角川书店。

de Pee, Christian. 1991. "Women in the Yi Jian Zhi: A Socio-Historical Study Based on Fiction." Master's thesis, University of Leiden.

Perdue, Peter. 1987. *Exhausting the Earth: State and Peasant in Hunan, 1500—1850*. Cambridge, Mass.: Harvard University Press.

Perng Ching-his. 1978. *Double Jeopardy: A Critique of Seven Yüan Courtroom Dramas*. Ann Arbor: Center for Chinese Studies, University of Michigan.

漆侠,1987a:《宋代经济史》上册。上海:上海人民出版社。

——.1987b:《宋代经济史》下册。上海:上海人民出版社。

屈超立,1991:《从宋代婚姻法规与司法实践看宋代妇女的社会地位》。《四川大学学报》53:97—107。

——. 无出版日期。《宋代田地交易法规及司法实践》。未发表。

Ratchnevsky, Paul. 1937. *Un Code des Yuan*. Paris: Librarie Ernest Leroux.

——. 1972. *Un Code des Yuan*. Volume 2. Paris: Presses Universitaires de France.

——, with Francoise Aubin. 1977. *Un Code des Yuan*. Volume 3, index. Paris: Presses Universitaires de France. .

——. 1985. *Un Code des Yuan*. Volume 4. Paris: Presses Universitaires de France.

Reinaud, Joseph Toussant. 1845. *Relations des voyages par les Arabes and les Persans dans 1 'Inde et à la Chine*. Paris: Imprimerie Royale.

Sauvaget, Jean. 1948. *Relation de la Chine et de 1 'Inde*. Paris: Association Guillaume Budé.

Schipper, Kristofer. 1974. "The Written Memorial in Taoist Ceremonies." In *Religion and Ritual in Chinese Society*, ed. Aarthur P. Wolf, 309—324. Stanford: Stanford University Press.

——. 1989. "Mu-lien Plays in Taoist Liturgical Context." In *Ritual Opera, Operatic Ritual: "Mu-lien Rescues his Mother" in Chinese Popular Culture*, ed. David Johnson, 126—154. Berkeley: Chinese Popular Culture Project.

Schurmann, Franz H. 1956a. *Economic Structure of Yüan Dynasty: Translation of Chapters 93 and 94 of Yuan Shih*. Cambridge, Mass.: Harvard University Press.

——. 1956b. "Traditional Property Concepts in China." *Far East Quarterly* 15.4:507—516.

Scogin, Hugh T. 1990. "Between Heaven and Man: Contracts and the State in Han Dynasty China." *Southern California Law Review*, 63.5:1325—1404.

——. 1994. "Civil Law' in Traditional China: History and Theory." In *Civil Justice in Qing and Republican China*, ed. Kathryn Bernhardt and Philip Huang, 13—41. Stanford: Stanford University Press.

Seidel, Anna. 1978. "Buying One's Way to Heaven: The Celestial Treasury in Chinese Religions." *History of Religions* 17.3—4:419—432.

——. 1983. "Imperial Treasures and Taoist Sacraments: Taoist Roots in the Apocrypha." In *Tantric and Taoist Studies in Honour of R.A. Michel Strickmann*, Volume 2, 291—371. Brussels: Insitut Belge des Hautes Etudes

Chinoises.

——. 1987. "Traces of Han Religion in Funeral Texts Found in Tombs." 见《道教と宗教文化》,秋月映观主编,21—57。东京:平河出版社。

——. 1989—90. "Chronicle of Taoist Studies in the West, 1950—1990." *Cahiers d'Extrême-Asie* 5:223—347.

Shapiro, Sidney, trans. 1980. *Outlaws of the Marsh*. Beijing: Foreign Languages Press.

Sheng, Angela. 1990. "Textile Use, Technology, and Change in Rural Textile Production in Song China (960—1279)." Doctoral dissertation, University of Pennsylvania.

施萍婷,1972:《从一件奴婢买卖文书看唐代的阶级压迫》。《文物》12:68—71。

施一揆,1957:《元代地契》。《历史研究》9:79—84。

斯波義信,1968:《宋代商業史研究》。东京:风间书房。

——. 1970. *Commerce and Society in Sung China*, trans. Mark Elvin. Ann Arbor: Center for Chinese Studies, University of Michigan.

Simpson, A. W. B. 1987. *A History of the Common Law of Contract: The Rise of the Action of Assumpsit*. New York: Oxford University Press.

Smith, Paul J. 1991. *Taxing Heaven's Storehouse: Horses, Bureaucrats, and the Destruction of the Sichuan Tea Industry, 1074—1224*. Cambridge, Mass.: Harvard University Press.

Stein, R. A. 1979. "Religion Taoism and Popular Religion from the Second to Seventh Centuries." In *Facets of Taoism: Essays in Chinese Religion*, ed. Anna Seidel and Holmes Welch, 53—81. New Haven: Yale University Press.

——. 1988. "Les serments des traits Sino-tibetains (8e-9e siècles). *T'ong Pao* 74:119—138.

Strickmann, Michel. 1979. "On the Alchemy of T'ao Hung-ching." In *Facets of Taoism: Essays in Chinese Religion*, ed. Anna Seidel and Holmes Welch, 123—192. New Haven: Yale University Press.

——. Le taoïsm du Mao Chan: Chronique d'une révélation. Paris: Presses Universitaires de France.

宿白,1957:《白沙宋墓》。北京:文物出版社。

台静农,1950:《记四川江津县地券》。《大陆杂志》1.3:9—10。

高橋文治,1989:《金元墓の孝子図と元曲》。《ミメイ》8:29—61。

——.《崔府君をめぐって——元代の廟と伝説と文学》。见《田中谦二博士

頌壽記念中國古典戲曲論集》,35—81。東京:汲古书院。

陶希圣,[1937]1982:《唐代经济史料丛编:第二种,土地问题》。台北:食货出版社。

Teiser, Stephen F. 1988. "'Having Once Died and Returned to Life': Representations of Hell in Medieval China." *Harvard Journal of Asiatic Studies* 48.2:433—464.

——. 1993. "The Growth of Purgatory." In *Religion and Society in T'ang and Sung China*, ed. Patricia Buckley Ebrey and Peter N. Gregory, 115—146. Honolulu: University of Hawaii Press.

ter Haar, Barend. 1992. The White Lotus Teaching in Chinese Religions History. New York: E. J. Brill.

——. n. d. "Images of Outsiders: The Fear of Death by Mutilation." Unpublished.

土肥義和,1980:《归義軍(唐后期、五代、宋初)時代》。见《敦煌讲座:敦煌の历史》,榎一雄主编,233—246。东京:大东出版社。

Tuener, Karen. 1990. "Sage Kings and Law in the Chinese and Greek Traditions." In *Heritage of China: Contemporary Perspectives on Chinese Civilization*, ed. Paul S. Ropp, 86—111. Berkeley: University of California Press.

Twitchett, Denis C. 1957—58. "The Fragment of the Tang Ordinances." *Asia Major* n. s. 6:3—79.

——. [1963] 1970. *Financial Administration under the T'ang Dynasty*. New York: Cambridge University Press.

——. 1966. "The T'ang Market System." *Asia Major* n. s. 12:202—248.

——. 1968. "Merchant, Trade, and Government in Late T'ang." *Asia Major* 14:3—95.

——. 1978. "The Implementation of Law in Early T'ang China." In *Il Diritto in Cina*, ed. Lionello Lanciotti, 57—84. Florence: Editore Leo S. Olschki.

——. 1979. "Hsüan-tsung (Reign 712—756)." In *The Cambridge History of China*. Volume 3, *Sui and T'ang China*, 598—906. Part I, ed. Denis C. Twitcheet, 433—463. New York: Cambridge University Press.

Unger, Roberto M. 1976. *Law in Modern Society: Toward a Criticism of Social Theory*. New York: Free Press.

van der Loon, Piet. 1979. "A Taoist Collection of the Fourteenth-Century."

In *Studia Sino-Mongolica Festschrift für Herbert Franke*, ed. Wolfgang Bauer, 401—405. Wiesbaden: Franz Steiner Verlag.

van Gulik, R. H., trans. 1956. *T'ang-yin-pi-shih*: "*Parallel Cases from under the Pear Tree*": *A 13th-Century Manual of Jurisprudence and Detection*. Leiden: E. J. Brill.

Vandermeersch, Léon. 1978. "Le statut des terres en Chine à l'époque des Han." In *Il Diritto in Cina*, ed. Lionello Lanciotti, 39—56. Florence: Editore Leo S. Olschki.

——. 1985. "An Enquiry in the Chinese Conception of the Law." In *The Scope of State Power in China*, ed. S. R. Schram, 3—25. London: School of African and Oriental Studies.

Waley, Arthur, trans. 1938. *The Analects of Confucius*. London: George Allen and Unwin.

——. 1960. *Ballads and Stories from Tun-huang*. London: George Allen and Unwin.

Wain, Nora. [1933]1986. *The House of Exile: An Intimate Domestic and Social Record of Everyday Life in Pre-Revolutionary China*. New York: Penguin Books.

王德毅，1974：《李椿年与南宋土地经界》。见《宋史研究集》，441—480。台北：台湾书局。

Wang Tse-sin. 1932. *Le divorce en Chine*. Paris: Editions Domat-Montchrestien.

Wechsler, Howard J. 1979. "T'ai-tsung (Reign 626—649) the Consolidator." In the *The Cambridge History of China*. Volume 3, *Sui and T'ang China, 598—906*. Part Ⅰ, ed. Denis C. Twitcheet, 188—241. New York: Cambridge University Press.

Werblowsky, R. J. Zwi. 1988. "On Mortuary Symbolism and a Chinese Hell Picture." In *Funerary Symbols and Religion: Essays Dedicated from the Chair of the History of Ancient Religion at the University of Amsterdam*, ed. J. H. Kamstra, H. Milde, and K. Wagtendock, 154—164. Kampen: J. H. Kok.

Wiens, Mi Chu. 1988. "Property Right in High Tenancy Region during the Ch'ing Period." Paper presented at the annual meeting of the American Association for Chinese Studies, Stanford, October 21—23.

Wilbur, C. Martin. 1943. *Slavery in China during the Former Han Dynasty*. Chicago: Field Museum of Natural History.

解希恭,1963:《太原小井峪宋明墓第一次发掘记》。《考古》5:250—258。

新疆自治区博物馆,1975a:《新疆出土文物》。上海:文物出版社。

——. 与西北大学历史系考古专业,1975b:《1973年吐鲁番阿斯塔那古墓群发掘简报》。《文物》7:8—26。

新疆维吾尔自治区博物馆,主编,1987:《新疆维吾尔自治区博物馆》。东京:讲谈社、美术出版社。

徐苹芳,1963:《唐宋墓葬中的"明器神煞"与"墓仪"制度——读〈大汉原陵秘葬经〉札记》。《考古》2:87—106。

山本达郎、池田温,主编,1986. *Tun-huang and Turfan Documents Concerning Social and Economic History*. Volume 3. Contracts: B. Plates. 东京:东洋文库。

——. 1987. *Tun-huang and Turfan Documents Concerning Social and Economic History*. Volume 3. Contracts: A. Introduction and Texts. 东京:东洋文库。

杨联陞,1957:《老乞大朴通事里的语法语汇》。《中研院史语所集刊》29:197—208。

Yang Xianyi and Gladys Yang. 1979. *Selected Plays of Guan Hanqing*. Beijing: Foreign Languages Press.

杨育彬,1985:《河南考古》。郑州:中州古籍出版社。

叶昌炽,[1909]1980:《语石》。台北:商务印书馆。

吉川幸次郎:《元典章に見えた漢文吏牘の文體》。《东方学报》(京都)24:367—396。

Yu, Authony C. 1977. *The Journey to the West*. Volume 1. Chicago: University Chicago Press.

Yü Ying-shih. 1987. "'O Soul, Come Back!' A Study in Changing Conceptions of the Soul and Afterlife in Pre-Buddhist China." *Harvard Journal of Asiatic Studies* 47.2:363—369.

袁世硕,等:《元曲百科辞典》。济南:山东教育出版社。

Yule, Henry. [1914]1966. *Cathay and the Way Thither, Being a Collection of Medieval Notices of China*. Volume 3. New York: Paragon Book Gallery.

张传玺,1982:《中国古代契约形式的源与流》。《文史》16:21—33。

张广达,1988:《唐灭高昌国后的西州形势》。《东洋文化》68:69—107。

张荫才,1973:《吐鲁番阿斯塔那左憧熹墓出土的几件唐代文书》。《文物》10:73—80。

中国新疆吐鲁番画册编委会,1989L《中国新疆吐鲁番(汉维)》。乌鲁木齐：新疆人民出版社。

朱雷,1983:《敦煌所出"唐沙州某市时价簿口马行时沽"考》。见《敦煌吐鲁番文书初探》,500—518。武汉：武汉大学出版社。

Zurndorfer, Harriet. 1989. *Change and Continuity in Chinese Local History: The Development of Hui-chou Prefecture, 800—1800*. Leiden: E. J. Brill.

译后记

耶鲁大学历史系教授韩森(Valerie Hansen)所著 *Negotiating Daily Life in Traditional China：How Ordinary People Used Contracts，600—1400*（New Haven and London：Yale University Press，1995）是她继《变迁之神：南宋时期的民间信仰》(*Changing Gods in Medieval China，1127—1276*．Princeton：Princeton University Press，1990；中译本由包伟民译，浙江人民出版社1999年版)之后推出的又一部力作。其书名直译当作"传统中国日常生活中的协商：老百姓怎样用契约"，但这种译法并不能准确地反映出作者的本义。这里的关键是"negotiating"一词，它既有协商、谈判及通过协商解决问题、达成协议之意，又有曲折前行、越过障碍、最终获得成功的隐喻之义。韩森教授曾向我解释这个词的内涵及她的本意，但要在中文语汇中找到一个恰当的对应表达，确实非常困难。我曾将它译为"协让共赢"，虽然于其本义或庶几近之，然"协让"失之太古，"共赢"又过于现代；又试译作"两和立契"，也觉得不够准确，远不如人意。

本书之主题是中国古代老百姓日常生活中的"negotiation"，实际上是官府、民（老百姓）与鬼神三方的"negotiation"：老百姓互相协商并订立契约，是为"现世契约"；老百姓与神鬼之间的协商与契约（买地券），是为"冥世契约"，即"幽契"或"冥契"、"阴契"；官府对待老百姓所使用之现世契约（"私契"或"民契"）的态度与政策前后历有变化，则反映了所谓朝廷"政法"与民间"私契"从对立、并存到契合的演变过程；而冥世契约则不仅反映出老百姓对死后世界的看法，还折射出冥府、鬼律与阳世官府、官法之间的对应关系。这样，作者即围绕着"契约"这一中心论题，揭示了中国中古时代官府、百姓、鬼神三者之间错综复杂的关系以及这三者相互协商、讨价还价并在这种角力中共存的社会过程，展现了中古时代社会变革的某些侧面。

将现世契约与冥世契约合起来加以讨论，是本书最重要的特点。除了绪论性质的第一章"为什么要研究契约"之外，全书分为两部分：第一部分即"现世契约"，原文直译为"与人立契"，共有四章，分别考察了唐前中期、唐后期至五代、两宋以及蒙古统治时期契约的使用、形式、官府对待契约的态度与政策以及契约的作用等；第二部分是"冥世契约"，原文直译为"与神立契"，包括三章，主要探讨冥契（买地券）的使用、形式、内容以及人们使用买地券的观念背景及其意义。

在第一部分中，韩森抓住"政法"与"私契"的关系这一主线索，考察了官府对契约的态度及其政策的演变，以及契约所反映的老百姓对官府、朝廷法度的态度。"官府勉强承认私契"（第二章）、"官府承认契约"（第三章）、"官府征收契税时期"（第四章）等章目，即清晰地描述出官府不断强化对民间契约的干预这一过程，即从不愿干预民间的交易、勉勉强强地承认民间私契（唐前中期，755年以前），到逐步承认民间契约是所有权的凭证、并开始征收契税（755年以后、晚唐五代），再到不断试图规范契约的使用、千方百计地增加契税收入（宋代），而与此同时，契约的使用则越来越普遍，成为老百姓日常生活中必不可少的组成部分。

官府何以会不断强化对民间交易过程的干预？一个显而易见的理由是为了征收契税以增加财政收入；其次是随着户籍制度与均田制的崩解，官府无法再根据籍账以掌握民间田宅的所有权状况，遂不得不承认契约是所有权的凭证——其中最突出的表现乃是官府承认并依靠土地买卖（或典当、租赁）契约作为土地纠纷诉讼中的呈堂证据。作者对这一过程的描述及其动因的分析非常有趣，生动地再现了几个非常典型的个案故事，比如敦煌文书中所见寡妇阿龙告官的故事、日本学者竺沙雅章所首先揭示的郑胜一之死案等。她认为，"征收契税，标志着官府对待契约的政策发生了一次转折"；在唐前期，唐律禁止土地买卖，"唐律的编纂者试图努力与私人契约保持距离，并将国家的干预缩减到最小范围"；然而，随着均田制下户籍册的消失，"人们不得不使用契约以证明所有权，十世纪，地方割据政权将征收契约的印花税形成为制度。迈出了这一步，他们也使自己更全面地介入到契约的拟立过程中来，这种全面的政府干预是唐前期的统治者所无法想象的"。

应当说，韩森就官府不断强化对民间交易的干预、契约使用越来越普遍这一历史进程的阐释是令人信服的，但是，对官府干预民间交易活动的动因，仅从官府被动地接受既定事实、不得不承认民间契约作为所有权的凭证以及增加税收等方面着眼，却总让人觉得还不够深入。在第四章中，作者利用《名公书判清明集》的材料，对南宋时期法官们推翻不正当交易所使用之契约的一些案例进行了分析，认为法官们虽然大都自觉地与法律规定保持一致，但在审查案件时往往会加上自己的道德判断和伦理主张，推翻那些他们认为不道德的婚约或离异，也可以推翻那些他们认为不正当的土地买卖。这虽然仅是部分官员的个人行为，却暴露出官府干预民间交易活动及契约的另一方面动因：推行官方的教化。实际上，立契本身即与严格意义上的儒家伦理相冲突,更遑论那些不正当交易所立的契约了。研读《名公书判清明集》,可以清晰地觉察到,很多法官对民间契约持有根深蒂固的疑心——不仅怀疑其可能赝伪,甚至是怀疑立契的动机。联系到敦煌借贷契中常见的"遇赦不除"条款所显露出来的民间对朝廷恩命的拒绝之意,官府对民间契约持有某种敌意,所以要千方百计地予以控制,也就不难理解了。

对于中国读者来说,本书更有趣味的当是第二部分关于冥契(买地券)的讨论。凡是接触过买地券的学者,大都会认为它是现世实用土地买卖契约的翻版。作者也是从这里出发的,她指出:这些埋在坟墓里的契约,为研究现世实用契约提供了一种有益的比较;而这些买地券,"清晰地反映出真实世界契约的影响,证明中国人普遍持有使用契约的观念。买地券各条款所涉及的许多问题,与现世契约所涉及的问题相同";甚至这些买地券的意义、作用也与现世契约基本相同:"这些买地券意味着持有者(殁亡人)可以在阴间拥有墓地所有权,他们将在冥府阴司出示这些契约",就像在阳世遇到土地纠纷打官司时向官府提交地契以作为证据一样。本书有关买地券研究的独到意义也许正在于此,因为今存宋元时期的现世契约原件较少,而墓葬所出买地券文本却较多,显然,对买地券文本及其使用情况的分析,有助于弥补此一时期现世契约文本残存较少的缺憾。

将冥契与现世契约联系起来考察的观点,意义可能并不局限于此。问题在于,这些冥契果然全部是现世契约的翻版吗?换言之,冥契一定是对现世契约的摹仿,或者说一定是先有现世契约而后才有冥契吗?作者在本书中没有正面回答这个问题,虽然她对冥契的溯源暗示它的使用可能早于现世契约;而在她为《变迁之神:南宋时期的民间信仰》中译本所写的"前言"中则明确地说:"最早从墓葬出土的契约,其纪年早至公元1世纪,它们看来是用于向冥王购买墓地的买地券,与人们在阳间购买墓地的地契或地券相对应……人们可能首先在与阴君协商的时候用上了契约,然后才在人世间互相协商时签订契约文书。"也就是说,契约可能起源于人与神祇之间所订立的契约,而不是起源于经济发展所引发的人与人之间的经济协商。这个认识确实"不能不说是令人惊异的",尤其对于中国学者来说,因为它隐含着"宗教(或信仰领域的)变迁有可能先于经济发展而发生"。

本书所涉及的时段公元600年至1400年,跨越了隋唐五代两宋元及明初。由于涉及时段较长,必然主要依靠第二手资料及前人相关研究成果。显然,日本学者仁井田陞有关唐宋文书与法制史的系列研究是作者从事契约史研究的基础,而山本达郎、池田温等合编的《敦煌吐鲁番所出社会经济史文书》以及池田温《中国历代墓券略考》则是其所依据的基本文献。这是西方中国史学者的普遍倾向:研究中国史,首先关注日本学者的研究,主要采信日本学者整理的史料。作为一个中国学者,我对此觉得非常沮丧而且伤心。

较之于大多数中国学者,西方学者的优势之一是可以更多地采用非汉文文献。本书所引用之851年来到中国的一位苏来曼(Sulaiman)商人以及1304年来到中国的波斯编年纪作者Rashid al-Din关于中国契约的描述,都是非常珍贵的材料。1908年俄国将军科兹洛夫(Piotr Kozlov)从内蒙古额济纳黑水城掠走的一批蒙古文文书中,有两件借贷谷物的契约,其中一件曾由著名蒙古史学者柯立夫(Francis Cleaves)译成英文,故韩森得以据柯立夫的英译展开讨论。这份契约尚未见有中国学者使用过,值得我们注意。

吐鲁番、敦煌所出民间契约及各地墓葬所出买地券,或有残缺,或多漫漶不清,书法亦多朴拙,即便是对于中国学者来说,释读也往往不易,特别是对某些字句,非下大功夫不能通解。本书所讨论的大部分契约和买地券,虽然均已有较好的释文,但也有部分未有较好的释文足资凭藉,特别是江西所出的几种柏人书,是作者据图版或照片录出释文然后又译为英文的。当代西方中国史研究的中青年辈学者,阅读中文典籍均不成问题,但毕竟不能如中国学者那样在广泛阅读的基础上大量占有史料,其特点乃在于专精某一论题,对所涉史料仔细琢磨——由于要将所引用的汉文史料译成英文,就不得不尽可能充分地理解史料中的每一字句,从而促使他们提出了一些中国学者意想不到的问题。

除韩森(Valerie Hansen)教授外,耶鲁大学历史系王锦萍、厦门大学历史系刘嘉乘、香港中文大学历史系罗杜芳、厦门大学台湾研究院陈勤奋也认真阅读了全部或部分中译文初稿,提出了很好的意见。武汉大学历史学院陈勇教授耐心地回答了我提出的许多问题。谨致谢忱。

鲁西奇
2008年3月31日于厦门

"海外中国研究丛书"书目

1. 中国的现代化　[美]吉尔伯特·罗兹曼 主编　国家社会科学基金"比较现代化"课题组 译　沈宗美 校
2. 寻求富强:严复与西方　[美]本杰明·史华兹 著　叶凤美 译
3. 中国现代思想中的唯科学主义(1900—1950)　[美]郭颖颐 著　雷颐 译
4. 台湾:走向工业化社会　[美]吴元黎 著
5. 中国思想传统的现代诠释　余英时 著
6. 胡适与中国的文艺复兴:中国革命中的自由主义,1917—1937　[美]格里德 著　鲁奇 译
7. 德国思想家论中国　[德]夏瑞春 编　陈爱政 等译
8. 摆脱困境:新儒学与中国政治文化的演进　[美]墨子刻 著　颜世安 高华 黄东兰 译
9. 儒家思想新论:创造性转换的自我　[美]杜维明 著　曹幼华 单丁 译　周文彰 等校
10. 洪业:清朝开国史　[美]魏斐德 著　陈苏镇 薄小莹 包伟民 陈晓燕 牛朴 谭天星 译　阎步克 等校
11. 走向21世纪:中国经济的现状、问题和前景　[美]D. H. 帕金斯 著　陈志标 编译
12. 中国:传统与变革　[美]费正清 赖肖尔 主编　陈仲丹 潘兴明 庞朝阳 译　吴世民 张子清 洪邮生 校
13. 中华帝国的法律　[美]D. 布朗 C. 莫里斯 著　朱勇 译　梁治平 校
14. 梁启超与中国思想的过渡(1890—1907)　[美]张灏 著　崔志海 葛夫平 译
15. 儒教与道教　[德]马克斯·韦伯 著　洪天富 译
16. 中国政治　[美]詹姆斯·R. 汤森 布兰特利·沃马克 著　顾速 董方 译
17. 文化、权力与国家:1900—1942年的华北农村　[美]杜赞奇 著　王福明 译
18. 义和团运动的起源　[美]周锡瑞 著　张俊义 王栋 译
19. 在传统与现代性之间:王韬与晚清革命　[美]柯文 著　雷颐 罗检秋 译
20. 最后的儒家:梁漱溟与中国现代化的两难　[美]艾恺 著　王宗昱 冀建中 译
21. 蒙元入侵前夜的中国日常生活　[法]谢和耐 著　刘东 译
22. 东亚之锋　[美]小R. 霍夫亨兹 K.E. 柯德尔 著　黎鸣 译
23. 中国社会史　[法]谢和耐 著　黄建华 黄迅余 译
24. 从理学到朴学:中华帝国晚期思想与社会变化面面观　[美]艾尔曼 著　赵刚 译
25. 孔子哲学思微　[美]郝大维 安乐哲 著　蒋弋为 李志林 译
26. 北美中国古典文学研究名家十年文选　乐黛云 陈珏 编选
27. 东亚文明:五个阶段的对话　[美]狄百瑞 著　何兆武 何冰 译
28. 五四运动:现代中国的思想革命　[美]周策纵 著　周子平 等译
29. 近代中国与新世界:康有为变法与大同思想研究　[美]萧公权 著　汪荣祖 译
30. 功利主义儒家:陈亮对朱熹的挑战　[美]田浩 著　姜长苏 译
31. 莱布尼兹和儒学　[美]孟德卫 著　张学智 译
32. 佛教征服中国:佛教在中国中古早期的传播与适应　[荷兰]许理和 著　李四龙 裴勇 等译
33. 新政革命与日本:中国,1898—1912　[美]任达 著　李仲贤 译
34. 经学、政治和宗族:中华帝国晚期常州今文学派研究　[美]艾尔曼 著　赵刚 译
35. 中国制度史研究　[美]杨联陞 著　彭刚 程钢 译

36. 汉代农业:早期中国农业经济的形成　[美]许倬云 著　程农 张鸣 译　邓正来 校
37. 转变的中国:历史变迁与欧洲经验的局限　[美]王国斌 著　李伯重 连玲玲 译
38. 欧洲中国古典文学研究名家十年文选　乐黛云 陈珏 龚刚 编选
39. 中国农民经济:河北和山东的农民发展,1890—1949　[美]马若孟 著　史建云 译
40. 汉哲学思维的文化探源　[美]郝大维 安乐哲 著　施忠连 译
41. 近代中国之种族观念　[英]冯客 著　杨立华 译
42. 血路:革命中国中的沈定一(玄庐)传奇　[美]萧邦奇 著　周武彪 译
43. 历史三调:作为事件、经历和神话的义和团　[美]柯文 著　杜继东 译
44. 斯文:唐宋思想的转型　[美]包弼德 著　刘宁 译
45. 宋代江南经济史研究　[日]斯波义信 著　方健 何忠礼 译
46. 一个中国村庄:山东台头　杨懋春 著　张雄 沈炜 秦美珠 译
47. 现实主义的限制:革命时代的中国小说　[美]安敏成 著　姜涛 译
48. 上海罢工:中国工人政治研究　[美]裴宜理 著　刘平 译
49. 中国转向内在:两宋之际的文化转向　[美]刘子健 著　赵冬梅 译
50. 孔子:即凡而圣　[美]赫伯特·芬格莱特 著　彭国翔 张华 译
51. 18世纪中国的官僚制度与荒政　[法]魏丕信 著　徐建青 译
52. 他山的石头记:宇文所安自选集　[美]宇文所安 著　田晓菲 编译
53. 危险的愉悦:20世纪上海的娼妓问题与现代性　[美]贺萧 著　韩敏中 盛宁 译
54. 中国食物　[美]尤金·N.安德森 著　马孆 刘东 译　刘东 审校
55. 大分流:欧洲、中国及现代世界经济的发展　[美]彭慕兰 著　史建云 译
56. 古代中国的思想世界　[美]本杰明·史华兹 著　程钢 译　刘东 校
57. 内闱:宋代的婚姻和妇女生活　[美]伊沛霞 著　胡志宏 译
58. 中国北方村落的社会性别与权力　[加]朱爱岚 著　胡玉坤 译
59. 先贤的民主:杜威、孔子与中国民主之希望　[美]郝大维 安乐哲 著　何刚强 译
60. 向往心灵转化的庄子:内篇分析　[美]爱莲心 著　周炽成 译
61. 中国人的幸福观　[德]鲍吾刚 著　严蓓雯 韩雪临 吴德祖 译
62. 闺塾师:明末清初江南的才女文化　[美]高彦颐 著　李志生 译
63. 缀珍录:十八世纪及其前后的中国妇女　[美]曼素恩 著　定宜庄 颜宜葳 译
64. 革命与历史:中国马克思主义历史学的起源,1919—1937　[美]德里克 著　翁贺凯 译
65. 竞争的话语:明清小说中的正统性、本真性及所生成之意义　[美]艾梅兰 著　罗琳 译
66. 中国妇女与农村发展:云南禄村六十年的变迁　[加]宝森 著　胡玉坤 译
67. 中国近代思维的挫折　[日]岛田虔次 著　甘万萍 译
68. 中国的亚洲内陆边疆　[美]拉铁摩尔 著　唐晓峰 译
69. 为权力祈祷:佛教与晚明中国士绅社会的形成　[加]卜正民 著　张华 译
70. 天潢贵胄:宋代宗室史　[美]贾志扬 著　赵冬梅 译
71. 儒家之道:中国哲学之探讨　[美]倪德卫 著　[美]万白安 编 周炽成 译
72. 都市里的农家女:性别、流动与社会变迁　[澳]杰华 著　吴小英 译
73. 另类的现代性:改革开放时代中国性别化的渴望　[美]罗丽莎 著　黄新 译
74. 近代中国的知识分子与文明　[日]佐藤慎一 著　刘岳兵 译
75. 繁盛之阴:中国医学史中的性(960—1665)　[美]费侠莉 著　甄橙 主译　吴朝霞 主校
76. 中国大众宗教　[美]韦思谛 编 陈仲丹 译
77. 中国诗画语言研究　[法]程抱一 著　涂卫群 译
78. 中国的思维世界　[日]沟口雄三 小岛毅 著　孙歌 等译

79. 德国与中华民国　［美］柯伟林 著　陈谦平 陈红民 武菁 申晓云 译　钱乘旦 校
80. 中国近代经济史研究:清末海关财政与通商口岸市场圈　［日］滨下武志 著　高淑娟 孙彬 译
81. 回应革命与改革:皖北李村的社会变迁与延续　韩敏 著　陆益龙 徐新玉 译
82. 中国现代文学与电影中的城市:空间、时间与性别构形　［美］张英进 著　秦立彦 译
83. 现代的诱惑:书写半殖民地中国的现代主义(1917—1937)　［美］史书美 著　何恬 译
84. 开放的帝国:1600年前的中国历史　［美］芮乐伟·韩森 著　梁侃 邹劲风 译
85. 改良与革命:辛亥革命在两湖　［美］周锡瑞 著　杨慎之 译
86. 章学诚的生平及其思想　［美］倪德卫 著　杨立华 译
87. 卫生的现代性:中国通商口岸健康与疾病的意义　［美］罗芙芸 著　向磊 译
88. 道与庶道:宋代以来的道教、民间信仰和神灵模式　［美］韩明士 著　皮庆生 译
89. 间谍王:戴笠与中国特工　［美］魏斐德 著　梁禾 译
90. 中国的女性与性相:1949年以来的性别话语　［英］艾华 著　施施 译
91. 近代中国的犯罪、惩罚与监狱　［荷］冯客 著　徐有威 等译　潘兴明 校
92. 帝国的隐喻:中国民间宗教　［英］王斯福 著　赵旭东 译
93. 王弼《老子注》研究　［德］瓦格纳 著　杨立华 译
94. 寻求正义:1905—1906年的抵制美货运动　［美］王冠华 著　刘甜甜 译
95. 传统中国日常生活中的协商:中古契约研究　［美］韩森 著　鲁西奇 译
96. 从民族国家拯救历史:民族主义话语与中国现代史研究　［美］杜赞奇 著　王宪明 高继美 李海燕 李点 译
97. 欧几里得在中国:汉译《几何原本》的源流与影响　［荷］安国风 著　纪志刚 郑诚 郑方磊 译
98. 十八世纪中国社会　［美］韩书瑞 罗友枝 著　陈仲丹 译
99. 中国与达尔文　［美］浦嘉珉 著　钟永强 译
100. 私人领域的变形:唐宋诗词中的园林与玩好　［美］杨晓山 著　文韬 译
101. 理解农民中国:社会科学哲学的案例研究　［美］李丹 著　张天虹 张洪云 张胜波 译
102. 山东叛乱:1774年的王伦起义　［美］韩书瑞 著　刘平 唐雁超 译
103. 毁灭的种子:战争与革命中的国民党中国(1937—1949)　［美］易劳逸 著　王建朗 王贤知 贾维 译
104. 缠足:"金莲崇拜"盛极而衰的演变　［美］高彦颐 著　苗延威 译
105. 饕餮之欲:当代中国的食与色　［美］冯珠娣 著　郭乙瑶 马磊 江素侠 译
106. 翻译的传说:中国新女性的形成(1898—1918)　胡缨 著　龙瑜宬 彭珊珊 译
107. 中国的经济革命:二十世纪的乡村工业　［日］顾琳 著　王玉茹 张玮 李进霞 译
108. 礼物、关系学与国家:中国人际关系与主体性建构　杨美惠 著　赵旭东 孙珉 译　张跃宏 译校
109. 朱熹的思维世界　［美］田浩 著
110. 皇帝和祖宗:华南的国家与宗族　［英］科大卫 著　卜永坚 译
111. 明清时代东亚海域的文化交流　［日］松浦章 著　郑洁西 等译
112. 中国美学问题　［美］苏源熙 著　卞东波 译　张强强 朱霞欢 校
113. 清代内河水运史研究　［日］松浦章 著　董科 译
114. 大萧条时期的中国:市场、国家与世界经济　［日］城山智子 著　孟凡礼 尚国敏 译　唐磊 校
115. 美国的中国形象(1931—1949)　［美］T.克里斯托弗·杰斯普森 著　姜智芹 译
116. 技术与性别:晚期帝制中国的权力经纬　［英］白馥兰 著　江湄 邓京力 译

117. 中国善书研究 [日]酒井忠夫 著　刘岳兵 何英莺 孙雪梅 译
118. 千年末世之乱:1813年八卦教起义 [美]韩书瑞 著　陈仲丹 译
119. 西学东渐与中国事情 [日]增田涉 著　由其民 周启乾 译
120. 六朝精神史研究 [日]吉川忠夫 著　王启发 译
121. 矢志不渝:明清时期的贞女现象 [美]卢苇菁 著　秦立彦 译
122. 明代乡村纠纷与秩序:以徽州文书为中心 [日]中岛乐章 著　郭万平 高飞 译
123. 中华帝国晚期的欲望与小说叙述 [美]黄卫总 著　张蕴爽 译
124. 虎、米、丝、泥:帝制晚期华南的环境与经济 [美]马立博 著　王玉茹 关永强 译
125. 一江黑水:中国未来的环境挑战 [美]易明 著　姜智芹 译
126. 《诗经》原意研究 [日]家井真 著　陆越 译
127. 施剑翘复仇案:民国时期公众同情的兴起与影响 [美]林郁沁 著　陈湘静 译
128. 华北的暴力和恐慌:义和团运动前夕基督教传播和社会冲突 [德]狄德满 著　崔华杰 译
129. 铁泪图:19世纪中国对于饥馑的文化反应 [美]艾志端 著　曹曦 译
130. 饶家驹安全区:战时上海的难民 [美]阮玛霞 著　白华山 译
131. 危险的边疆:游牧帝国与中国 [美]巴菲尔德 著　袁剑 译
132. 工程国家:民国时期(1927—1937)的淮河治理及国家建设 [美]戴维·艾伦·佩兹 著　姜智芹 译
133. 历史宝筏:过去、西方与中国妇女问题 [美]季家珍 著　杨可 译
134. 姐妹们与陌生人:上海棉纱厂女工,1919—1949 [美]韩起澜 著　韩慈 译
135. 银线:19世纪的世界与中国 林满红 著　詹庆华 林满红 译
136. 寻求中国民主 [澳]冯兆基 著　刘悦斌 徐硙 译
137. 墨梅 [美]毕嘉珍 著　陆敏珍 译
138. 清代上海沙船航运业史研究 [日]松浦章 著　杨蕾 王亦净 董科 译
139. 男性特质论:中国的社会与性别 [澳]雷金庆 著　[澳]刘婷 译
140. 重读中国女性生命故事　游鉴明 胡缨 季家珍 主编
141. 跨太平洋位移:20世纪美国文学中的民族志、翻译和文本间旅行　黄运特 著　陈倩 译
142. 认知诸形式:反思人类精神的统一性与多样性 [英]G.E.R.劳埃德 著　池志培 译
143. 中国乡村的基督教:1860—1900江西省的冲突与适应 [美]史维东 著　吴薇 译
144. 假想的"满大人":同情、现代性与中国疼痛 [美]韩瑞 著　袁剑 译
145. 中国的捐纳制度与社会　伍跃 著
146. 文书行政的汉帝国 [日]富谷至 著　刘恒武 孔李波 译
147. 城市里的陌生人:中国流动人口的空间、权力与社会网络的重构 [美]张骊 著　袁长庚 译
148. 性别、政治与民主:近代中国的妇女参政 [澳]李木兰 著　方小平 译
149. 近代日本的中国认识 [日]野村浩一 著　张学锋 译
150. 狮龙共舞:一个英国人笔下的威海卫与中国传统文化 [英]庄士敦 著　刘本森 译　威海市博物馆 郭大松 校
151. 人物、角色与心灵:《牡丹亭》与《桃花扇》中的身份认同 [美]吕立亭 著　白华山 译
152. 中国社会中的宗教与仪式 [美]武雅士 著　彭泽安 邵铁峰 译　郭潇威 校
153. 自贡商人:近代早期中国的企业家 [美]曾小萍 著　董建中 译
154. 大象的退却:一部中国环境史 [英]伊懋可 著　梅雪芹 毛利霞 王玉山 译
155. 明代江南土地制度研究 [日]森正夫 著　伍跃 张学锋 等译　范金民 夏维中 审校
156. 儒学与女性 [美]罗莎莉 著　丁佳伟 曹秀娟 译

157. 行善的艺术:晚明中国的慈善事业(新译本) 〔美〕韩德玲 著 曹晔 译
158. 近代中国的渔业战争和环境变化 〔美〕穆盛博 著 胡文亮 译
159. 权力关系:宋代中国的家族、地位与国家 〔美〕柏文莉 著 刘云军 译
160. 权力源自地位:北京大学、知识分子与中国政治文化,1898—1929 〔美〕魏定熙 著 张蒙 译
161. 工开万物:17世纪中国的知识与技术 〔德〕薛凤 著 吴秀杰 白岚玲 译
162. 忠贞不贰:辽代的越境之举 〔英〕史怀梅 著 曹流 译
163. 内藤湖南:政治与汉学(1866—1934) 〔美〕傅佛果 著 陶德民 何英莺 译
164. 他者中的华人:中国近现代移民史 〔美〕孔飞力 著 李明欢 译 黄鸣奋 校
165. 古代中国的动物与灵异 〔英〕胡司德 著 蓝旭 译
166. 两访中国茶乡 〔英〕罗伯特·福琼 著 敖雪岗 译
167. 缔造选本:《花间集》的文化语境与诗学实践 〔美〕田安 著 马强才 译
168. 扬州评话探讨 〔丹麦〕易德波 著 米锋 易德波 译 李今芸 校译
169. 《左传》的书写与解读 李惠仪 著 文韬 许明德 译
170. 以竹为生:一个四川手工造纸村的20世纪社会史 〔德〕艾约博 著 韩巍 译 吴秀杰 校
171. 东方之旅:1579—1724耶稣会传教团在中国 〔美〕柏理安 著 毛瑞方 译
172. "地域社会"视野下的明清史研究:以江南和福建为中心 〔日〕森正夫 著 于志嘉 马一虹 黄东兰 阿风 等译
173. 技术、性别、历史:重新审视帝制中国的大转型 〔英〕白馥兰 著 吴秀杰 白岚玲 译
174. 中国小说戏曲史 〔日〕狩野直喜 张真 译
175. 历史上的黑暗一页:英国外交文件与英美海军档案中的南京大屠杀 〔美〕陆束屏 编著/翻译
176. 罗马与中国:比较视野下的古代世界帝国 〔奥〕沃尔特·施德尔 主编 李平 译
177. 矛与盾的共存:明清时期江西社会研究 〔韩〕吴金成 著 崔荣根 译 薛戈 校译
178. 唯一的希望:在中国独生子女政策下成年 〔美〕冯文 著 常姝 译
179. 国之枭雄:曹操传 〔澳〕张磊夫 著 方笑天 译
180. 汉帝国的日常生活 〔英〕鲁惟一 著 刘洁 余霄 译
181. 大分流之外:中国和欧洲经济变迁的政治 〔美〕王国斌 罗森塔尔 著 周琳 译 王国斌 张萌 审校
182. 中正之笔:颜真卿书法与宋代文人政治 〔美〕倪雅梅 著 杨简茹 译 祝帅 校译
183. 江南三角洲市镇研究 〔日〕森正夫 编 丁韵 胡婧 等译 范金民 审校
184. 忍辱负重的使命:美国外交官记载的南京大屠杀与劫后的社会状况 〔美〕陆束屏 编著/翻译
185. 修仙:古代中国的修行与社会记忆 〔美〕康儒博 著 顾漩 译
186. 烧钱:中国人生活世界中的物质精神 〔美〕柏桦 著 袁剑 刘玺鸿 译
187. 话语的长城:文化中国历险记 〔美〕苏源熙 著 盛珂 译
188. 诸葛武侯 〔日〕内藤湖南 著 张真 译
189. 盟友背信:一战中的中国 〔英〕吴芳思 克里斯托弗·阿南德尔 著 张宇扬 译
190. 亚里士多德在中国:语言、范畴和翻译 〔英〕罗伯特·沃迪 著 韩小强 译
191. 马背上的朝廷:巡幸与清朝统治的建构,1680—1785 〔美〕张勉治 著 董建中 译
192. 申不害:公元前四世纪中国的政治哲学家 〔美〕顾立雅 著 马腾 译
193. 晋武帝司马炎 〔日〕福原启郎 著 陆帅 译
194. 唐人如何吟诗:带你走进汉语音韵学 〔日〕大岛正二 著 柳悦 译

195. 古代中国的宇宙论 [日]浅野裕一 著 吴昊阳 译
196. 中国思想的道家之论:一种哲学解释 [美]陈汉生 著 周景松 谢尔逊 等译 张丰乾 校译
197. 诗歌之力:袁枚女弟子屈秉筠(1767—1810) [加]孟留喜 著 吴夏平 译
198. 中国逻辑的发现 [德]顾有信 著 陈志伟 译
199. 高丽时代宋商往来研究 [韩]李镇汉 著 李廷青 戴琳剑译 楼正豪 校
200. 中国近世财政史研究 [日]岩井茂树 著 付勇 译 范金民 审校
201. 魏晋政治社会史研究 [日]福原启郎 著 陆帅 刘萃峰 张紫毫 译
202. 宋帝国的危机与维系:信息、领土与人际网络 [比利时]魏希德 著 刘云军 译
203. 中国精英与政治变迁:20世纪初的浙江 [美]萧邦奇 著 徐立望 杨涛羽 译 李齐 校
204. 北京的人力车夫:1920年代的市民与政治 [美]史谦德 著 周书垚 袁剑 译 周育民 校